ERNEST DAUDET

A Travers
TROIS SIÈCLES

(ÉTUDES D'ŒUVRES ET PROPOS D'HISTORIEN)

PARIS

LIBRAIRIE HACHETTE ET Cie

79, BOULEVARD SAINT-GERMAIN, 79

1911

3 fr. 50

A Travers

TROIS SIÈCLES

DU MÊME AUTEUR

ŒUVRES HISTORIQUES

A LA LIBRAIRIE HACHETTE ET Cⁱᵉ

Les Conspirations royalistes du Midi sous la Révolution. Un vol. in-16, broché. 3 fr. 50

Le Roman d'un Conventionnel : *Hérault de Séchelles et les Dames de Bellegarde*. Un vol. in-16, broché. 3 fr. 50

La Terreur Blanche. Un vol. in-16, broché. 3 fr. 50

La Révolution de 1830 et le procès des Ministres de Charles X. Un vol. in-16, broché. 3 fr. 50

Récits des Temps révolutionnaires. Un vol. in-16, broché. 3 fr. 50

Nouveaux Récits des Temps révolutionnaires. Un vol. in-16, broché. 3 fr. 50

L'Exil et la mort du général Moreau. Un vol. in-16, broché. 3 fr. 50

Histoire de la Restauration. Un vol. in-18 (*Épuisé*).

Histoire de l'Émigration pendant la Révolution française. Trois vol. in-8°, brochés :

    Tome Iᵉʳ. *De la prise de la Bastille au Dix-huit Fructidor*, 2ᵉ édition. Un vol. 7 fr. 50

    Tome II. *Du Dix-huit Fructidor au Dix-huit Brumaire*. Un vol. 7 fr. 50

    Tome III. *Du Dix-huit Brumaire à la Restauration*. Un vol. 7 fr. 50

Ouvrage couronné par l'Académie française (*Grand Prix Gobert*).

CHEZ DIVERS ÉDITEURS

Le Cardinal Consalvi, in-18 (*Épuisé*).

Le Ministère de M. de Martignac, in-8°.

Le Procès des Ministres de Charles X, in-8° (*Épuisé*).

La Police et les Chouans, in-18.

Conspirateurs et Comédiennes, in-18.

Poussière du Passé, in-18.

Coblentz, in-8° (*Épuisé*).

Les Émigrés et la Seconde Coalition, in-8° (*Épuisé*).

Les Bourbons et la Russie, in-8° (*Épuisé*).

Louis XVIII et le duc Decazes, in-8°.

L'Ambassade du duc Decazes en Angleterre, in-8°.

La Conjuration de Pichegru, in-8°.

Une vie d'Ambassadrice au siècle dernier, in-8°.

Souvenirs de la Présidence du Maréchal de Mac-Mahon, in-18.

Le duc d'Aumale. Un vol. in-8°.

Mémoires d'un gentilhomme du temps de Louis XIV. Un vol. in-18.

Joseph de Maistre et Blacas. Un vol. in-8°.

ERNEST DAUDET

A Travers
TROIS SIÈCLES

(ÉTUDES D'ŒUVRES ET PROPOS D'HISTORIEN)

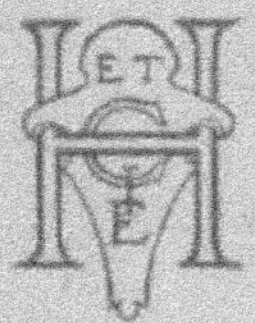

PARIS

LIBRAIRIE HACHETTE ET Cⁱᵉ

79, BOULEVARD SAINT-GERMAIN, 79

1911

A MON AMI

GASTON CALMETTE

DIRECTEUR DU *FIGARO*

En témoignage de gratitude pour l'hospitalité
qu'il a donnée dans son journal à la plupart
des études réunies dans ce volume.

AVERTISSEMENT

Maupassant écrivait un jour :

« Beaucoup ne sont pas frappés par l'acuité vibrante de la vie contemporaine comme ils sont émus par certaines apparitions de l'histoire d'où découlent pour eux des idées générales, des rêves artistes ou philosophiques. L'Aujourd'hui est trop près, trop connu, trop deviné, pas assez imprévu pour nous donner la bizarre sensation d'étrangeté et de grandeur qu'on rencontre par moments dans l'évocation de l'Autrefois. »

Je ne pense pas qu'on ait jamais mieux expliqué et analysé l'attrait puissant et toujours inassouvi qu'exerce le passé sur certaines imaginations et le plaisir qu'elles prennent à y remonter. Les plus cultivées y recherchent des leçons et des exemples, l'origine des passions déchaînées autour de nous, ou encore le souvenir des grands acteurs qui ont figuré sur le théâtre humain et que nous ne connaissons que par les traces qu'ils y ont laissées. Les autres, moins préoccupées des rapports du passé avec le présent, ne lui demandent que d'exciter leur intérêt en leur révélant des choses oubliées ou ignorées, et de les arracher pour un moment à leurs préoccupations quotidiennes en leur offrant des spectacles nouveaux, en faisant

revivre des physionomies effacées qu'elles ne connais-
saient que par les enseignements rudimentaires de
l'école.

Quel que soit, d'ailleurs, le mobile de cette curiosité,
elle existe; de plus en plus, elle se précise. A tout instant nous la voyons se manifester, en quête d'émotions
neuves, plus avide même d'émotions que de vérité, passant des événements révolutionnaires à cette affaire des
poisons qui assombrit le règne de Louis XIV, des
malheurs de la reine Marie-Antoinette aux crimes de la
Voisin, de l'épopée napoléonienne à la révolution de
1830, du palais d'un Paul I⁽ᵉʳ⁾ ou d'une reine Victoria
dans le cabinet d'un Joseph de Maistre ou d'un Richelieu, d'un champ de bataille dans le boudoir d'une
Julie de Lespinasse ou d'une princesse de Lieven, et
attendant des évocateurs du passé, historiens, chroni-
queurs, mémorialistes, romanciers, auteurs dramatiques, une mise en scène d'hommes et de choses
disparus.

On sait, d'autre part, que c'est le mérite et l'honneur
de l'école historique contemporaine, non seulement
d'avoir restitué à l'Histoire, surtout en ces trente dernières années, un nombre considérable d'épisodes et
de faits qu'ont semblé ignorer ou ne connaître qu'imparfaitement les précédents historiens, mais encore d'avoir,
maintes fois, rectifié leurs dires, corrigé leurs erreurs,
présenté avec plus d'exactitude qu'eux des événements
que, faute d'une documentation sûre, ils avaient trop
souvent dénaturés et travestis, et tiré de l'ombre des
personnages dont ils n'avaient pas mis assez en relief
le rôle et l'influence. Tout ce qui, dans leurs récits, était
légende ou mensonge tend de plus en plus à se dissiper
pour faire place à plus de vérité et à plus de lumière,
grâce à ces procédés d'investigation et d'étude, mis en

pratique par Augustin Thierry, par Taine et par les écrivains qui se sont inspirés de leur exemple.

Ces procédés, dont on ne saurait trop conseiller l'emploi aux historiens de nos jours, caractérisent les divers ouvrages en marge desquels j'ai écrit les études qui suivent, en complétant parfois par ma propre documentation ce qu'ils racontent et en m'efforçant toujours d'en présenter une analyse propre à suggérer le désir de les lire. C'est donc, à vrai dire, un recueil de récits historiques qu'on trouvera ici, inspirés par les œuvres d'autrui et qui permettront au lecteur de parcourir, à la suite d'écrivains toujours en quête de lumière et de vérité, les trois derniers siècles de notre histoire.

E. D.

A TRAVERS TROIS SIÈCLES

PREMIÈRE PARTIE

DE LOUIS XIII A LOUIS XVI

I

LOUIS XIII ET CONCINI[1]

Nous n'avions guère jusqu'ici qu'un Louis XIII de convention, autour duquel la légende s'est par trop librement donné carrière, au mépris de la vérité. Il convenait, dans l'intérêt de celle-ci comme aussi dans l'intérêt de la justice, de remettre en son vrai jour la figure de ce prince. Le fils et successeur d'Henri IV a-t-il été, comme on l'a prétendu, un être médiocre et passif aux mains de Richelieu? A-t-il été l'homme ténébreux, nonchalant, sans volonté que ses historiens nous montrent dans leurs récits et que romanciers et dramaturges nous présentent avec la même physionomie? Son règne, « consacré avec tant de suite à une politique d'ordre, de discipline rigoureuse, de réalisations positives », s'explique-t-il uniquement par le génie du grand ministre et ne doit-il rien à la pensée ou au caractère du souverain? Telles sont les questions que

1. *Au temps de Louis XIII — La vie intime d'une reine de France au dix-septième siècle — Louis XIII à vingt ans*, par Louis BATIFFOL.

s'est posées M. Louis Batiffol. En le suivant à travers les
ouvrages où il s'est efforcé d'y répondre à l'aide de documents non utilisés jusqu'ici et en appliquant aux faits,
pour en démêler le sens, « la méthode de précision critique qu'on applique au temps du moyen âge », nous
verrons comment il les a résolues. Nous y trouverons
en même temps une occasion de reconstituer à grands
traits, dans un cadre où la vérité est serrée d'aussi près
qu'elle peut l'être, l'une des périodes les plus attachantes
de l'histoire de notre pays, et même de l'histoire de
l'Europe, dans la première partie du dix-septième siècle.

A la fin du seizième, des relations cordiales et suivies
existaient entre la maison de Valois, qui était en train
de s'éteindre, et la maison de Médicis, qui régnait à
Florence. Henri IV, dès son avènement, manifesta
l'intention de les continuer. Son désir s'inspirait des
motifs dont s'étaient inspirés ses prédécesseurs. La
cour de France était besogneuse et se trouvait souvent
dans la nécessité d'emprunter. François de Médicis,
grand-duc de Toscane, héritier des immenses richesses
amassées par ses aïeux, qui prospéraient dans ses mains
comme elles avaient prospéré dans les leurs, prêtait
volontiers, quand l'emprunteur était solvable. Charles IX
avait reçu de lui plus de cent quatre-vingt-douze mille
écus d'or. Il mourut avant de les avoir entièrement
remboursés. En montant sur le trône, Henri IV se
reconnut débiteur de ce que le roi défunt devait encore
à Médicis et ne tarda pas à grossir sa dette par de nouveaux emprunts. Ils durent être assez fréquents puisque, en 1597, elle s'élevait à onze cent soixante-quatorze
mille écus d'or. Le créancier s'était même assuré des
gages en occupant le château d'If et les îles Pomègues,
en face de Marseille.

Tout est d'ailleurs étrange en cette affaire : d'une part, un prince italien, qui est tout à la fois souverain régnant, banquier, armateur, marchand, commerçant en denrées de toutes sortes, et qui traite le roi de France, son débiteur, comme il traiterait un simple particulier, c'est-à-dire en saisissant ses biens ; et, d'autre part, ce roi de France, se résignant à subir ce traitement, sans même protester, afin de ne pas se brouiller avec un créancier dont il prévoit qu'il aura encore besoin. Ce sont là des traits peu ordinaires et qui, au point de vue des mœurs, caractérisent un temps.

A cette époque, il y avait à la cour de Florence une princesse orpheline, non encore mariée, bien qu'elle arrivât à cet âge où les jeunes filles qui l'ont atteint sont désignées comme ayant coiffé sainte Catherine. C'était Marie, l'une des filles de François de Médicis et de Jeanne d'Autriche. Elle était née en 1573. Ayant perdu sa mère à cinq ans, vu mourir tout à tour sa sœur Anne et son frère Philippe, puis son autre sœur Éléonore la quitter pour épouser le duc de Mantoue, elle s'était trouvée, alors qu'elle touchait à sa onzième année, comme perdue et oubliée dans le palais Pitti où elle avait été élevée. Son père, homme dur et brutal, l'y laissait, livrée à des soins mercenaires, dans un état voisin de l'abandon. Il vivait alors avec la fameuse Bianca Capello, qu'il devait épouser un peu plus tard. Elle le tenait sous son joug. Le gouvernement de ses États, la direction de ses entreprises commerciales de terre et de mer, l'administration de sa colossale fortune absorbaient le temps que sa maîtresse ne lui prenait pas et ne lui permettaient guère de s'occuper de sa fille.

Quelques habitués du palais Pitti s'émurent de la situation douloureuse faite à cette enfant et, pour rendre sa solitude moins intolérable, ils conseillèrent au père de lui donner une compagne de son âge. Le père y consentit, et c'est ainsi que Léonora Galigaï, la future épouse de Concini, maréchal d'Ancre, fut associée à la vie de Marie de Médicis où elle allait tenir désormais une si grande place. La nouvelle venue était maigre, brune et laide. Mais, elle avait l'intelligence vive, de l'imagination et l'esprit inventif. Insinuante et audacieuse, elle sut gagner l'affection de la petite princesse et ne tarda pas à prendre sur elle cette extraordinaire influence qu'on la vit plus tard exercer sans mesure, à travers les dramatiques événements qui la conduisirent à l'échafaud.

François de Médicis mourut subitement en 1587 sans laisser de fils. Le grand-duché revenait à son frère Ferdinand, alors cardinal et qui, en cette qualité, vivait à Rome. Appelé à régner, ce prince quitta la pourpre, chercha une femme et la trouva dans la personne de Catherine de Lorraine qui avait seize ans. Dès ce moment, la vie de Marie de Médicis, si triste jusque-là, fut transformée. Esprit libéral et empli de bonté, son oncle lui prodiguait une affection paternelle. Mais, ce qui fit pour elle du palais Pitti un séjour de bonheur, c'est que, dans la jeune épouse qu'il venait d'y installer, elle trouvait une amie et une sœur. Les années qu'elle y vécut, dès ce moment jusqu'à son mariage, semblent avoir été des années heureuses.

Cependant, elle allait sur ses vingt-quatre ans et n'était pas encore mariée. Ce n'est pas que d'illustres alliances ne se fussent proposées. S'allier aux Médicis était considéré comme un honneur, même pour des familles régnantes, voire pour les souverains, honneur doublé d'un profit. Mais, les propositions avaient été repoussées ou les réponses ajournées. En assurant le bonheur de sa nièce, Ferdinand de Médicis entendait servir aussi l'intérêt politique de sa maison ; et il voulait se donner le temps de réfléchir. Marie, de son côté, ne semblait pas pressée de se choisir un époux. Les prétendants à sa main étaient, sous un prétexte ou sous un autre, successivement écartés. On a raconté qu'une religieuse lui avait prédit qu'elle serait un jour reine de France et que, entretenue par Léonora Galigaï dans l'espoir de voir se réaliser la prédiction, elle avait résolu de refuser tous les partis qui ne la réalisaient pas.

Il est cependant remarquable que l'idée était dans l'air. A la cour de France, certaines personnes, songeant à l'énormité de la dette contractée par Henri IV envers les Médicis et convaincues qu'il ne parviendrait jamais à s'acquitter, pensaient que si, comme on l'annonçait déjà, son mariage avec Marguerite de Valois était annulé à Rome, il serait avantageux pour lui d'épouser la fille de son ancien créancier, d'éteindre sa dette sous cette forme et de s'ouvrir ainsi une « source de deniers ». Une allusion avait été déjà faite à cette éventualité, en 1592, par le cardinal de Gondi. Il était venu en Toscane pour négocier avec Ferdinand de Médicis au sujet d'un emprunt que voulait contracter le roi de France. Au cours de ses entretiens avec le prince banquier, il laissa entrevoir dans un avenir prochain l'annulation du mariage de son maître et, comme conséquence possible, l'union d'Henri IV avec Marie de Médicis. Les propos qu'il tint à ce sujet furent écoutés avec complaisance et ne provoquèrent ni protestations ni refus. Mais, il n'y fut pas donné suite sur-le-champ. Les choses traînèrent comme si personne alors n'eût été pressé d'en finir.

Il est vrai qu'à ce moment, le roi était ardemment épris de Gabrielle d'Estrées et très occupé, par surcroît, à achever la conquête de son royaume en gagnant le cœur de ses sujets. On ne reparla donc plus du projet mis en avant par le cardinal de Gondi et l'on n'y revint qu'en 1797. La rupture du roi avec Marguerite de Valois était alors imminente et on le disait résolu à épouser Gabrielle. Le désir de l'empêcher d'accomplir cette folie fit revenir ses conseillers à l'idée de l'alliance avec les Médicis. Ils s'attachèrent à lui en faire sentir les avantages et réussirent à l'en convaincre. Il se décida donc à demander la main de la Florentine, tout en étant résolu à garder sa maîtresse à laquelle il promettait de l'épouser, comme il le promit ensuite à Henriette d'Entraigues. Tels furent les préliminaires du mariage qui allait faire monter sur le trône de France, pour la seconde fois, une fille des Médicis.

Il fut célébré par procuration à Florence, le 5 octobre 1600 et, effectivement, le 3 décembre suivant, à Lyon où Henri IV était venu au-devant de la future reine. On sait quelle amoureuse ardeur caractérisa l'accueil qu'il lui fit et comment, donnant un exemple que, deux siècles plus tard, Napoléon suivit en recevant Marie-Louise, il usa de ses droits de mari sans attendre la bénédiction nuptiale qui devait être donnée aux époux le lendemain. Il ne semble pas que Marie lui ait tenu rigueur de cette façon cavalière d'agir et que pouvait faire excuser, d'ailleurs, la cérémonie qui avait eu lieu à Florence. Quoiqu'on ait raconté que le jour du mariage, à Lyon, elle n'avait fait que « gémir, pleurer et murmurer », il est plus certain qu'aussitôt après, on la vit tout heureuse de ses grandeurs nouvelles, sûre de plaire à son mari qui l'avait trouvée « saine, gaillarde » et charmante, et qui ne cessait de l'entourer de prévenances et de soins. Elle l'écrivait à son oncle : « Je ne saurais vous dire de quelles marques d'honneur et de faveur Sa Majesté m'a entourée et avec quelle bonté elle me traite en toute occasion. »

C'est sans doute en se rappelant ce qu'elle était à son arrivée en France, lorsque par sa grâce naturelle et ses attraits elle s'attachait son mari, que Sully a tracé d'elle le portrait suivant qui nous fait comprendre la soudaineté de la première victoire de la jeune souveraine à la cour :

« Il n'y avait rien qui fût plus digne d'admiration que son beau port et contenance, sa bonne mine, sa belle taille, sa grâce, sa majestueuse prestance et sa vénérable gravité, voire sa gentillesse, industrie et dextérité à gagner les cœurs et à s'acquérir les volontés et affections des personnes lorsqu'elle y voulait employer ses cajoleries et les charmes de ses belles paroles, courtoisies, promesses, caresses et bonnes chères, estant d'autant plus puissantes et pleines d'efficaces qu'elles étaient moins communes et ordinaires. » Complétant ces éloges, le chroniqueur Pierre de l'Estoile trouve la nouvelle reine « prompte et gaie ». Quant à l'ambassadeur vénitien, qui, lui aussi, parle d'elle, il la déclare « angélique » et il avoue « qu'elle aime le roi jusqu'à en être jalouse », amour et jalousie qui vont d'ailleurs lui préparer dans un prochain avenir de cruelles épreuves, le volage Henri IV ne lui offrant que trop d'occasions de se plaindre d'être trahie pour des rivales et d'en souffrir.

Voilà, dans la réalité, la femme qui apparaît à la cour de France à la fin de l'an 1600, pour y tenir le premier rang après le roi et qui sera la mère de Louis XIII. On voit qu'elle ne mérite pas encore le jugement sévère et juste qui a été porté sur elle et qui nous la représente comme méchante, ambitieuse, altière, dure, trop disposée à se laisser gouverner par la lie de la cour, passant sa vie dans des intrigues misérables. Cet acte d'accusation, elle le justifiera plus tard, après la mort de Concini et quand le jeune roi, son fils, secouant le joug qu'elle fait peser sur lui, se sera emparé du pouvoir qui lui appartient et l'exercera énergiquement, après l'en avoir dépouillée. Mais, jusque-là, et surtout à l'aube de sa vie de reine, elle est plutôt attrayante et sympathique dans son rôle de mère et d'épouse.

Elle est fidèle à ses devoirs et pratique déjà cette pureté de mœurs qui, contrairement à des légendes menteuses, forgées de toutes pièces par la calomnie et démenties par les faits, a caractérisé sa vie du commencement à la fin. Légende, son prétendu penchant pour Concini, nous dit son historien ; légende, ses amours avec Richelieu, que son âge à elle — près de cinquante ans — lorsque en 1624 il devint maître du pouvoir, son tempérament plutôt froid, celui du cardinal si sec, si dépourvu de cœur, tout en intelligence et enfin la sévérité de Louis XIII, qui n'eût pas toléré pareil scandale à sa cour, rendraient bien invraisemblable, alors qu'il ne serait pas établi qu'on n'a jamais pu produire un témoignage authentique autorisant même un soupçon ; légende enfin, ses sortilèges, ses empoisonnements, tous ces crimes, tous ces désordres de vie privée qu'on lui a imputés. La vérité autorise à dire que sa conduite morale fut irréprochable. On peut du reste ajouter à ces affirmations que, quoique peu intelligente, elle se montra toujours de religion assez bien entendue, fastueuse dans ses goûts et naturellement libérale, en fille d'une famille connue par sa magnificence.

Pour se prononcer sur elle sans exagération et en toute justice, il faut la considérer aux diverses époques de sa vie, à travers les événements qui brusquement l'ont transformée et constituent à ce point de vue, dans son existence, comme des étapes successives. De son mariage (1600) à la mort d'Henri IV (1610), elle est irréprochable, car ce n'est pas de sa faute si trop souvent le ménage royal est troublé par des querelles violentes. Elle est cruellement humiliée par les scandaleuses infidélités de son mari, par l'éclat de sa liaison avec Henriette d'Entraigues ; et si tant d'heures qu'elle passe dans les larmes contribuent à déformer sa nature, à aigrir son caractère, à la rendre parfois acariâtre et maussade, on ne saurait lui faire porter la responsabilité de ces transformations. Malgré tout, elle aime sincèrement le roi ; elle est alors sans ambition ; elle n'intervient pas dans les affaires, ne cherche pas à imposer son opinion et n'est jamais une cause d'embarras pour la couronne.

Le premier changement qui s'opère en elle est la résultante de l'événement tragique qui, en 1610, la rend veuve et fait passer dans ses mains, au titre de régente, pendant la minorité de son fils aîné, héritier du trône, le gouvernement du royaume. Investie, après l'assassinat de son mari, de la souveraineté, elle se révèle à l'improviste ambitieuse, autoritaire, avec le goût des grandeurs et l'amour de la toute-puissance. On dirait que, lasse d'avoir vécu comprimée, privée de toute initiative, elle veut prendre une revanche, exercer avec éclat son autorité. Pendant les sept années qui suivent, elle est véritablement une princesse autocrate et se plaît si fort dans ce rôle qu'elle finit par croire que toujours, elle le conservera tel qu'elle le tient et l'exerce. Elle semble même ne pas s'apercevoir que son fils grandit. Quoiqu'il ait atteint l'âge de la majorité, elle affecte de le traiter toujours comme un enfant. Ne l'aimant pas, l'ayant élevé sans tendresse et même avec dureté et l'ayant toujours tenu par la crainte, elle l'a fait se renfermer en lui-même et dissimuler sa vraie nature. Elle ne le connaît donc pas et c'est parce qu'elle ne le connaît pas qu'elle le prend pour un sot, un incapable sans consistance et faible d'esprit. Peut-être même, en le terrifiant, s'est-elle flattée de l'espoir de l'annihiler, de le déposséder de ses droits d'héritier de la couronne et de lui substituer son frère cadet, Gaston d'Orléans, qu'elle lui préfère.

Au total, elle a fait tant et si bien qu'à seize ans, Louis XIII n'apparaît que comme un adolescent modeste et timide, sans expansion, sans élan, dont l'attitude rend très vraisemblables les propos que tient sa mère, lorsque, répondant à ceux qui s'étonnent de le voir laissé à l'écart des affaires, elle déclare mensongèrement « qu'il n'est pas disposé à gouverner », et que c'est à sa demande qu'elle conserve le pouvoir. Pour la flatter et pour lui plaire, les ministres, Richelieu en tête, se font les complices de ces mensonges et assurent « en jurant » que la reine fait tout ce qu'elle peut pour décider son fils à s'appliquer au gouvernement. Ils le disent et elle le dit elle-même aux princes, membres de la famille royale, qui lui reprochent de tenir le roi « captif, privé d'autorité, sans liberté ». — « Il est incapable de s'occuper d'affaires, réplique-t-elle ; il a l'esprit trop faible, trop peu de jugement, et sa santé n'est pas assez forte pour prendre ces soins. »

C'est probablement afin de justifier ces dires que le jeune roi n'est presque jamais admis au Conseil et que, lorsqu'il y est admis, c'est à la condition qu'il n'ouvrira pas la bouche. On ne lui permet même pas d'émettre un avis et, s'il s'avise de venir siéger sans avoir été convoqué, sa mère l'envoie « esbattre ailleurs ». On peut dire de ce fils d'Henri IV, devenu prématurément son successeur, ce que dit Saint-Simon de Louis XIV, tenu si longtemps en tutelle par Mazarin : « Roi presque en naissant, étouffé par la politique d'une mère qui voulait gouverner, plus encore par le vif intérêt d'un pernicieux ministre qui hasarda mille fois l'État pour son unique grandeur et asservi sous ce joug tant que vécut ce premier ministre, c'est autant de retranché sur le règne de ce monarque ». Substituez dans cette citation le nom de Concini, le fameux maréchal d'Ancre, au nom de Mazarin, et vous avez, résumée en quelques lignes, toute l'histoire de la minorité de Louis XIII, si semblable, et par tant de côtés, à celle de la minorité de Louis XIV.

Quoiqu'il soit au moment d'atteindre ses seize ans et bien qu'on l'ait trouvé d'âge à être marié, le jeune roi est, dans sa cour, sans aucune puissance, et presque comme un captif. Des événements du royaume, on lui laisse tout ignorer ; il n'a de liberté que pour ses jeux, pour la chasse, qu'il aime avec passion. Il vit dans un petit cercle d'intimes qui, retenus par la crainte d'exciter le courroux de la régente et de Concini, n'osent l'entretenir de ses droits méconnus. Mais, ce qu'ils ne lui disent pas, ce que personne ne lui dit, lui-même ne laisse pas de se le dire. Il se sent humilié d'être toujours traité en enfant ; de n'être rien dans son royaume quand il devrait y être tout ; de constater que, grâce à la faiblesse de sa mère, qui semble n'avoir de volonté que pour l'annihiler, le véritable maître de la France, c'est Concini, et que cet aventurier a mis le pays en coupe réglée, s'approprie effrontément, et à ses dépens, honneurs et richesses, lève une armée et fortifie les places dont il a le commandement afin de se défendre au besoin contre les grands seigneurs qu'exaspèrent les abus d'autorité et les pillages auxquels il se livre et contre le ressentiment populaire qui grandit de jour en jour.

Le petit roi ne perd rien de ces choses, il s'en irrite, son instinct royal en est offensé. Toutefois, comprenant

que, s'il le laisse voir, il s'attirera les remontrances de sa
mère et peut-être pis, il joue l'indifférence ; pour tromper
son monde « il fait l'enfant », de telle sorte qu'à l'exception de deux ou trois confidents dont il est sûr, personne
ne devine les mouvements impétueux de son âme ré-
voltée. Mais, comme le fera plus tard Louis XIV dans
des circonstances presque pareilles, « il pointe sous le
joug ». Seulement, entre son fils et lui, il y aura cette
différence, c'est que son fils ne se délivrera qu'à la mort
de Mazarin, n'ayant pas eu la force de le faire plus tôt,
tandis que lui, impatient de se délivrer, n'attendra pas
d'avoir vingt ans pour s'y essayer.

Le traitement qu'il est contraint de subir et qu'un
enfant tolérerait à peine, humilie le royal adolescent, et
amène à ses joues « le rouge de la honte ». Il est d'autant
plus offensé que toute la cour est témoin de son humiliation et y voit la preuve qu'il est le prisonnier de la
reine et du maréchal d'Ancre. « Mais, nous dit son historien, si, devant sa mère qu'il redoutait, l'enfant de seize
ans ne pouvait que se taire, devant les insolences de Concini il se révolta. » C'est alors qu'on le voit faire acte
d'énergie et de volonté et, après avoir conçu un dessein
qu'on ne s'attendait guère à voir se former dans un esprit réputé d'une incurable faiblesse, en ordonner et en
assurer l'exécution avec autant de prévoyance que de
sang-froid, laissant dire « qu'il veut qu'on tue cet
homme s'il résiste ».

Non content de s'enrichir aux dépens du royaume et
d'exploiter indignement l'affection que Marie de Médicis
nourrissait pour Léonora Galigaï, son ancienne
compagne du palais Pitti, arrivée avec elle en France et
devenue la femme de Concini, cet aventurier s'était
en outre arrogé le droit d'afficher envers son jeune

souverain le plus profond mépris. Sa femme disait de Louis XIII qu'il était « un idiot » ; lui se contentait d'affirmer que c'était « un imbécile », et, pour mieux préciser sa conviction à cet égard, il affectait, lorsqu'il venait au Louvre, escorté de cent ou deux cents gentilshommes, de ne pas plus faire attention au roi que si celui-ci eût été un seigneur sans importance dont il n'y avait pas lieu de s'occuper.

Ces gentilshommes formaient la cour de Concini. Ils étaient présents à son lever, qui comptait plus de courtisans que celui du roi. Au Louvre, pendant qu'il y était, ils remplissaient les salles du bruit de leurs voix insolentes et du cliquetis de leurs armes, sans même rendre hommage à leur souverain qu'à l'exemple de sa mère et de leur arrogant patron, ils considéraient comme « un être puéril, incapable de commander ».Concini parti, et eux à sa suite, le palais du Louvre devenait un désert, une solitude. C'en était assez pour emplir de rancœur et d'amertume l'âme de Louis XIII. Mais, on eût dit que Concini s'appliquait de parti pris à exciter ces sentiments dont il recueillait à tout instant des preuves dans l'attitude du prince et qu'en conséquence, il ne pouvait ignorer. Par toute sa conduite, il semblait vouloir l'offenser.

Un jour, se trouvant dans la même galerie que le roi, il négligeait de le saluer et affectait de tenir une espèce de cour dans une embrasure de croisée : on eût pu croire que le souverain, c'était lui et non Louis XIII. Une autre fois, jouant au billard avec son jeune maître, il était resté couvert sans attendre que celui-ci le lui eût permis et s'excusant à peine de la liberté qu'il prenait. De plus en plus, il perdait le respect, poussant la familiarité jusqu'à l'impertinence, ne reculant devant aucune occasion de se donner l'air de traiter d'égal à égal avec

la jeune majesté. Il allait plus loin encore et s'envelop-
pait de manières et d'allures protectrices dont le prince
s'irritait. Que cet homme, qui puisait à pleines mains
dans le trésor royal, qui s'enrichissait aux dépens de la
nation et de la couronne, dont il mettait les caisses au
pillage, osât l'inviter, lui, le roi, quand la régente refusait quelque argent à son fils, à s'adresser à lui ; qu'il
se posât en défenseur du prince que, d'autre part, il res-
pectait si peu et duquel il avait dit un jour « qu'il méritait le fouet », voilà ce dont s'indignait Louis XIII. A
tout instant, Concini, par sa conduite, sa vénalité, sa
morgue, ses insolences, apportait à cette indignation un
aliment nouveau. « Ce maréchal veut être la ruine de
mon royaume », disait amèrement le roi.

Louis XIII allait alors avoir seize ans. A cet âge, une
longue dissimulation est difficile, et il ne pouvait guère
cacher l'horreur que lui inspirait Concini. Tout le monde
s'en rendait compte, la reine, les courtisans, le maréchal
lui-même ; celui-ci accusait les ennemis qu'il se savait
dans l'entourage immédiat du prince et menaçait de
faire chasser ceux qu'il soupçonnait de le desservir. La
colère du roi paraît avoir alors été au comble. Elle donna
lieu à d'assez pénibles scènes, à la suite desquelles sa
santé s'altéra. Au mois de novembre, Concini crut bon
de s'éloigner de Paris et partit pour la Normandie.

C'est à cette date, novembre 1616, qu'on voit cet
adolescent, sans pouvoir, sans crédit, presque sans amis,
ou tout au moins n'en ayant pas qui fussent de taille à se
mesurer avec Concini, se promettre de briser le joug
qui pèse sur lui et, dans l'impossibilité où il se trouve
de travailler sur-le-champ à sa délivrance, se décider à
continuer « de faire l'enfant » et à attendre, en jouant
cette comédie, que les circonstances soient devenues
meilleures et lui assurent la liberté d'agir. La persé-

vérance et l'habileté avec lesquelles, durant cinq mois, il joua ce rôle sans se trahir une seule fois, révèlent un caractère entêté et une rare maîtrise de soi. C'est un trait de volonté qui réduit à néant tout ce qu'on a dit de l'indolence physique et morale de Louis XIII, de sa disposition naturelle à se laisser dominer.

Pendant ces cinq mois, sa vie est celle d'un enfant à qui ses parents et ses maîtres ont imposé un programme d'existence et qui exécute ce règlement sans se plaindre, sans laisser voir qu'il en est excédé, qu'il brûle du désir de faire autre chose et de s'abandonner librement aux instincts nouveaux qui se sont éveillés en lui, au fur et à mesure qu'il se rend mieux compte de ses droits et de ses devoirs royaux. Chaque matin, à son réveil, il sait par avance ce que sera sa journée. Elle ressemblera à celle de la veille : le lever, le déjeuner, la promenade, la messe en rempliront les premières heures ; puis, ce sera la visite à sa mère, la visite à sa femme, Anne d'Autriche, avec qui, vu leur jeunesse à tous deux, il vit encore comme avec une sœur, la chasse, le jeu de paume, les barres, le billard ; ou encore il se distraira en chantant dans des chœurs qu'il organise, en peignant, en forgeant, en fourbissant ses armes. Pour mieux donner le change, pour mieux faire croire que son cerveau n'est encore accessible à aucune pensée sérieuse et qu'il est bien loin de songer à régner, il se livre à de véritables enfantillages. Il attelle des chiens à des petits canons et les fait défiler dans le jardin des Tuileries ; il costume des garçons avec des habits de figurants de ballets, les fait danser au son du violon, en battant du tambour ; il cuisine, il sert des maçons ; « Je faisais l'enfant » dira-t-il plus tard, en racontant que toute sa conduite d'alors a été le résultat d'un calcul et l'exécution d'un plan qu'il a conçu spontanément sans en parler à personne.

Le contraste est si frappant entre l'extrême jeunesse de ce royal adolescent, presque un enfant encore, et les projets qu'il forme, les calculs qu'il poursuit, les actes qu'il accomplit à l'effet de briser les chaînes qui le paralysent et de s'emparer de la couronne; il révèle dans ce rôle tant de persévérance dans les desseins, tant de puissance de dissimulation, tant d'énergie et de volonté, que nous sommes plus émerveillés par le succès de son entreprise, dont il a bien été l'unique inspirateur, que s'il avait eu l'âge d'homme au moment où il l'a conçue et où il a remporté la prestigieuse et décisive victoire qui l'a rendu maître de son royaume.

Le rôle est si remarquablement tenu que nul autour de lui ne le soupçonne de jouer une comédie. Comment Marie de Médicis et Concini se méfieraient-ils de « cet enfant enfantissime », qui semble même ignorer que dans tout le royaume on s'est ému de le voir toujours en tutelle et que princes et seigneurs, excédés de l'insupportable domination de Concini, rassemblent des troupes, préparent des soulèvements et en appellent à l'opinion.

« Nous nous sommes associés, déclarent-ils, pour le rétablissement de l'autorité du roi notre prince et souverain seigneur, et la conservation de l'État, appelés à ce devoir par la clameur publique... Les étrangers et leurs fauteurs se sont impatronisés et mis en possession de la personne du roi et de l'administration et absolu gouvernement du royaume qu'ils occupent injustement et exercent avec une extrême tyrannie et oppression... Nous voulons faire ôter l'autorité publique des mains des usurpateurs, rendre au roi la dignité de sa couronne, tirer sa personne hors de leurs mains et de leurs desseins. »

Les signataires de ces proclamations s'adressent au roi lui-même : « Tout le pouvoir du gouvernement de

votre État est entre les mains du maréchal d'Ancre et
de ses partisans qu'il a introduits près de votre personne afin d'y faire toutes choses à ses fantaisies et
être seul arbitre de la vie, des biens, honneurs et dignités
de vos sujets. » Enfin, ils adjurent le peuple de se joindre
à eux : « Français, s'il vous reste quelque marque de la
générosité de vos aïeux, si vous êtes héritiers de la fidélité et du zèle qu'ils ont témoignés au service des rois et
au bien de l'État, si vous avez quelque sentiment des
malheurs auxquels les traîtres de la patrie nous ont,
par leurs artifices, insensiblement plongés, prenez les
armes ».

L'énergie de ces accents, signés du duc de Vendôme, du
duc de Bouillon, du duc du Maine témoigne de l'émotion
qui régnait déjà dans le royaume et qu'allaient promptement accroître les mesures de défense que prenait
Concini pour parer au danger qui le menaçait. Les Parisiens furent soumis à une rigoureuse surveillance poli-
cière ; on arrêta des gens suspects. Pour effrayer la population, on dressa des potences dans les carrefours de la
capitale ! La garde du roi, dont Concini se méfiait, fut
renvoyée et, autour du prince, on ne laissa que les Suisses
qu'on tenait pour peu dangereux parce qu'ils ne parlaient
pas le français. Du reste, afin de les contenir au besoin,
on fit venir des fantassins italiens à la solde du maréchal. Non content de tenir Paris par ces mesures exor-
bitantes, Concini fit épier le roi et ses entours ; il fit répandre qu'il était imprudent de s'en approcher. Aussi
Louis XIII pouvait-il ultérieurement, dans une lettre au
parlement de Dijon, rappeler avec raison que, du vivant
du maréchal, « c'eût été un crime capital aux officiers et
sujets du roi de le voir en particulier ».

Après avoir assuré de la sorte sa défense dans Paris,
Concini l'organisa dans les villes dont il avait le com-

mandement. Amiens, Ancre, Péronne, Quillebœuf, Pont-de-l'Arche, Rouen furent armées, fortifiées, pourvues de canons et de garnisons. Au commencement de 1671 Concini écrivait : « J'aurai à la fin du mois de mai 30 000 hommes, 10 000 Français et 20 000 étrangers, avec soixante pièces d'artillerie. »

Le spectacle de cet aventurier, substituant avec effronterie son autorité à celle du roi, élevant un État dans l'État et préparant la guerre civile pour conserver son pouvoir et le fruit de ses rapines, mit le comble à l'émotion publique. Les ministres eux-mêmes s'effrayaient, voulaient abandonner la partie, apportaient leur démission à la régente sans parvenir à la lui faire agréer. Quoi que pensât Marie de Médicis de la conduite de Concini, et bien qu'autour d'elle, parmi les créatures du maréchal, elle vît naître et se propager la panique, il n'était plus en son pouvoir d'arrêter cet homme dans l'exécution de ses desseins. Il était devenu plus puissant qu'elle et elle n'eût pu avoir raison de lui qu'en recourant au roi. Mais, recourir au roi, c'eût été abdiquer et c'est là ce qu'elle ne voulait pas. Elle préféra paraître s'être solidarisée avec Concini, alors que cependant Léonora, femme du révolté, l'eût maintes fois avertie des périls auxquels elle s'exposait en ne le désavouant pas :

« Madame, lui disait-elle, souvenez-vous qu'il se perdra, et, en se perdant, il vous perdra et moi. »

Il semble bien qu'en ce moment, Léonora ait voulu partir et que Concini lui-même, résolu d'abord à tenir tête à l'orage, ait compris ensuite la nécessité de disparaître avant qu'il n'éclatât. Il est certain qu'il y a eu une heure où, devant le soulèvement du pays, il a eu peur et a songé à la retraite. Mais, cette peur a été passagère ou n'a été qu'en surface, puisque, au lieu de fuir lorsqu'il le pouvait, il a déclaré « qu'il voulait voir jusques où la fortune peut pousser un homme ». Il n'était pas Italien pour rien et il se laissait conduire par une sorte de fatalisme.

Cependant, de tous les points du royaume arrivaient au roi, en se multipliant de jour en jour, des adjurations de plus en plus véhémentes. M. Louis Batiffol, dans l'émouvant tableau qu'il trace de l'état de la France en ces instants critiques, les a recueillies et, en les reproduisant, il nous fait mieux comprendre la haine dont Concini était devenu l'objet de la part de l'universalité du pays. Que fait le roi? Va-t-il demeurer insensible et impassible? S'il a du jugement, n'a-t-il pas de courage? Sa prudence n'est-elle que de la couardise et sa longanimité de la poltronnerie? Telles sont les questions qu'on lui pose et qui se doublent de supplications plus poignantes les unes que les autres. Celle des États de Guyenne les résume toutes : « La France ne peut supporter ni demeurer muette parmi une si horrible calamité. Nous venons, en vous parlant librement, dire à Votre Majesté que, puisqu'elle a l'âge et le cœur d'acquérir des royaumes en faisant le roi, elle doit sauver celui-ci de la domination de ces étrangers. »

Louis XIII ne pouvait ne pas entendre cet appel de son peuple. Sa résolution de prendre la direction du royaume se fortifiait. Toutefois l'idée ne lui était pas encore venue, semble-t-il, de recourir à la violence. Il espérait convaincre amiablement sa mère de la nécessité de mettre un terme à l'omnipotence du maréchal d'Ancre. Mais, lorsque, ému des plaintes de ses sujets, il voulut en entretenir la régente, elle le rabroua, et avec tant d'emportement, qu'il renonça à présenter de nouvelles observations. « Je ne peux rien dire à ma mère, avouait-il, parce qu'elle se met en colère. »

Et c'était vrai qu'elle s'obstinait à le traiter en enfant

et à ne pas voir que, sous cet adolescent qui comptait seize ans à peine, il y avait un homme sensible, affectueux, possédant bon sens et jugement ferme, autoritaire, largement pourvu d'instinct royal, qui brûlait du désir de ceindre effectivement la couronne, de se délivrer du joug qui pesait sur lui et d'en délivrer du même coup ses sujets. Elle le croyait incapable de rien faire, de rien tenter, de rien entreprendre, et elle était à cent lieues de supposer qu'au moment où elle le méconnaissait ainsi et le jugeait si défavorablement, il combinait et organisait un coup d'État qui le rendrait maître de son royaume en la dépouillant elle-même du pouvoir qu'elle s'appliquait à conserver, alors qu'il eût été de toute équité de le transmettre à son fils au nom duquel elle l'avait exercé pendant sa minorité.

Mais, il ne suffisait pas, pour le jeune roi, d'avoir conçu ce projet ; il fallait, pour l'exécuter, s'assurer des concours, des dévouements, des bonnes volontés, et le nombre n'était pas considérable de ceux de ses familiers à qui il pouvait les demander. Son favori, Charles d'Albert de Luynes, fut son premier confident. Par son attachement à son maître, de Luynes était digne de ce témoignage de confiance. Malheureusement, son intelligence n'était pas telle qu'on pût attendre de lui, dans des circonstance aussi graves, des conseils utiles et pratiques. Il eut, du moins, le mérite de désigner au roi un homme inventif, audacieux, rompu aux affaires et qui, mieux que lui, conseillerait et guiderait. Ce futur complice de la conspiration légitime qui s'ourdissait se nommait Guichard Déageant ; il était secrétaire du roi. Successivement, Louis XIII lui adjoignit trois collègues : le baron de Modène, cousin de Charles de Luynes, Louis Tronson, homme de loi et un M. de Marsillac. Ainsi, se trouva sur pied un conseil investi de l'entière confiance du roi et devant lequel il put exposer en toute sincérité les griefs qu'il nourrissait contre la régente et contre Concini. Il se plaignit « de la forme dont on gouvernait », du peu de cas que l'on faisait de sa personne et de la persistance qu'on mettait à le tenir à l'écart des affaires de son royaume. Il était temps que cet état de choses prît fin et il demandait à ses conseillers de trouver les moyens d'y pourvoir. Il voulait qu'on tentât le plus doux, plutôt que d'en venir aux extrêmes.

On songea d'abord à la fuite. Le roi se porterait dans une ville sûre, Amboise, par exemple, qui était dans le gouvernement de M. de Luynes, et de là, manderait ceux qui faisaient profession d'être ses serviteurs. On pensa ensuite que mieux vaudrait qu'il se rendît à l'une de ses armées. Mais, ces deux projets furent abandonnés comme étant d'un exécution trop difficile. On s'avisa ensuite de faire conseiller à la régente de se débarrasser du maréchal, en l'engageant, dans son propre intérêt, à quitter la France. Marie de Médecis, qui ne savait rien encore du but que poursuivait son fils, entra dans ces vues et les fit partager à Léonora. Mais, quand celle-ci parla à son mari de partir, il s'emporta, convaincu que le coup venait du roi ; il se répandit en menaces contre lui et contre son entourage. Il y mit tant de violence que Louis XIII eut à se demander si sa vie était menacée ou si Concini ne rêvait pas de le détrôner pour mettre Gaston d'Orléans à sa place.

Alors, dans le conseil royal, on dut chercher les moyens de paralyser les desseins de ce rebelle. Du débat qui s'engagea sur ce point, il résulta qu'il n'était que deux moyens : le faire tuer ou le faire arrêter et le traduire devant le Parlement. Le roi écarta d'abord l'idée du meurtre ; mais, il approuva celle de l'arrestation. Il supposait qu'on trouverait dans les papiers de Concini des preuves de relations criminelles avec l'étranger, qui permettraient de le condamner.

L'arrestation décidée, une autre question se posa : celle de l'exécution du projet, et alors les difficultés apparurent. En dehors de son entourage intime, qui, malheureusement, n'était pas en force, le roi n'avait personne à qui se confier ni sur qui s'appuyer. Les princes, membres de la famille royale, avaient quitté la cour pour aller soulever les provinces ; les gardes françaises étaient aux armées et les rares troupes laissées au Louvre, dans la main de Concini. Lui-même résidait de moins en moins à Paris. Quand il y était, il sortait peu, sinon pour venir au Louvre, et toujours, en ce cas, il se faisait escorter de gens à ses gages, gentilshommes et soldats, toujours prêts à le défendre. Il fallut en conclure qu'on ne pouvait l'arrêter qu'au Louvre et par surprise ; mais, comme on devait prévoir qu'il tenterait de résister, on en revint à l'idée du meurtre. Déageant émit de nouveau l'avis qu'en cas de résistance, il faudrait le tuer. Louis XIII refusa encore son consentement. On lui objecta que mieux valait ne rien tenter si l'on ne devait pas aller jusqu'au bout. Alors, tout en s'en tenant à l'ordre d'arrêter le maréchal, il ne défendit pas de le mettre à mort si « son insolence lui faisait oublier son devoir et mépriser le commandement du roi ». Ce silence était un acquiescement muet donné finalement à l'idée du meurtre.

Le 1er avril 1617, ces décisions étaient définitivement arrêtées ; il n'y avait plus qu'à trouver, pour les exécuter, des hommes courageux et résolus, assez dévoués au roi pour jouer leur vie à son service et assez sûrs pour qu'on pût leur confier le secret sans craindre de les voir le trahir. Or, à cette date, Nicolas de l'Hôpital, marquis de Vitry, capitaine des gardes du corps, entrait en quartier et prenait son service au Louvre. « Type accompli de soldat, emporté, même violent, il était hardi jusqu'à la témérité », et son dévouement semblait acquis à son maître. C'est sur lui que tomba le choix du roi et de ses conseillers. Introduit, le soir, dans la chambre royale, on lui expliqua ce qu'on attendait de lui : l'arrestation du maréchal dans le palais du Louvre. Il répondit qu'il était aux ordres du roi et demandait seulement à s'adjoindre trois hommes sur lesquels il savait pouvoir compter, à savoir son frère et son beau-frère et un camarade. Avec le consentement du roi, il les convoqua et vint quelques jours plus tard les lui présenter, en le priant de renouveler ses ordres devant eux. Louis XIII les répéta :

« Mais, Sire, interrogea Vitry, si le maréchal se défend, que devrai-je faire? »

Le roi gardant le silence, Déageant, qui assistait à l'entretien, répondit :

« Sa Majesté entend qu'on le tue. »

Vitry reprit :

« Sire, j'exécuterai vos commandements. »

Il fut alors décidé que le roi attirerait sous un prétexte Concini dans le cabinet des Armes, durant la journée du 23 avril, et que c'est là qu'il serait procédé à l'arrestation. Le maréchal et sa femme seraient aussitôt emprisonnés et déférés au Parlement. En même temps, le roi notifierait à sa mère, la reine régente, qu'il prenait le gouvernement de son État et qu'il désirait qu'elle quittât Paris provisoirement. Les ministre actuels, entièrement dévoués à la régente et asservis au joug du maréchal, seraient renvoyés. On rappellerait ceux qui avaient servi sous Henri IV et que Concini avait fait chasser, ne les trouvant pas assez dociles. Pour le cas où ce plan échouerait, des dispositions seraient prises à l'avance, afin que le roi pût s'enfuir de Paris et se rendre à Meaux, capitale du gouvernement de Vitry, où il manderait son armée pour aller attaquer le maréchal partout où il serait.

Tel était le premier projet. Mais, au dernier moment, il fut modifié, parce qu'on craignit que Concini, invité à se rendre dans le cabinet des Armes, ne fût mis en défiance par cette convocation inusitée et refusât d'y venir. On considéra comme plus aisé de l'arrêter à l'entrée du Louvre, lorsqu'il y viendrait. Le passage qui, de ce côté, donnait accès dans le palais, était pourvu de deux portes entre lesquelles l'espace qui les séparait formait comme une souricière. Pour y prendre Concini, il suffirait, dès qu'il aurait franchi la première porte, dite grande porte de Bourbon, de la fermer au nez des gens qui l'escortaient et de tenir close la seconde. Il serait ainsi séparé de ses défenseurs et son arrestation ne serait qu'un jeu. Cette combinaison imaginée par Vitry fut approuvée par le roi, et les conjurés attendirent anxieusement l'heure de l'exécuter.

Près de vingt personnes se trouvaient alors dans le secret. Mais, il est remarquable que, pendant les quelques jours qui précédèrent le coup d'État, rien n'en transpira, bien que, cependant, Marie de Médicis eût vaguement soupçonné que quelque chose d'anormal se passait dans les appartements de son fils et s'en inquiétât. Elle était agitée de pénibles pressentiments. Dans la nuit du 19 au 20 avril, elle rêva « qu'on lui faisait son procès et que, par arrêt, elle était condamnée à mort ». Mais son fils poussa si loin la comédie qu'il jouait pour la tromper, qu'elle put croire que ses craintes étaient sans fondement. Ce jeune visage restait impénétrable, ne trahissait aucune préoccupation. « Le roi ne parlait plus de Concini et ne désirait plus être mis au courant des affaires ; il vaquait quotidiennement à ses occupations futiles, gardant, s'il avait un secret, une présence d'esprit, une dissimulation inadmissibles chez un enfant de seize ans. Et, de fait, tout le monde demeura confondu de son sang-froid. »

Le 22 avril, à la veille du coup d'État, son médecin lui trouvait le visage « gai et bon », constatant qu'il s'était levé à son heure ordinaire ; il avait visité sa femme et sa mère, dirigé sa promenade vers le château de Madrid, où il avait chassé. Au total, la journée s'était écoulée pareille à toutes les autres, sans incident susceptible de laisser prévoir qu'un grave événement se préparait.

L'entreprise avait été fixée, on l'a vu, au dimanche 23 avril. Mais le coup manqua, Concini étant venu au Louvre plus tôt qu'on ne l'attendait et étant parti après une courte visite à la régente. Tout fut remis au lendemain et, cette fois, les mesures étant arrêtées en temps utile et tous les conjurés, dont le nombre s'était accru, ayant reçu des instructions précises, il parut certain que l'opération allait être immédiate. Dès le matin, Vitry et ses gens étaient aux aguets à l'entrée intérieure du Louvre ; des hommes veillaient dans la rue et aux abords de la maison de Concini, située sur le quai et toute voisine du palais.

M. Louis Batiffol, qui possède au plus haut degré l'art de rendre la vie aux choses mortes, par une habile mise en scène, nous décrit l'émouvant tableau de cette attente tragique, prologue émotionnant du drame final que son pinceau va peindre sous les plus vives couleurs. Il est 9 heures, et Concini n'a pas paru ; il est 9 h. 1/2, 10 heures moins un quart, et il ne paraît toujours pas. Le roi qui, pour déjouer les soupçons, a fait annoncer son départ pour la chasse, le diffère d'instant en instant et, distrait, préoccupé, silencieux, il tue le temps en jouant au bil-

lard. Vitry va et vient, nerveux, agité, se demandant si
l'affaire n'a pas été éventée et songe à rassembler tout
ce qu'il a de monde pour aller donner l'assaut à la maison
du maréchal. Brusquement, on vient l'avertir que celui-
ci est sorti de chez lui, escorté de soixante à quatre-vingts
gentilshommes et se dirige avec eux vers le Louvre.

C'était vrai. Concini arrivait à pied vers la grande
porte de Bourbon, habillé de hauts-de-chausses de velours gris foncé, à bandes de Milan, d'un pourpoint de
toile noire brodé d'or, d'un manteau de velours noir,
avec au cou une grande fraise blanche, sur la tête un
feutre noir avec plumes et aux pieds des galoches, à
cause de la boue. Tout en marchant, il lisait une lettre
que venait de lui remettre un solliciteur, M. de Cauvigny,
qui le suivait au premier rang de l'escorte. Parvenu
à la porte de Bourbon, il passa le premier. Le lieutenant
de Corneillan, des gardes du corps, placé là par Vitry,
la ferma aussitôt, malgré les protestations de ceux qui
venaient derrière et dont quelques-uns seulement par-
vinrent à entrer. Le maréchal, séparé ainsi, sans s'en
apercevoir, du gros de ses partisans, s'avança sur le
pont-levis qui précédait la voûte, absorbé par sa lecture.
C'est là que Vitry, accouru en toute hâte, accompagné
des gentilshommes qu'il s'était adjoints pour expédier
la besogne, le rencontra. Les gens qui se pressaient
autour d'eux étaient nombreux et d'abord il ne vit pas
celui qu'il cherchait.

« Où est le maréchal ? demanda-t-il à Cauvigny.

— Le voilà ! » fit ce dernier en désignant Concini qui
marchait en avant.

Vitry se retourna et, saisissant le bras du maréchal, il
lui dit :

« De par le roi, je vous arrête !

— *A me?* (à moi?) » s'écria l'autre qui reculait

d'un bond, tout en essayant de tirer son épée.

Ce geste le perdit. En le voyant tenter de se défendre, cinq des compagnons de Vitry saisirent leurs pistolets et tirèrent à bout portant sur ce malheureux en visant à la tête. Des cinq balles, trois l'atteignirent, une entre les deux yeux, une autre dans la gorge, la dernière sous l'œil. Sans pousser un cri, il tomba sur les genoux, le dos à la balustrade du pont ; la mort avait été instantanée. Mais, on ne s'en aperçut pas tout d'abord, et, tandis que ceux de ses gentilshommes qui avaient pu le suivre s'élançaient pour lui porter secours et s'arrêtaient en comprenant que l'autorité du roi couvrait les meurtriers et leurs complices, ceux-ci, s'imaginant qu'il vivait encore, se précipitaient pour l'achever. Aux cris de : « Tue ! Tue ! » auxquels se mêlaient ceux de : « Vive le roi ! » le cadavre fut percé de coups de dague, après quoi, Vitry, d'un coup de pied, le renversa la face sur le plancher du pont. En quelques minutes, il fut dépouillé. Son épée, un diamant de 6 000 écus qu'il avait au doigt, son écharpe, son manteau de velours, lui furent enlevés en un tour de main. Puis, des archers déposèrent la dépouille de cet homme, hier encore si puissant, dans une petite chambre attenante au corps de garde.

Disons, pour en finir avec lui, que, la nuit venue, le corps fut transporté dans la salle du Jeu de Paume du Louvre, entièrement dépouillé, mis nu par terre, enseveli tant bien que mal « dans une nappe sale », et enterré à Saint-Germain-l'Auxerrois, dans une fosse creusée en hâte sous les orgues et sur laquelle, après l'avoir comblée, on maçonna les dalles qui la fermaient. On sait d'ailleurs, que, le lendemain, dans la matinée, une foule furieuse envahissait l'église, découvrait cette sépulture hâtive, en arrachait le cadavre, allait l'accrocher à une potence dressée sur le Pont-Neuf et après l'avoir lardé, dé-

chiqueté, après avoir détaché les bras, scié la tête, coupé
le nez, les oreilles et le reste, traînait le tronc mutilé
à la Bastille, à la place de Grève et enfin dans la rue
de Tournon où elle le livrait aux flammes en chantant.

Tandis que se dénouait ainsi, dans la brutalité tragique d'un soulèvement populaire, l'extraordinaire
existence de l'aventurier italien, Louis XIII triomphait.
Au moment où les conjurés qu'il avait soulevés pour sa
cause se ruaient sur Concini, il attendait anxieux, dans
sa chambre, le résultat de leur entreprise et quand, par
le bruit des coups de feu, il put comprendre que la partie
était engagée, il fut quelques minutes sans savoir ce qui
était arrivé. Puis un homme se présenta affolé et lui
dit que « le maréchal était manqué et qu'il accourait
avec les siens en armes, par le grand escalier ». Le roi ne
perdit pas le sang-froid et se tournant vers Descluseaux,
ancien garde-française, à qui était confié le soin de ses
armes :

« Çà, Descluseaux, ma grosse Vitry », lui dit-il.

Il appelait ainsi une carabine que Vitry lui avait
donnée. Il s'en empara et, la tenant d'une main, tirant
de l'autre son épée, il se précipita pour marcher aux
rebelles, voulant «leur passer sur le ventre». Mais, à la
première porte, il trouva d'Ornano, le colonel des Cor-
ses :

« Sire, c'est fait. »

Cauvigny, qui suivait, confirma que le maréchal était
mort. Derrière eux, accouraient des gentilshommes qui
manifestaient leur joie et de la cour montaient des accla-
mations. Le roi fit ouvrir une fenêtre et, répondant aux
vivats qui le saluaient, il cria :

« Merci, grand merci à vous ! A cette heure, je suis
roi. »

Il ne faut pas s'étonner si, durant cette journée et

celles qui suivirent, il se plut maintes fois à le constater et à répéter à tout instant les mêmes paroles. Oui, il était roi ; mais, il l'était parce qu'il avait voulu l'être et parce qu'avec une volonté énergique et persévérante, dissimulée au point de tromper tous ceux à qui il ne s'était pas confié, il avait poursuivi le but qu'il voulait atteindre. Il le touchait maintenant. Délivré de Concini, il pouvait parler en maître. Marie de Médicis allait s'en apercevoir.

Le bruit qui se faisait dans la cour avait retenti jusque dans son appartement. Une de ses femmes l'ayant entendu, ouvrit une croisée et, avisant Vitry parmi les groupes, elle l'interrogea :

« Le maréchal est tué, répondit Vitry.

— Par qui?

— Par moi et par ordre du roi. »

La femme se précipita dans la chambre de la régente, qui s'y trouvait assise, à peine vêtue, pas encore coiffée, et lui apprit la nouvelle. Suffoquée, consternée et d'abord incapable de dire un mot, la reine se leva et, en présence de ses amies et dames d'honneur qui entraient éperdues, elle se mit à arpenter la chambre, « haletante, les cheveux défaits, battant des mains, comme folle ». Quelqu'un ayant dit que l'on ne savait comment annoncer l'événement à la maréchale d'Ancre, Marie de Médicis éclata :

« Si l'on ne peut lui dire la nouvelle, qu'on la lui chante, s'écria-t-elle. Qu'on ne me parle plus de ces gens-là ! Je le leur avais bien dit : il y a longtemps qu'ils auraient dû être en Italie....

Elle continua sur ce thème et finit en disant « qu'elle avait assez à faire de s'occuper d'elle ». Elle ne pouvait se dissimuler, en effet, que ce qui venait de se passer était dirigé contre elle et que c'en était fait de son pouvoir. Toutefois, comme elle pouvait espérer encore qu'une entrevue avec son fils, qu'elle avait toujours vu timide et craintif, lui rendrait son influence, elle lui dépêcha son premier écuyer pour lui dire qu'elle désirait lui parler.

« J'ai trop à faire, répliqua sèchement le roi. Ce sera pour une autre fois. Dites à ma mère que je prends en main le gouvernement de l'État ; qu'elle veuille bien ne plus s'en mêler. J'entends désormais être le maître. Je l'invite à rester dans sa chambre. Je verrai plus tard à ce qu'elle se retire. »

Cette réponse ne découragea pas Marie de Médicis. Par deux fois, son premier écuyer revint, sur son ordre, insister auprès du roi, qui finit par le menacer de le faire emprisonner s'il revenait. Alors, elle recourut à la princesse de Conti, à de Luynes, à Mme de Guercheville. Mais, ces démarches échouèrent.

« Je la reconnais pour ma mère, déclarait le roi, et quoiqu'elle ne m'ait pas toujours traité comme fils, je la traiterai toujours comme mère. Mais, je ne la verrai que lorsque j'aurai mis ordre à mes affaires... »

Non content d'affirmer ainsi l'énergie de ses résolutions et craignant que la régente ne se livrât encore à des intrigues dont il ne la savait que trop capable, il donna des ordres pour qu'elle fût entièrement isolée. Défense fut faite à son frère Gaston, à ses sœurs, à sa jeune femme d'aller voir la reine mère. Le service d'honneur de celle-ci fut supprimé, remplacé par des gardes qui eurent ordre de ne laisser pénétrer personne chez elle. Les ambassadeurs ne purent l'approcher. Pour plus de sûreté on mûra des portes, on coupa un petit pont jeté sur les fossés du Louvre du côté des jardins ; elle fut alors réellement prisonnière, stupéfaite autant que consternée d'être traitée avec cette rigueur. Oublieuse de tout ce qu'elle avait fait pour s'aliéner le cœur de son

fils, elle se répandait en lamentations et en reproches.

Ainsi, se révélait chez le jeune roi une force de volonté
que nul n'avait soupçonnée. Elle se manifeste encore
dans les incidents qui suivirent : l'arrestation de la veuve
de Concini, son procès et son exécution ; le renvoi des
ministres du maréchal d'Ancre, parmi lesquels Richelieu
seul parvint à se ménager l'indulgence royale sans prévoir encore cependant le brillant avenir qui devait s'ouvrir pour lui à sept ans de là ; le rappel des ministres
d'Henri IV, l'exil de Marie de Médicis à Blois et au total
les diverses mesures que dut ordonner Louis XIII afin
de consolider le pouvoir dont il venait de s'emparer.

Dans toutes ces circonstances, il révèle une promptitude de résolutions, une sûreté de vues, un bon sens et
pour tout dire un instinct royal qui prouvent combien
sa mère l'avait méconnu. Tel il fut durant cette journée
du 24 avril 1617, dont M. Louis Batiffol nous raconte
les péripéties sous une forme si vivante, tel il fut au cours
des années suivantes dont son historien nous retrace le
récit dans la suite du volume dont nous avons résumé
la première partie et durant lesquelles il exerça effectivement le pouvoir.

Les qualités qu'il révèle, dans cette période de sa vie
qui va de 1617 à 1624, sont supérieures et véritablement
exceptionnelles chez un si jeune homme. Elles se fortifièrent de la conviction fortement ancrée en lui que, dans
tout ce qu'il avait fait et voulait faire, il était d'accord
avec ses sujets. Les preuves de leur approbation et de
leur joie lui arrivaient de toutes parts, dès le lendemain
de la mort de Concini. L'enthousiasme populaire, excité
par les espérances qu'inspirait sa conduite, saluait son
avènement dans les conditions les plus propres à lui
donner confiance en lui-même et à le passionner davan-

tage pour le bien public dont il eut souci, pendant son
règne, autant que son illustre père.

Quant à Marie de Médicis, on sait qu'inconsolable de
la perte de son autorité et toujours avide de la reconquérir, elle allait, pendant plusieurs années, conspirer
contre son fils et déchaîner la guerre civile dans le
royaume. Mais, on sait aussi que l'énergie de Louis XIII
opposa toujours à ses tentatives, à ses ambitions, à ses
intrigues des obstacles infranchissables contre lesquels
elles vinrent se briser.

Il a été longtemps de mode de prétendre, à propos
de ce roi, qu'il abandonnait volontiers à ses conseillers
et à ses favoris le soin de conduire l'État en son nom.
Richelieu le déclare nettement dans ses Mémoires. D'a-
près lui, Louis XIII n'aurait été qu'un roi muet et
irresponsable entre les mains d'un entourage qui le faisait agir. Mais, outre qu'il résulte des nombreux documents mis en œuvre par M. Louis Batiffol que les Mémoires de Richelieu abondent en faussetés, en erreurs,
en vantardises, remises d'ailleurs au point ou démenties
par la publication des lettres que lui écrivait le Roi, il
est bien difficile de croire que le prince qui a conçu le coup
d'État de 1617 ait été un soliveau ; car on ne saurait ici
lui contester l'initiative et la hardiesse alors que d'innombrables témoignages, les écrits contemporains publics ou confidentiels sont unanimes à lui en attribuer
l'honneur.

D'autre part, il faut remarquer que, devenu le maître,
en cette même année, aux applaudissements enthou-
siastes de la France entière, il n'a appelé Richelieu dans
ses conseils qu'en 1624 et encore pendant un certain
temps l'a-t-il maintenu dans une situation secondaire.
Voilà donc une période d'au moins sept ans durant laquelle il a régné seul. Son histoire à cette époque ne pré-

sente aucun fait susceptible de démentir ce que, d'après
les débuts de son règne, nous sommes autorisés à penser
de l'énergie de sa volonté. Il veut beaucoup ; il veut
souvent et il sait bien ce qu'il veut. Mais, peu préparé
à gouverner, ne possédant pas encore les connaissances
nécessaires à la lourde charge qu'il vient d'assumer, il
risquerait de plier sous le fardeau s'il n'avait la sagesse
de comprendre que ses décisions vaudront d'autant
mieux qu'avant d'être arrêtées, elles auront été discutées
et approuvées par les conseillers dont il s'est entouré.
En prenant le pouvoir, il a renvoyé les ministres nom-
més par sa mère et par Concini ; il a rappelé ceux
d'Henri IV, que Concini avait fait chasser ; il leur a accordé sa confiance ; il ne prend aucune résolution sans
la leur soumettre, et presque toujours, il se rallie à l'avis
de la majorité. Rompus aux affaires, ils discutent ; le
roi écoute et décide. Toutefois, sa condescendance aux
avis de ces vieillards, dont il apprécie l'expérience et les
services, ne l'empêche par d'avoir une volonté : « C'est
lui qui conduit, qui ordonne, qui voit, qui résout les réponses », écrit l'un d'eux. Les autres ministres, les ambassadeurs notamment, tiennent le même langage. Ils
reconnaissent la solidité de son jugement, le courage et
la fermeté de ses résolutions. Ils avouent que « jamais,
on ne lui a ouï dire dans le conseil parole qui ne fût digne
d'un prince ». — « Nous avons un grand roi, mande
Malherbe à un ami ; il a toutes les vertus des rois et
pas un de leurs vices ».

Les hommages sont fréquents dans les écrits où, de
son temps, il a été parlé de lui. Ils sont unanimes à pro-
clamer qu'il a toujours été extrêmement jaloux de son
autorité et peu disposé à tolérer que d'autres l'exercent
à sa place. Sa caractéristique, c'est cette énergie de sa
volonté et le souci de ne pas tolérer qu' « aucun fasse le

maître ». A l'armée, où il a révélé une endurance bien rare chez un si jeune homme et des qualités de chef ; dans ses rapports avec les ambassadeurs, avec son clergé ; dans son intérieur, vis-à-vis de sa femme, de ses sœurs et frères, il est toujours le même, énergique, résolu, et, par-dessus tout, jaloux de son autorité. « Il veut être roi, constate le nonce, et on voit qu'il s'applique à se montrer de plus en plus le maître ; il veut être respecté. »

Cette jalousie, il la pousse jusqu'à une dureté excessive, voire jusqu'à une inflexibilité parfois cruelle, envers ceux qui ont transgressé ses ordres, témoin l'exécution d'un gentilhomme breton, le baron de Guémaheuc, qu'il châtie inexorablement pour s'être battu en duel, comme il châtiera plus tard Boutteville, Montmorency, de Thou et Cinq-Mars ; témoin encore le supplice du sieur d'Arsilemont, capitaine du château de Fronsac, dans le Bordelais, qui pillait et rançonnait le pays, et qu'il fait arrêter au milieu des fêtes qu'occasionne sa présence à Bordeaux, pour l'envoyer trois jours plus tard à l'échafaud. Dans cette période de sept ans, où il règne vraiment seul, les faits sont innombrables où éclate cet incessant souci de son autorité et où reparaît le souverain qui a conquis sa couronne l'épée à la main.

En 1621, étant en voyage et guerroyant contre les protestants rebelles, il mande à sa femme : « Ma résolution est d'être obéi partout. Ayez le contentement de croire que tout m'obéit ». Et autour de lui, c'est à qui répétera : « Le roi veut être obéi. » Et tous obéissent ou obéiront, même les seigneurs que Marie de Médicis, par ses intrigues, a entraînés dans la révolte. Tous viendront successivement faire leur soumission à ce roi, de vingt ans, et c'est l'un d'eux, le duc de Longueville, qui, ayant osé lui dire d'un ton léger « qu'il le trouvait bien grandi », s'attire cette réponse mordante :

« Et moi, mon cousin, je trouve que vous êtes bien diminué. »

Est-il possible de croire qu'un souverain qui eut de telles prémices et débuta dans la vie royale en donnant de telles preuves d'une volonté forte et persévérante aurait ensuite subi l'influence altière et dominatrice de Richelieu au point de devenir un roi débile et d'abdiquer dans les mains d'un ministre omnipotent? M. Louis Batiffol ne le pense pas et nous laisse prévoir qu'une étude patiente, objective des documents contemporains lui permettra de justifier son opinion. Il convient de l'attendre à cette conclusion de ses travaux.

Ce qui fait supposer qu'elle lui donnera raison, c'est qu'il est démontré que, même moribond, Louis XIII restait encore jaloux de son autorité comme au temps de sa jeunesse. Je signale le fait à son historien, en l'empruntant moi-même aux manuscrits de Louis XVIII.

« Lorsque, raconte celui-ci, on eut administré les cérémonies du baptême à Louis XIV, alors dauphin et âgé de quatre ans et demi, Louis XIII, au lit de la mort, lui demanda quel nom on lui avait donné :

« — Je m'appelle Louis XIV, papa.

« — Pas encore, mon fils. »

N'est-ce pas le roi de vingt ans, qu'on avait vu si jaloux de son autorité, qui s'exprimait ainsi par la voix du souverain qui, même aux portes du trépas, n'entendait pas abdiquer?

II

LA DUCHESSE DE BOURGOGNE[1]

Au mois de novembre 1696, arrivait en France une jeune princesse encore enfant, fille aînée de Victor-Amédée II, duc de Savoie, issue du mariage de ce prince avec Anne d'Orléans et par conséquent petite-nièce de Louis XIV. Elle y venait pour épouser le duc de Bourgogne, fils aîné du dauphin et petit-fils du roi, auquel sa naissance assurait la couronne après la mort de son grand-père et de son père.

Ce mariage, dont le duc de Savoie, ambitieux comme tous les princes de sa maison, semble avoir pris l'initiative, avait été le résultat de la paix qui venait d'être conclue, après une longue période de guerres, entre lui et Louis XIV. Il en était même l'une des conditions. La petite princesse, que des événements militaires, des négociations diplomatiques, l'ambition de son père, livraient à la cour de France, y constituait un otage, une garantie de la fidèle exécution du traité qui rendait la paix à l'Europe en consacrant une réconciliation solennelle.

Marie-Adélaïde n'ayant alors que onze ans et son futur époux n'en ayant que quatorze, il ne pouvait être encore question de rendre effectif ce mariage. Mais

<hr>

1. *La Duchesse de Bourgogne et l'Alliance savoyarde sous Louis XIV*, par le COMTE D'HAUSSONVILLE.

il avait été convenu que, dès ce moment et jusqu'à ce qu'il pût être célébré, la fiancée serait élevée en France, à côté de son fiancé, sous les yeux du roi, résolu à la traiter, sans plus attendre, comme si elle eût été déjà la femme de son petit-fils et à lui en faire porter le nom.

Le 4 novembre, il partait de Fontainebleau pour aller la recevoir à Montargis. Il était accompagné de son frère, Monsieur, grand-père maternel de la princesse, et du dauphin, père du duc de Bourgogne. Quant à celui-ci, bien qu'il eût plus de titres que quiconque a être le premier à la voir, il attendait à Nemours que le roi lui permît d'embrasser sa future femme.

« Elle a la meilleure grâce et la plus belle taille que j'aie jamais vues, écrivait Louis XIV à Mme de Maintenon après cette première rencontre ; des yeux vifs et très beaux ; des paupières noires et admirables ; le teint fort uni, blanc et rouge, comme on peut le désirer ; les plus beaux cheveux noirs et en grande quantité. Elle est maigre comme il convient à son âge ; la bouche fort vermeille, les lèvres grosses, les dents blanches, longues et très mal rangées. Elle parle peu, au moins à ce que j'ai vu, n'est point embarrassée qu'on la regarde. Elle fait mal la révérence et d'un air un peu italien. Elle a quelque chose d'une Italienne dans le visage ; mais elle plaît et je l'ai vu dans les yeux de tout le monde. Je suis tout à fait content. »

À ces traits, on peut ajouter ceux que notent dans leurs *Mémoires* Saint-Simon et le marquis de Sourches : « Elle avait l'air sérieux et doux, dit ce dernier, et savait déjà accorder de la vivacité avec un air majestueux. Elle parlait peu et répondait avec de l'esprit et de la justesse. Cependant elle était encore enfant jusqu'à avoir des poupées et jouer à colin-maillard. » Et plus loin, il constate que la favorable impression qu'a conçue le Roi à première vue, s'est fortifiée en peu de jours : « Il témoignait pour elle une amitié surprenante jusqu'à passer des heures entières dans son cabinet ou chez la marquise de Maintenon. »

On sait, en effet, quelle tendresse Louis XIV et sa vieille favorite conçurent bientôt pour la petite princesse. Saint-Simon nous la montre se familiarisant avec eux, sautant sur leurs genoux, appelant Mme de Maintenon « ma tante », tirant le nez du roi, lui tapotant les joues, véritablement enfant avec eux, les séduisant par ses cajoleries, le tour imprévu de ses réflexions et les captivant, les enlaçant dans les manifestations d'une tendresse charmante, à laquelle ils répondirent avec une constance qui ne se lassa jamais. Jusqu'à sa mort prématurée, suivie à cinq jours de distance de celle de son jeune et toujours amoureux mari, la duchesse de Bourgogne fut la joie et le charme de la pompeuse cour de Versailles.

Le roi était vieux ; les deuils de famille et les revers de ses armes, la médiocrité intellectuelle de son fils, trop souvent constatée, avaient assombri sa vie. C'en était fait des jours heureux de Mlle de La Vallière et de la Montespan. Les intrigues des bâtards, une fin de règne où rien, si ce n'est l'indomptable attachement du roi à ses droits et à ses prérogatives, ne rappelait l'éclat des débuts ; la servilité de la noblesse, les défaites successives et les malheurs qui suivirent l'élévation du duc d'Anjou au trône de Charles-Quint, tout portait à la tristesse cette cour jadis si joyeuse. Sur cette tristesse, la duchesse de Bourgogne ne cessa de répandre la grâce de sa jeunesse, la douceur de son sourire et le réconfort de sa bonne humeur.

Elle achevait sa quatorzième année quand son mariage, célébré en décembre 1697, put être consommé. Elle fut plus aimée de son mari qu'elle ne l'aima, et durant sa première absence, alors qu'il était aux armées, son imagination parut la rendre sensible aux attentions de quelques jeunes gentilshommes empressés autour d'elle. C'est la seule ombre qui fasse tache sur son existence. On doit constater du moins que cette ombre fut brève et bientôt se dissipa. Le retour de l'époux, les grossesses, des morts d'enfants, les infortunes nationales eurent bientôt ramené la princesse au devoir que tant de mauvais exemples l'incitaient à oublier, et quand vinrent les grandes épreuves, les catastrophes de la guerre dite de la Succession d'Espagne, épreuves où la responsabilité de son mari était gravement engagée, elle trouva pour le défendre un ressort et une activité admirables qui cimentèrent à chaux et à sable l'affection réciproque des époux.

A première vue, le duc de Bourgogne ne valait pas sa femme. Possédant au plus haut degré le courage inhérent à sa race, il manquait de talents militaires et son passage aux armées n'ajouta rien à la gloire des Bourbons. Dans la vie ordinaire, il sembla longtemps sans initiative, comme si le respect que lui inspirait le roi eût paralysé sa volonté et glacé ses ardeurs. Mais il avait eu un maître incomparable, Fénelon, que la disgrâce royale éloigna trop tôt de lui, et un conseiller passionnément dévoué, qui ne le quitta jamais, le duc de Beauvilliers. Ils furent les véritables auteurs de la perfection morale qu'il sut atteindre et qui le distingue parmi ses contemporains.

Malheureusement, de leurs conseils et de leurs exemples il avait surtout gardé un penchant à la dévotion, qui, allant jusqu'à l'excès, fit de lui quelque chose comme un religieux dans le monde, un modèle de vertus chrétiennes auxquelles on préférerait un plus grand déploiement de ces qualités nécessaires aux rois et qui étaient apparues si brillantes dans Louis XIV. Ce fut poussé si loin qu'au fond de son archevêché de Cambrai, où les ordres du Roi le tenaient relégué, Fénélon s'en alarmait. Les lettres qu'il écrivait à son ancien élève révèlent ses craintes, mais aussi le ferme espoir de le ramener à un sens plus vif des réalités.

Il devint bientôt visible que cet espoir ne serait pas trompé. Après la mort du dauphin son père, le duc de Bourgogne, sous l'influence de sa jeune femme, se montre comme un homme nouveau. Dans ses discours, ses écrits, ses actes on le voit surtout préoccupé des besoins du peuple sur lequel il est appelé à régner, des moyens d'améliorer son sort. Ses longs entretiens avec Saint-Simon ne laissent aucun doute sur sa volonté, en ceignant la couronne, de se souvenir que le roi est le serviteur de ses sujets et non les sujets serviteurs du roi. Éclairé par l'étude, par l'expérience, guidé par l'ardent désir du bien, conseillé par sa femme dont il avait gagné la confiance en lui prodiguant la sienne, il eût été sans doute un grand monarque dont le règne eût conjuré les malheurs de la Révolution en réparant les fautes de Louis XIV et en épargnant à la France les scandales du règne de Louis XV. Par malheur, la mort le guettait et ne voulait pas qu'il occupât le trône. Elle le prit brutalement le 17 février 1712. Sa fin fut celle d'un saint. « Il était déjà mûr pour la bienheureuse éternité », a écrit Saint-Simon. Il avait trente ans. Non moins brutalement frappée, sa femme était morte cinq jours auparavant, à l'aube de sa vingt-septième année.

Le caractère foudroyant de ce double trépas qui, Louis XIV mort, ferait passer la couronne sur la tête d'un enfant encore au berceau, l'heure si terrible pour

la France et pour la monarchie à laquelle il se produisait,
le bon renom de ce prince et de cette princesse fauchés
dans leur fleur, l'anéantissement des espérances que la
France fondait sur eux, expliquent, sans qu'il soit nécessaire d'y rien ajouter, la douleur de leurs contemporains, les regrets de la postérité, et aussi pourquoi
l'histoire a gardé d'eux un souvenir touchant et attendri.

A ce souvenir il ne manquait qu'une consécration
définitive, celle d'un récit de ces deux existences qui
n'en font qu'une, où serait rassemblé tout ce qui a été
écrit sur elles par les mémorialistes et où seraient utilisés les documents ignorés jusqu'à ce jour qui en rappellent les circonstances et les principaux traits. Ce
récit, le comte d'Haussonville l'a entrepris, tirant ainsi de
l'oubli ces deux nobles et séduisantes figures, et groupant autour d'elles les événements tumultueux du
temps durant lequel elles ont charmé la France.

Ce n'est pas seulement en effet l'histoire de la duchesse
de Bourgogne et de son mari qu'il nous raconte, mais
celle aussi de l'alliance savoyarde sous Louis XIV, si
féconde en incidents de toutes sortes. Autour des deux
principaux personnages, combien d'autres sont évoqués
qu'on voit revivre et auxquels l'art de l'historien donne,
en rappelant leurs paroles et leurs actions, en citant
leurs correspondances, un relief saisissant ! Voici
d'abord Louis XIV dans son incomparable majesté,
intrépide dans l'infortune et superbe dans le bonheur
dont il jouit comme d'une chose due ; son fils, ce dauphin dépourvu de prestige, qu'absorbent les potins de
cour, le jeu, les soins qu'il rend à la Choin, son inoffen-
sive maîtresse ; Mme de Maintenon, passionnément
dévouée à tout ce qui plaît au roi ; l'ambitieux et rusé
Victor-Amédée de Savoie. Puis, c'est Fénelon, Beau-

viliers, Saint-Simon, Vendôme, Tessé, Boufflers, Villars, Catinat, les frères du duc de Bourgogne, Philippe V et le duc de Berry, la sœur de la duchesse de Bourgogne devenue reine d'Espagne, le duc d'Orléans, les Conti, la duchesse de Bourbon, tout Versailles en un mot, mis en scène avec un sens remarquable de ce qu'en dépit de ses faiblesses, de ses vices, de ses fautes, il représenta de gloire et de grandeur.

Au total, ce livre, attachant comme le plus vécu des romans, est un tableau aux couleurs brillantes où les silhouettes se superposent sans confusion, dominées par les deux principales vers lesquelles on se sent attiré par la sympathie que, vivantes, elles inspirent et par les larmes que, mortes, elles font verser. En le terminant, le comte d'Haussonville rappelle un mot de Saint-Simon qu'il faut citer ici. C'était au lendemain des obsèques du duc et de la duchesse de Bourgogne, Saint-Simon rencontrant Beauvilliers l'embrasse et lui dit :

« Vous venez donc d'enterrer la France ? »

« Il en convint avec moi », ajoute-t-il dans ses *Mémoires*.

Mais, en citant cette parole décourageante, révélatrice d'une grande douleur, notre auteur ne l'approuve pas, ne la ratifie pas, et c'est sa péroraison qu'il faudrait pouvoir reproduire tout entière. Oui, la mort du duc et de la duchesse de Bourgogne fut une catastrophe, car on peut prétendre que, s'ils eussent régné, ce n'est pas de la Révolution que dateraient les réformes qu'elle a noyées dans le sang. Mais, la catastrophe n'était pas plus irréparable que tant d'autres auxquelles, en dépit de leur étendue et de leur profondeur, la France survivait. C'est un langage, de patriotisme et de vérité que tient le comte d'Haussonville lorsque, pour finir l'éloquente démonstration à laquelle il se livre à l'effet de prouver que toujours, autrefois comme aujourd'hui, notre pays a surmonté les plus terribles épreuves et s'en est relevé, il écrit d'une plume toute vibrante d'espoir : « On n'enterre jamais la France ! »

III

LE MARÉCHAL DE LUXEMBOURG[1]

Dans les premiers jours du mois d'octobre 1693, tout ce qui comptait dans la ville et à la cour, se trouvait réuni à Notre-Dame de Paris, où l'on chantait un *Te Deum* pour célébrer la victoire de la Marsaille que le maréchal de Catinat venait de remporter sur le duc de Savoie. Associée par son clergé aux joies populaires du moment, la vieille basilique avait revêtu ses plus brillantes parures et les ornements des grandes fêtes étincelaient parmi les fleurs, sous des flots de lumière. Mais, ce qui, plus encore que cette décoration pompeuse parait ses voûtes, c'étaient les drapeaux conquis sur l'ennemi dans ces dernières années, qu'on y avait accrochés suivant un antique et pieux usage. « Jamais la vaste nef n'avait été fleurie d'une telle profusion d'étendards attestant la gloire de nos armes. »

Une foule immense emplissait le parvis, obstruant l'entrée de l'église, barrant la route aux retardataires parmi lesquels se débattait un petit homme frêle, chétif et contrefait, dont le visage tout ridé révélait qu'il avait dépassé la soixantaine. En dépit de ses efforts pour fendre les rangs pressés de cette foule enthousiaste,

1. *La Jeunesse du Maréchal de Luxembourg. Le Maréchal de Luxembourg et le Prince d'Orange. Le Tapissier de Notre-Dame*, par le Marquis de Ségur.

il risquait fort de ne pouvoir avancer, lorsqu'il fut aperçu par un des plus élégants seigneurs de la cour, que sa naissance et son courage au feu avaient rendu populaire : le prince de Conti, neveu du grand Condé.

A l'aspect de ce petit bossu à qui personne ne semblait faire attention, Conti s'élança, le saisit par la main et, le désignant à ceux qui l'environnaient, il s'écria :

— Place au tapissier de Notre-Dame !

Ce cri vola de bouche en bouche ; la foule s'écarta respectueuse et acclama, en le voyant passer, le personnage « en qui s'incarnait alors la fortune du royaume de France » et qu'avec un rare bonheur d'expression, le prince de Conti venait de baptiser du surnom le mieux fait pour rappeler que les drapeaux qui flottaient sur les têtes et décoraient si glorieusement la cathédrale, c'est lui qui les y avait mis presque tous.

Ce soldat aussi peu prestigieux d'aspect qu'il était grand par ses mérites et ses services se nommait François de Montmorency-Boutteville, duc et maréchal de Luxembourg. C'était le chef le plus réputé de nos armées, l'adversaire toujours heureux du prince d'Orange, le vainqueur de Fleurus, de Leuze et de Steinkerque. Quelques semaines avant, il avait pris Charleroi et gagné contre son rival accoutumé la bataille de Nerwinde, double victoire qu'il annonça à Louis XIV par un billet griffonné à la hâte après le combat, que d'Artagnan, major général de l'armée, fut chargé de porter à Marly, et qui était ainsi conçu : « Artagnan qui a bien vu l'action en rendra bon compte à Votre Majesté. Vos ennemis y ont fait des merveilles, vos troupes encore mieux. Les princes de votre sang s'y sont surpassés. Pour moi, Sire, je n'ai d'autre mérite que d'avoir exécuté vos ordres. Vous m'aviez dit d'attaquer une ville et de donner une bataille. J'ai pris l'une et j'ai gagné l'autre. »

C'est ce héros bien oublié aujourd'hui qui devait, un peu plus de deux siècles après sa mort, trouver dans un historien de nos jours, qui porte lui ausssi un nom illustre : le marquis de Ségur, le plus consciencieux narrateur de son extraordinaire existence, et ressusciter ainsi dans le cadre redoré d'une gloire qui n'était qu'endormie et dont il a suffi de remettre en lumière avec art et talent les causes justificatives pour la raviver et lui rendre tout son éclat.

Le marquis de Ségur n'a pas consacré moins de trois volumes à reconstituer la vie du personnage qu'il avait entrepris de tirer de l'oubli. Ils représentent donc de longues années de recherches et de travail. Dans le premier, qui nous fait parcourir le cycle tumultueux des guerres de la Fronde et nous montre Boutteville se jetant, sous les ordres de Condé, dans la lutte engagée contre Mazarin, il nous initie à la jeunesse de son héros, depuis le jour de sa naissance jusqu'à celui où la paix entre la France et l'Espagne, dont les révoltés n'avaient pas craint d'accepter l'appui, vint mettre fin à une trop longue guerre civile, faire rentrer ces rebelles dans le devoir et permettre au jeune roi de trouver parmi eux les plus ardents défenseurs de son trône et de son royaume. Le second volume nous fait assister aux premières campagnes de Luxembourg contre Guillaume d'Orange, qui s'échelonnent de la paix d'Aix-la-Chapelle, en 1668, à la paix de Nimègue, en 1678; et dans le dernier, l'auteur nous retrace la fin de l'époque à laquelle le maréchal a attaché son nom.

Ce qui caractérise cette trilogie et en accroît l'intérêt, c'est que le narrateur a groupé à côté du principal personnage les contemporains qui prirent part à ces mémorables événements : le grand Condé auquel, même après ce que nous en a conté magnifiquement le duc d'Aumale, il imprime un nouveau relief ; la belle duchesse de Châtillon, sœur de Boutteville, aussi célèbre par ses amours que par ses intrigues et l'influence qu'elle a exercée ; l'héroïque Turenne, le génial Richelieu, le rusé Mazarin, et tant d'autres qui, soit au second plan, soit au premier, ont joué un rôle en ces temps ensanglantés tour à tour par les batailles, par les duels, par les supplices qui châtient les contraventions aux édits royaux.

Cette magistrale étude, où les anecdotes côtoient à tout instant la grande histoire et en égaient la sévérité, où sont multipliés à foison les portraits, où le drame alterne avec la comédie, au profit de l'intérêt qu'on voit s'accroître de page en page, constitue ainsi un tableau vivant paré de couleurs éclatantes. Le lecteur y peut embrasser toute une grande époque, apprendre à la connaître dans l'enchaînement de ses innombrables péripéties et s'associer aux passions qui l'agitèrent. L'auteur ne se borne pas à nous narrer les événements ; il nous ouvre aussi l'âme des acteurs et nous y fait voir les mobiles et les passions auxquels ils obéissent. C'est de cela peut-être qu'il y a le plus lieu de le louer, car ainsi se révèlent à la fois dans l'historien l'artiste et le psychologue. Sans cette ouverture sur les âmes, l'histoire est chose morte et manque de ce qui est absolument nécessaire pour l'éclairer. Comment nous expliquerions-nous, par exemple, la grande part qu'a prise aux guerres de la Fronde la duchesse de Châtillon, — pour ne citer que celle-là entre tant d'autres, — si l'on ne nous disait d'abord sa nature ambitieuse et mobile, sa propension à la galanterie, avec le contraste de la virilité de son cerveau et de cet empire sur soi qui la rend maîtresse de toute elle-même au moment où l'on peut croire qu'elle va s'abandonner.

Luxembourg vint au monde en 1628, sous le règne de Louis XIII. Son père, Boutteville le duelliste, ainsi qu'on l'appelait, avait péri sur l'échafaud pour avoir contrevenu aux édits poursuivant le duel. Sa veuve restait seule avec deux filles, grosse d'un troisième enfant dont la naissance suivit de près la mort de son père et qui fut le général victorieux dont le marquis de Ségur célèbre les exploits.

Il ne se peut de vie plus agitée que la sienne. Ami et protégé du grand Condé, allié à tout ce que la cour comptait de plus éminent, il semble qu'il n'aura qu'à marcher pour cueillir les plus belles fleurs de l'existence et pour tirer profit des avantages qu'assurait alors une noble origine. Encore adolescent, il prend part aux luttes de la Fronde et, trop attaché à Condé pour se séparer de lui, il est avec lui contre Mazarin. Condamné à mort, il lui est fait grâce quand la paix avec l'Espagne a mis fin à la guerre civile. Il devient alors un des plus intrépides défenseurs de son roi qui lui a pardonné. Ses débuts militaires révèlent si visiblement ses remarquables qualités de soldat et de chef qu'il ne tarde pas à recevoir le commandement d'une armée où on le voit dépasser rapidement les espérances qu'on a mises en lui. De jour en jour il grandit et d'étape en étape il monte jusqu'à la dignité de maréchal de France, après la mort de Turenne ; il est généralissime après celle de Condé. C'est lui que désormais Guillaume d'Orange rencontrera sur sa route dans ses entreprises contre notre pays, et qui les déjouera successivement. A cinquante ans, il touche au sommet de la gloire et son dernier mot n'est pas dit.

De ce sommet où l'ont porté ses faits d'armes, mais qu'il n'a pu atteindre sans se créer d'implacables ennemis, jaloux de sa fortune, il est brusquement précipité. Compromis dans l'affaire des poisons par des dénonciations calomnieuses, il est jeté à la Bastille. On oublie ses services, sa gloire ; on ne rappelle que ses défauts et ses faiblesses ; on le traite comme criminel et tout le monde le croit perdu. C'est oublier trop vite son énergie native ; elle ne l'a pas abandonné ; elle contribue à faire éclater son innocence.

Après six mois de l'emprisonnement le plus rigoureux, durant lequel aucune humiliation ne lui a été épargnée, il est enfin acquitté. Mais, une ordonnance d'exil dans ses terres suit son acquittement, et, sans doute, il se demande si jamais finira sa disgrâce, quand tout à coup il est rappelé à la cour. Le roi s'est souvenu que Luxembourg fut toujours heureux à la guerre, que son épée fut toujours victorieuse et, au moment où éclate impérieusement la nécesité de tenir tête au prince d'Orange, il rend au maréchal le commandement de ses armées.

Luxembourg, désormais, ira de victoire en victoire. Il vaincra à Fleurus, à Leuze, à Steinkerque, à Nerwinde, et les trophées qu'il aura conquis décoreront Notre-Dame d'une si magique et abondante parure qu'il méritera d'entrer dans l'histoire sous le nom bien français que lui décerne, en un jour de fête nationale, le prince de Conti, un de ses lieutenants. Ce jour-là marque son triomphe et son apogée. Déjà la mort le guette, et l'année suivante, elle brisera dans ses mains la vaillante épée qu'aucun ennemi ne peut se vanter d'en avoir fait tomber.

Un tel homme, on le reconnaîtra, avait droit à tous les honneurs de l'Histoire, et d'autant plus qu'ainsi que le fait remarquer son historiographe, il n'y était pas, jusqu'à ce jour, à la place qu'il mérite. « Ses émules en gloire militaire, Catinat, Villars, Berwick, Fabert — sans parler des deux plus illustres, Turenne et le grand Condé — ont trouvé des historiographes. Luxembourg, presque seul, reste jusqu'à présent enseveli dans l'ombre ».

Rien de plus vrai. Vivant, il a épuisé les faveurs et la gloire. « L'éclat de ses campagnes, écrit son ennemi Saint-Simon, et son état brillant de général de l'armée la plus nombreuse et la plus proche lui avaient acquis un grand crédit. La cour était presque devenue la sienne par tout ce qui s'y rassemblait autour de lui et la ville, éblouie du tourbillon et de son accueil ouvert et populaire, lui était dévouée. Les personnages de tous les États croyaient avoir à compter avec lui. Il avait captivé les troupes et les officiers généraux. » Ajoutons qu'il n'a guère connu la défaite. Il est le vainqueur de Fleurus, de Steinkerque et Nerwinde. Il continue Condé et il a paré de tant de trophées la vieille basilique de Paris qu'on l'a surnommé « le tapissier de Notre-Dame ».

Sa mort, le premier jour, est un deuil national. Puis l'oubli se fait sur cette grande mémoire. « Un voile d'indifférence couvre ce nom retentissant », et Mme de Coulanges pourra écrire à la marquise de Sévigné « Comptez, madame, qu'on ne songe point ici qu'il y ait eu un M. de Luxembourg dans le monde. »

Pourquoi ce dédain qui « se poursuit à travers les siècles », et qui est d'autant plus incompréhensible qu'à plusieurs reprises et jusqu'à nos jours, d'autres généraux ont combattu, avec des chances diverses, sur quelques-uns des champs de bataille où Luxembourg s'est illustré et où, n'ayant jamais été vaincu, son souvenir aurait dû rester inoublié? Ce sont là jeux de la destinée, que l'historien, le plus souvent, ne peut que consater sans prétendre les expliquer, alors surtout que, comme dans la circonstance actuelle, ils sont inexplicables. En tout cas, et en ce qui touche Luxembourg, l'ingratitude, grâce au marquis de Ségur, en est maintenant réparée.

Le héros est devant nous et son portrait est définitif.

Ce portrait, plutôt attirant et sympathique, ne laisse pas, il faut le reconnaître, d'être parfois déconcertant. Il n'a pas moins d'ombre que de rayons. D'abord, le modèle est bossu et Saint-Simon ne manque pas de nous le rappeler avec une malice qui touche à la perfidie. C'est aussi « le plus délié des courtisans, nous dit son biographe, c'est le plus redouté des railleurs, un esprit hardi, actif, entreprenant, perpétuellement lancé dans quelque inquiétante aventure, consolé par l'intrigue des loisirs de la paix, d'intelligence alerte et finement cultivée, ami des gens de lettres et, la veille d'une bataille, causant avec Racine du plan d'une tragédie nouvelle, nature singulièrement complexe, mélange déconcertant de vices et de vertus, de grandeurs et de petitesses, d'héroïque dévouement et d'impitoyable égoïsme, toujours de fière allure et relevant par un air de hauteur ses moins excusables faiblesses ».

Tel qu'il est cependant, si grands sont les services qu'il a rendus à son pays et à son roi, si riche l'héritage de gloire qu'il a légué aux siens, que l'admiration, quand on regarde sa vie non dans le détail mais dans l'ensemble des événements qui en forment le total, l'emporte, et de beaucoup, sur ce qui devrait le faire condamner. Il n'est pas de fautes que n'efface un patriotisme intelligent et exalté, lorsque celui qui le manifeste rachète par là le mal qu'il a pu faire. Luxembourg, par les exploits qui l'ont illustré, a si noblement, si glorieusement, si fructueusement réparé les siennes qu'il ne nous apparaît plus que couronné des lauriers qu'il a conquis.

C'est d'ailleurs à nous le faire apparaître ainsi que, résolu cependant à ne nous rien cacher de ses faiblesses, son historien s'est appliqué sans compter que parler de lui, à la clarté de documents ignorés ou rajeunis par les découvertes qui les complètent, c'est faire revivre une époque mémorable de notre histoire, une de celles — mélange tumulteux de rayons et d'ombres, de décadence et de grandeur — qui ont mis le plus en valeur le génie national, le plus contribué à grossir le patrimoine de gloire que nous ont légué les aïeux et qui, par conséquent, nous appartient à tous, source intarissable de consolations et d'espérances où nous allons boire, nous réconforter et puiser la force de ne pas douter de l'avenir de notre patrie, même quand l'impéritie des gouvernants de nos jours semble se plaire à l'obscurcir.

Le marquis de Ségur excelle à rendre la vie aux choses mortes par l'évocation de tout ce qui contribua, lorsqu'elles se déroulaient, à attirer l'attention des contemporains. Pour fixer et attacher la nôtre, il les ressuscite ; il en auréole comme d'un cadre prestigieux son personnage principal. A côté du portrait qu'il nous trace de lui, il en ébauche d'autres, les rivaux du maréchal, ses amis, ses maîtresses, sa sœur, sa famille, silhouettes bardées de fer ou vêtues de soie, hommes et femmes ; groupant dans une confusion miroitante, à Marly, à Versailles, à la Bastille, sur les champs de bataille, la plupart des personnages qui furent mêlés à l'existence de Luxembourg.

L'histoire ainsi comprise est véritablement de l'art et du meilleur ; et lorsque de telles qualités d'inspiration et de forme viennent se greffer sur des documents inédits sévèrement contrôlés et propres à imprimer au récit le charme de la nouveauté et le caractère d'une révélation, il semble bien que l'auteur a livré au public tout ce que celui-ci peut exiger, c'est-à-dire la meilleure part de soi.

IV

JULIE DE LESPINASSE[1].

Le dix-septième siècle a été par excellence le siècle des
salons et de la littérature épistolaire. A une époque où
le journalisme était encore dans l'enfance, où le repor-
tage n'était pas inventé et où les échos des coulisses
parisiennes ne se retrouvaient que dans quelques rares
gazettes de l'étranger, c'est dans les salons que se col-
portaient les menus faits de la vie courante, et dans les
lettres qu'écrivaient leurs habitués, que l'histoire en
était retracée. Plus tard, nous les avons appris par des
mémoires contemporains. Mais, au moment où ils venaient de se produire, le monopole semblait en appar-
tenir aux beaux esprits du jour ; leur plume alerte
s'empressait de les transmettre à tous ceux qu'ils pouvaient intéresser. La correspondance de Mme de Sévigné, pour ne citer que celle-là, est à ce point de vue
le plus précieux des documents historiques pour ce
qui concerne le dix-septième siècle.

Au siècle suivant, ces correspondances prennent un
tour nouveau. Elles s'attachent moins à commenter
les événements ou à nous dépeindre les mœurs de la
cour et du grand monde qu'à nous ouvrir les âmes, à
nous les montrer jusqu'en leurs replis les plus intimes,
au cours d'aventures sensationnelles. Leur indiscrétion

1. *Julie de Lespinasse*, par le MARQUIS DE SÉGUR.

va si loin que nous n'ignorons rien des multiples incidents auxquels a donné lieu le déchaînement des passions
dont elles nous révèlent l'existence.

Il arrive même que les aveux des héros de ces aventures,
contenus dans des lettres qui ne devaient pas être
livrées à la publicité, sont divulgués après leur mort
et nous permettent de faire une sélection nécessaire entre
les récits antérieurs, trop souvent incomplets et contradictoires. C'est ainsi que nous possédons toute une
série d'attachantes publications posthumes, tel par
exemple le recueil des lettres de Julie de Lespinasse,
que, dans un beau livre qui porte pour titre le nom de
cette grande amoureuse, le marquis de Ségur vient de
compléter et d'éclairer à l'aide d'un nombre considérable
de pièces inédites dont la découverte est le fruit de ses
laborieuses recherches.

Aujourd'hui, une Mme de Sévigné, une Aïssé, une
Julie de Lespinasse ne procéderait plus comme elle
procédait de son temps. La carte postale, le petit bleu,
les communications téléphoniques ont tué la littérature
épistolaire. Mais, c'est une raison de plus pour attacher
un plus grand prix à ce qui nous en reste, c'est-à-dire
à ce que nous a légué le passé.

Il est bien vrai, d'ailleurs, qu'il ne se peut d'héroïne
plus captivante que la charmante femme dont le marquis de Ségur reconstitue la physionomie dans le cadre
suggestif auquel son souvenir demeurera éternellement
attaché. Nous la connaissions jusqu'ici par les lettres
qu'elle écrivit à l'un de ses adorateurs préférés, le comte
de Guibert, dont la veuve les publia trente ans après
sa mort. Ces lettres sans art, sans apprêt, jaillies spontanément du fond même de son âme, Julie, avant de
mourir, en avait ordonné la destruction. Quoiqu'on
doive supposer qu'elle se serait indignée si elle avait

pu prévoir que son désir ne serait pas exaucé, la gloire que doit son nom à l'inexécution de sa volonté est un argument décisif que peuvent invoquer à leur profit ceux qui la transgressèrent. Elle apparaît, en effet, à travers cette correspondance, comme une créature rare, merveilleusement douée au point de vue du cœur et de l'esprit, si merveilleusement que ses dons naturels lui tinrent lieu de beauté ; on les voit revivre dans ces lignes brûlantes dictées par la passion et auxquelles, comme le fait justement remarquer le marquis de Ségur, on pourrait appliquer ce que Lamartine a dit des lettres d'une autre Julie : « On respirait son souffle dans les mots, on voyait son regard dans les lignes, on sentait dans les expressions la chaleur des lèvres qui venaient de les inspirer. »

Il importe d'ailleurs de remarquer qu'elle vient dans un temps qui s'était fait une morale à son usage. « Dans le siècle où nous vivons, confessait alors une grande dame, ce n'est pas tant notre attachement qui nous déshonore que son objet ! » La vertu consistait moins à n'avoir pas d'amant qu'à n'en avoir qu'un et à lui rester fidèle. La mère de Julie, la comtesse d'Albon, d'une noble famille du Lyonnais et séparée de son mari, avait, à la faveur de cette tolérance, contracté une liaison avec un de ses parents, le comte Gaspard de Vichy. Julie naquit de ces amours illicites, trop vite brisées par la faute de l'amant. Quoique élevée auprès de sa mère qui n'avait pas voulu l'abandonner, elle fut toujours considérée dans sa famille comme une bâtarde, situation douloureuse qui la décida, lorsqu'elle eut vingt ans, sa mère étant morte et son père remarié, à accepter les offres d'une cousine qui, devinant ses mérites, lui proposait de quitter sa province et de venir s'installer chez elle, à Paris.

Cette cousine n'était autre que la marquise Du Deffand, déjà vieille mais toujours en possession du prestige qu'elle devait à son esprit, à son charme et peut-être aussi à ses aventures antérieures. Son salon était à l'égal des plus célèbres. Il rivalisait avec ceux de Mme Geoffrin, de Mme d'Épinay, du baron d'Holbach, et de tant d'autres où, par la seule puissance de leur grâce, des femmes telles qu'on n'en voit plus guère aujourd'hui groupaient autour d'elles une élite sociale. Dans chacun de ces salons, entre les hommes illustres qui s'y pressaient, il y en avait toujours un qui semblait en être le roi, comme le furent plus tard Chateaubriand chez Mme Récamier et Guizot chez la princesse de Lieven. Chez Mme Geoffrin cette royauté était exercée par Fontenelle, chez Mme d'Épinay par Grimm, chez le baron d'Holbach par Diderot et chez Mme Du Deffand par d'Alembert, autour duquel on pouvait voir le président Hénault, Horace Walpole, Turgot, la comtesse de Boufflers, la maréchale du Luxembourg, la duchesse de Châtillon et bien d'autres encore.

Naturellement, ces salons rivalisaient, se jalousaient, se dénigraient. Mais, entre tous, celui de Mme Du Deffand se distinguait par les exigences de la maîtresse du logis envers ses amis. Elle n'admettait pas qu'ils fréquentassent ailleurs que chez elle ; elle voulait être seule à les posséder, et quiconque voulait se soustraire à cette condition, sur laquelle elle se montrait intraitable, était assuré d'encourir sa colère : « Vous êtes exigeante au delà de toute croyance, lui écrivait Walpole : vous voudriez qu'on n'existât que pour vous ; vous empoisonnez vos jours par des soupçons et des méfiances et vous rebutez vos amis en leur faisant éprouver l'impossibilité de vous contenter. » Le ressentiment que trahit ce reproche n'empêcha pas Walpole de rester fidèle à

Mme Du Deffand. Il n'en fut pas de même de Jean-
Jacques Rousseau : il ne voulut pas subir ses lois ; il
s'éloigna, aimant mieux, ainsi qu'il l'avoue dans ses
Confessions, « s'exposer au fléau de sa haine qu'à celui
de son amitié ».

Tel est le milieu où Julie de Lespinasse, arrivant du
fond de sa province, se trouva subitement jetée. Toute
autre qu'elle y eût passé inaperçue ; mais, elle était
singulièrement attirante : à peine apparue, tous les
hommages allèrent à elle, ceux des plus anciens habitués
de la maison comme ceux des plus récemment admis.
D'Alembert fut de tous celui sur qui s'exerça le plus
violemment ce charme. Il fut tout à Julie en la voyant,
et lorsque, un peu plus tard, Mme Du Deffand, jalouse
de sa protégée, la chassa de sa maison dans un excès
d'emportement peut-être plus irréfléchi que légitime,
d'Alembert, mis en demeure de choisir entre elle et
l'intruse, n'hésita pas : il suivit Julie. Il ne fut pas le
seul. Mme Du Deffand, menacée d'être abandonnée par
les plus fidèles habitués de son salon, se vit contrainte de
fermer les yeux sur leurs assiduités auprès de Mlle de Lespinasse. Mais d'Alembert ne revint pas. Dès ce moment,
sa vie fut consacrée à Julie ; il alla vivre auprès d'elle
et jusqu'à sa mort, il ne voulut plus la quitter. Cet
émouvant épisode de la vie de notre héroïne a inspiré
un des plus curieux romans de ces derniers temps, *la
Fille de lady Rose.*

Il faut lire dans le livre du marquis de Ségur quelles
en furent les suites, comment autour de Mlle de Lespinasse
se forma toute une cour où tinrent à honneur de figurer
les hommes les plus éminents et les femme les plus répu-
tées. A sa sortie de chez Mme Du Deffand, elle avait
été atteinte de la petite vérole et elle en était restée
défigurée. Mais, la maladie, en altérant à jamais son

caractère, ses traits et sa santé, ne lui avait rien pris de
sa puissance de séduction. Elle la garda tout entière et
en fut la victime. Deux passions auxquelles elle se livre
successivement, et à la seconde pour se consoler d'avoir
perdu l'objet de la première, rempliront désormais sa
vie. Elle en subira tour à tour toutes les joies, toutes
les amertumes, se dépensant, se prodiguant, déployant
aux heures décevantes les mêmes ardeurs qu'aux heures
de contentement, confessant tout ce qu'elle éprouve en
des lettres éloquentes, déchirantes, révélatrices de son
amour. Nous connaissions les unes, au moins en partie,
celles adressées au comte de Guibert. M. de Ségur en
comble les lacunes et nous rend en citations des fragments de celles de cet aimable marquis de Mora, destiné
à mourir si jeune et à hâter, par son éloignement et sa
mort, la fin de son amie.

Nous ne pouvons que rappeler ici ces épisodes de
l'histoire d'une âme. Dans le récit qui vient de nous les
rendre, le talent du narrateur leur a donné un intérêt
poignant. Il suffit d'y regarder pour s'en convaincre.
Ils s'étaient déroulés sous les yeux de d'Alembert ;
mais, aveuglé par sa tendresse confiante, il n'en avait
rien vu, rien compris, et il n'en connut le véritable
caractère que lorsqu'il ne pouvait plus adresser de reproches qu'à une morte.

Elle l'avait désigné comme son exécuteur testamentaire et chargé de classer ses papiers, de restituer certaines correspondances, de brûler le reste. Au cours
de cette triste besogne, il tomba sur un manuscrit où
elle avait conté l'histoire de ses amours avec le marquis
de Mora. La vérité, qu'il ignorait, éclata ainsi devant ses
yeux. C'est à Mora qu'était allée la meilleure part du
cœur sur lequel il croyait régner sans partage. Depuis
huit ans, il n'en était plus le premier objet ; peut-être

même Julie ne l'avait-elle jamais aimé ! Ce qui acheva de lui prouver que dans ce cœur qu'il accusait d'ingratitude et d'oubli, il ne venait qu'au dernier rang, c'est qu'en parcourant les innombrables lettres qu'il était chargé de détruire, il s'aperçut que Julie n'avait pas gardé une seule des siennes.

Il ne devait jamais se consoler de cette amère déception. Par une ironie suprême, c'est au comte de Guibert qu'il en fit d'abord l'aveu. « Plaignez-moi, monsieur, lui écrivait-il ; plaignez mon abandon, mon malheur, le vide affreux que je vois dans le reste de ma vie. Je l'ai aimée avec une tendresse qui va me rendre le besoin d'aimer nécessaire ; je n'ai jamais été le premier objet de son cœur ; j'ai perdu seize ans de ma vie et j'ai soixante ans. Que ne puis-je mourir en écrivant ces tristes mots et que ne peuvent-ils être gravés sur ma tombe ! »

En les écrivant, il ne se doutait pas que le comte de Guibert, à qui il les adressait, n'avait pas moins contribué que le marquis de Mora à l'infortune qui lui arrachait ces lamentations douloureuses.

V

MADAME DU BARRY. MADAME DE TENCIN [1]

On ne saurait nier que les historiens qui ont entrepris, avant ceux de nos jours, de raconter les grands épisodes du dix-huitième siècle et de la Révolution, n'ont pas toujours été des narrateurs scrupuleux et fidèles. Il n'est que trop vrai qu'en maintes circonstances ils ont, pour la plupart, dénaturé les événements dont eux ou leurs proches avaient été les témoins et calomnié les personnages auxquels ils survivaient. Ce qui le prouve, ce sont les innombrables rectifications faites à leurs récits par leurs successeurs plus sûrement renseignés et documentés et la physionomie toute nouvelle que, sous la plume de ceux-ci, plus loyale, plus équitable, plus soucieuse de vérité, ont prise les hommes et les choses de ce passé tumultueux et suggestif.

Entre tous les exemples que je pourrais invoquer pour justifier cette nécessité, je n'en sais pas de plus saisissant que celui qui m'est fourni par ce qui se passe actuellement pour Mme du Barry, la dernière et trop fameuse maîtresse du roi Louis XV. On a pu dire d'elle que, par le scandale de sa liaison avec un monarque débauché, qui n'avait même plus, quand il s'attacha à cette sirène, l'excuse de la jeunesse, par l'influence

1. *Madame du Barry*, par CLAUDE SAINT-ANDRÉ, un vol. *Les Guérin de Tencin*, par CH. DE COYNART, un vol.

qu'elle exerça, pas ses prodigalités onéreuses au trésor, elle fut un des instruments préparatoires de la Révolution.

Comme ce n'est que trop vrai et bien que, parmi les témoins de sa vie, ceux qui n'avaient eu à servir contre elle aucun parti se soient trouvés d'accord pour lui témoigner quelque estime, pour lui reconnaître d'autres mérites que sa beauté, elle n'en est pas moins restée un bouc émissaire chargé de tous les péchés d'Israël, c'est-à-dire de toutes les hontes que rappelle le nom de Louis XV, quand on ne regarde ce roi qu'à travers les désordres de sa vie privée. Pour le grand public, pour les lecteurs de Michelet, elle est l'héroïne de la légende ordurière que concertèrent contre elle les partisans des parlements de Choiseul ; elle est la femme vulgaire et cynique qui, selon les Goncourt, se faisait, en se levant, présenter ses pantoufles par le nonce du pape et criait à son royal amant, d'une voix éraillée : « La France, ton café f... le camp. »

Or, voici que dans un livre récent, signé : Claude Saint-André, dont mon éminent ami Pierre de Nolhac, le savant conservateur du musée de Versailles et l'homme le plus compétent en ce qui touche le dix-huitième siècle, a écrit la préface, on nous fournit un faisceau de preuves desquelles il résulte avec la dernière évidence que Mme du Barry a été abominablement calomniée. « Le livre des Goncourt, nous dit Nolhac, est puéril et faux. Ce sont là des anecdotes ridicules, des niaiseries de pamphlet. Elles ne gagnent qu'un intérêt littéraire à revêtir le style de flamme d'un Michelet. Pour les prendre au sérieux, il faut tout ignorer de la cour de France au XVIIIe siècle ; il faut n'avoir aucune idée juste des hommes ni des temps et se faire la proie naïve des libellistes et des rhéteurs. »

Sous une telle plume, ceci équivaut, on le reconnaîtra, à une véritable réhabilitation. Mme du Barry réhabilitée! Qui l'eût cru? Qui s'y fût attendu? Pourquoi pas, après tout, si elle a mérité de l'être et s'il est vrai, comme on nous le démontre, qu'elle fut la victime de racontars qui, sous l'hypocrite prétexte de venger la morale, furent forgés de toutes pièces par les porte-paroles de la faction Choiseul qui ne pardonnait pas à la favorite de l'avoir combattue et mise en déroute? En tout cas, la du Barry telle qu'on nous la présente maintenant, si différente du type convenu, n'en devient pas moins pour nous un sujet de surprise, tant on s'était appliqué à nous la montrer tout autre qu'elle ne fut.

Mais, notre étonnement n'enlève rien à la reconnaissance que nous devons à ceux qui, l'étudiant à l'aide des procédés dont j'ai parlé plus haut et les lui appliquant, non par intérêt pour elle, mais guidés par ce besoin de vérité dont s'inspire l'école historique contemporaine et qui s'exerce de nos jours avec une ardeur passionnée sur tout ce qui touche à la Révolution, ont brisé l'enveloppe de convention et de mensonge dont la haine d'un parti vaincu avait enveloppé cette femme.

Qu'elle ait été mobile et perverse, intéressée et ambitieuse, qu'elle ait contribué à dépopulariser la royauté on ne saurait le contester. Mais, outre qu'en tout ceci la Pompadour la dépasse, la du Barry, loin d'être une créature malveillante, cynique et fatale, déploya, à la place où la fortune l'avait portée, des qualités de cœur et d'esprit, une générosité native et une entente de ce que commandait l'intérêt de la monarchie, qui corrigèrent, ou tout au moins atténuèrent les conséquences des scandales auxquels elle fut associée. Voilà ce qui résulte d'une étude impartiale de son existence.

Il faut aussi lui tenir compte de la corruption du

milieu où elle évoluait, de la perversité de cette cour où
d'autres femmes ne la haïssaient que parce qu'elles en-
viaient sa place sans pouvoir alléguer, comme elle eût
pu le faire pour expliquer sa conduite, la déplorable
influence de l'éducation qu'elle avait reçue. Il faut se
rappeler encore la dignité avec laquelle, après la mort
de son royal amant, elle subit sa disgrâce, la sincérité
de son affection pour le duc de Brissac, son désintéressement d'alors, le zèle qu'elle mit à secourir les émigrés
et, enfin, le caractère tragique de sa fin. En cette période
de sa vie, elle force l'admiration au moins jusqu'au moment où, par une suite de circonstances imprévues et
accidentelles, l'infâme trahison du bandit qu'elle avait
comblé de ses bienfaits, la livra au bourreau.

A sa destinée extraordinaire, et pour en ennoblir le
dénouement, manqua le courage devant la mort. Tandis
que, autour d'elle, d'autres victimes du malheur des
temps, qui n'avaient rien à expier, marchaient au
supplice, animées d'une intrépidité virile et le visage
quasi souriant, l'honneur lui fut refusé de savoir mourir.
Devant la guillotine, elle ne manifesta qu'épouvante.
Elle cria, supplia, se débattit, demanda grâce, et ses
lamentations apitoyèrent jusqu'à ceux qui la faisaient
périr. Avant elle, les condamnés portaient sur l'échafaud tant de résignation, que les Parisiens avaient fini
par être insensibles à l'horreur de ces lugubres spectacles.
Ils s'émurent en entendant les clameurs déchirantes de
la du Barry. Six mois devaient s'écouler encore avant
que la guillotine cessât de fonctionner. Mais « le cri
affreux » de la du Barry, ce cri qui n'avait rien d'humain,
disent les historiens, marqua le commencement de la fin.

Cette malheureuse femme n'est pas la seule au profit
de qui ont été remises au point ou même entièrement
rectifiées les opinions de leurs contemporains. Parmi

les calomniés de l'histoire, victimes, d'une part, du mauvais renom qu'ils devaient à des fautes trop réelles et, d'autre part, des haines encourues par eux au cours des conflits et des luttes dans lesquels ils se jetèrent, se trouvaient la célèbre Mme de Tencin et son frère le cardinal de Tencin, qui ont tenu l'un et l'autre une place considérable dans la société française pendant la première moitié du dix-huitième siècle.

La sœur, il est à peine besoin de le rappeler, fut une des grandes intellectuelles de son temps. Dans le groupe des charmeuses dont le souvenir s'est perpétué jusqu'à nous, reines par l'esprit ou par la beauté et fameuses en outre par l'éclat de leurs passions, elle a brillé au premier rang. Elle eut un salon qui rivalisa avec les plus illustres, des amitiés précieuses qui lui restèrent fidèles et auxquelles elle dut de jouer à un moment un important rôle politique ; elle écrivit des romans, et son existence, qui dura plus de soixante ans, fut une longue suite d'agitations, d'incidents scandaleux et de jours troublés, tantôt par sa faute, tantôt par celle des circonstances.

On lui connut plusieurs amants et, entre autres, le chevalier Destouches de qui elle eut un fils qui fut d'Alembert, qu'elle abandonna, dès sa naissance, en l'envoyant aux Enfants trouvés ; le cardinal Dubois, auquel elle dut, tant qu'il vécut, de l'influence et du crédit ; un sieur La Fresnaye, assez triste sire que ses indélicatesses l'obligèrent à chasser, qui se vengea en venant se suicider chez elle et en laissant un testament propre à laisser supposer qu'elle l'avait assassiné, après l'avoir dépouillé, — aventure déplorable, où victime à la fois des infamies de ce coquin et de rivalités judiciaires, elle se vit arrêtée, embastillée, détenue durant trois mois et traitée comme la plus vile des coupables.

Elle était innocente et parvint à se laver des accusations qui pesaient sur elle. Son innocence reconnue, elle fut mise en liberté. Mais, l'opinion ne lui fut pas aussi favorable que ses juges. Son inconduite avérée, les désordres de sa vie, ses tentativs désordonnées pour s'enrichir et, par-dessus tout, l'indifférence dont elle avait fait preuve envers son fils, plaidaient toujours contre elle. Même quand il fut prouvé que le misérable La Fresnaye l'avait faussement accusée, ses ennemis affectèrent de croire que la décision judiciaire qui la justifiait, avait été arrachée à la complaisance des magistrats bien plus qu'à leur conviction. Malgré le prestige que lui assurait la fidélité de ses amis, celle de sa famille et particulièrement de son frère le cardinal, elle est restée indélébilement tarée, avec cette circonstance aggravante que, pour n'avoir pas cessé de la chérir et de la défendre, le frère fut atteint par le mauvais renom de la sœur.

Par la vivacité de ses polémiques avec les jansénistes, il s'était attiré des haines implacables. Elles s'exercèrent contre lui avec une acrimonie qui transforma en véritables crimes des faits assurément répréhensibles, mais qui n'étaient que des peccadilles, rachetées d'ailleurs par la pureté des mœurs, que ses adversaires s'efforcèrent en vain de nier, par son zèle, dans ses dernières années, à remplir ses devoirs épiscopaux, à servir l'Église et la France en toutes les occasions où il lui fut donné de le faire.

Archevêque d'Embrun, sa promotion au cardinalat dont il était question depuis longtemps n'eut lieu qu'en 1739, bien que le Souverain Pontife fût antérieurement consentant. Elle avait été retardée par l'opposition qu'y faisait le cardinal de Fleury qui dirigeait alors les affaires de la monarchie. Ce n'est pas que le vieux ministre fût animé de mauvais sentiments contre Tencin ; leur correspondance prouve au contraire qu'il le tenait en haute estime, et faisait le plus grand cas de ses mérites. Mais, ayant à cœur de pratiquer une politique d'apaisement, il craignait que la promotion de l'archevêque n'irritât ce qui restait encore du parti janséniste.

En 1799, ces raisons avaient perdu de leur force et l'opposition de Fleury était tombée. Appuyée par les Jésuites et par le roi d'Angleterre Jacques Stuart, alors proscrit et résidant à Rome, la candidature de Tencin était bien vue à la cour pontificale où on savait gré à l'archevêque, dit le duc de Luynes dans ses Mémoires, « d'avoir donné de grandes marques de son zèle pour la saine doctrine ». Le 4 mars, il reçut un courrier du roi d'Angleterre lui annonçant sa nomination.

Le même jour, à Versailles, Louis XV, « pour ne point le faire attendre au lendemain », lui mettait la calotte, en présence du cardinal de Fleury, et ce qui achève de démontrer que l'événement était agréable au roi et à son ministre, c'est que, quelques jours plus tard, le nouveau cardinal, pourvu d'une abbaye en Champagne qui valait trente-cinq mille livres, était chargé d'aller à Rome en vue du prochain conclave que rendaient imminent le grand âge et l'état maladif du pape Clément XII.

Tencin partit le 21 juin et arrivait à Rome le 17 juillet. Au mois de février suivant, le vieux pontife expirait et douze jours plus tard, s'ouvrait le conclave où le nouveau cardinal, déjouant successivement les visées hostiles à la France, faisait élire, le 26 août, le candidat de sa cour, son ami Lambertini, qui porta la tiare sous le nom de Benoît XIV. Le roi Louis XV reconnut le service qu'en cette circonstance lui avait rendu son sujet, en le nommant à l'archevêché de Lyon, le plus beau du royaume après celui de Paris.

Tant de faveurs exaspéraient ses ennemis. Ils le calomnièrent de plus belle, allant jusqu'à prétendre mensongèrement que, pour obtenir le chapeau, il avait versé six cent mille livres et, pour s'assurer la protection du roi d'Angleterre, intimidé et effrayé ce prince en le faisant menacer de mort. C'étaient là de méchants propos dépourvus de tout fondement. Mais, rapprochés des faits que je viens de résumer d'après un attachant ouvrage qu'a publié en ces derniers temps un écrivain avantageusement connu par de précédents travaux, M. Charles de Coynart, ils aident à comprendre combien il a été aisé aux adversaires du cardinal de Tencin et de sa sœur de les accabler sous les imputations les plus outrageantes, et combien il était tentant, pour un historien épris de justice et de vérité, de chercher, dans ce fatras de calomnies et de médisances, ce qui était faux et ce qui était vrai.

M. de Coynart s'est acquitté de cette tâche avec autant de conscience que de talent, en des pages bourrées de faits et où l'intérêt ne faiblit pas un instant. Il ne s'est pas proposé, il n'a même pas essayé de réhabiliter Mme de Tencin, ni de nous présenter le cardinal comme un saint homme. Mais, en ce qui touche la sœur, il a, par un exposé fidèle de sa vie, tenté d'expliquer ses fautes, résultat d'une éducation déplorable qu'aggrava la violence qui lui fut faite par un père dénaturé pour la jeter dans un couvent bien qu'elle n'eût pas la vocation religieuse, montré, à l'aide de preuves indiscutables, combien parfois ces fautes dont elle ne fut pas toujours responsable, ont été exagérées par la haine ou la malveillance, opposé à celles qui ne peuvent être niées les qualités d'esprit et de cœur qui expliquent les affections qu'inspira à des hommes de haute intelligence cette trop séduisante coupable. En ce qui touche le frère, la tâche était moins ardue ; il n'y avait pas à plaider les circonstances atténuantes ; il n'y avait qu'à laisser parler les faits et à répandre de la lumière sur ce que les premiers historiens s'étaient plu à obscurcir.

Mais, ce qui permet de dire de ce livre qu'il présente un intérêt supérieur, c'est moins encore la part qui y est faite à la démonstration des erreurs volontaires ou non, et au rétablissement de la vérité que la reconstitution tout à fait neuve et réellement ingénieuse des origines des deux personnages et le tableau révélateur du milieu duquel ils sont sortis. A ce point de vue, tout le début de l'ouvrage est attachant comme le plus dramatique des romans. L'extraordinaire développement de cette famille des Tencin, depuis le jour où son fondateur, le vieux colporteur ambulant Guérin, s'établit, au début du seizième siècle, comme bijoutier à Romans, en Dauphiné, jusqu'au jour où ses descendants directs, en récompense de ses services et des leurs, furent anoblis, nous ouvre, sur l'état social des provinces à cette époque et sur les conflits locaux que l'histoire générale nous laisse ignorer, des aperçus et des horizons qui combleront d'aise tous ceux qui se plaisent à suivre, à travers les péripéties du passé, la formation de la nationalité française.

VI

LES FILLES DE LOUIS XV[1]

Entre les grandes périodes historiques dont le total constitue nos annales nationales, il n'en est pas qui, à un plus haut degré que le dix-huitième siècle, ait le don d'exciter notre curiosité et de la tenir toujours en éveil. Les innombrables travaux auxquels ce siècle a donné lieu, les mémoires des contemprains, les révélations successives des historiens ne sont pas parvenus à la satisfaire. Plus on nous en conte, plus on nous en apprend sur les événements de ces années si mouvementées, si pleines, si décisives au point de vue des destinées de notre patrie, et plus nous voulons en savoir.

Notre préférence pour cette époque est aussi aisée à expliquer qu'à comprendre. Le dix-huitième siècle nous présente, dans les cent années qui le composent, le plus sensationnel des tournants d'histoire. Il est le plus transformateur de tous les temps ; il continue à grands coups d'ailes ce que la Réforme avait commencé ; il imprime aux esprits, aux mœurs, aux lois une orientation nouvelle ; il répand dans le monde des doctrines inattendues ou à peine soupçonnées, considérées en tout cas comme subversives jusqu'au jour où elles triomphent. Il voit à ses débuts l'autocratie encore à son apogée dans la

1. *Mesdames, filles de Louis XV*, par M. CASIMIR STRYIENSKI, un vol.

personne de Louis XIV et il s'achève sur les sanglantes victoires de la démocratie, qui conservera désormais ce qu'elle a conquis. Il consacre enfin la chute du droit divin et l'avénement du droit populaire.

La rapidité de ces transformations est vertigineuse. Pour y préparer les esprits, il suffit d'une poignée d'écrivains dont les attaques contre l'édifice vermoulu de la vieille société, trouvent des encouragements dans les fautes des rois. Malgré les grandeurs de son règne, Louis XIV mérite d'être accusé d'avoir porté à la monarchie des coups dont elle ne se relèvera plus. Ses prodigalités, ses caprices, les scandales de sa cour, ceux de la cour de Louis XV, la faiblesse et l'incapacité de Louis XVI ont été aussi meurtriers pour l'ancien régime que les écrits des philosophes.

On peut comprendre maintenant pourquoi l'histoire d'un siècle où tant de causes visibles et bruyantes se sont combinées pour produire de si grands résultats, ne semble jamais épuisée et pourquoi aussi, quoique déjà profondément fouillée, elle paraît toujours nous réserver des surprises, ne serait-ce que par des détails ignorés, ajoutés à des choses déjà plus ou moins révélées et connues.

L'attrait qu'elle exerce sur nous résulte encore d'une autre circonstance : je veux dire la place qu'y ont tenue les femmes. Au début du cycle qu'elles animent de leurs grâces, de leurs intrigues, parfois de leurs bassesses, souvent de leur héroïsme, nous trouvons Mme de Maintenon, vieillissant à côté de Louis XIV ; à la fin, c'est Marie-Antoinette, c'est Mme Roland. De l'une aux autres quelle légion et que de noms qui ne peuvent être séparés de l'histoire de ces temps ! C'est en cela que le dix-huitième siècle nous attire et nous captive. Si nous le préférons à d'autres, ce n'est pas seulement parce que nous subissons encore l'influence de ce qu'il vit s'accomplir, mais aussi parce que le froufou des robes et des chiffons y fait constamment écho à la rumeur retentissante des événements, dans lesquels on peut dire que, quels qu'ils soient, presque toujours on y trouve la femme.

Ces héroïnes ne sont pas toutes pures ; presque toutes ont une tare et encore que la fin de la plupart d'entre elles, ennoblie par leur courage, ait expié leurs fautes, elles sont l'exception celles dont la mémoire sort sans ombre de ces heures émouvantes et tumultueuses.

Parmi ces privilégiées, il convient de placer, au premier rang, Mesdames, filles de Louis XV, dont l'éminent écrivain Casimir Stryienski, dans une volumineuse étude, aussi remarquable par l'exécution typographique et la beauté de l'iconographie que par l'abondance de la documentation, la mise en scène des événements et la vivacité du style, vient de se faire l'historien. Préparé à cette tâche par ses travaux antérieurs, il nous donne dès la première page de ce très beau livre, cette sécurité que n'acquiert le lecteur qu'autant qu'il peut se convaincre, en commençant sa lecture, que l'historien n'a pas choisi accidentellement son sujet, qu'il l'a choisi parce que depuis longtemps il le connaît à fond et s'en est épris, en vivant dans l'air ambiant, c'est-à-dire dans les milieux où ses personnages ont évolué.

Il n'y a pas d'œuvre historique durable sans une connaissance profonde de cet air ambiant. Pour bien parler des filles de Louis XV, il fallait ne rien ignorer du long règne de ce triste monarque, et si l'œuvre de M. Casimir Stryienski mérite d'être classée au premier rang, c'est que, précisément, il ne l'a entreprise qu'après avoir étudié, dans tous ses dessous, le règne du père de Mesdames, de telle sorte que les trois cent cinquante pages de ce livre d'un intérêt si captivant sont comme le total et le résultat d'un louable et considérable effort d'études préliminaires et d'inlassables recherches.

De son mariage avec Marie Leczynska, Louis XV avait eu dix enfants, deux fils et huit filles, venus au monde de 1727 à 1737. Il eut la douleur de voir mourir ses deux fils, le cadet, duc d'Anjou, à l'âge de trois ans, l'aîné le dauphin en 1765. Celui-ci était depuis longtemps marié. Sa femme lui avait donné trois enfants : Berry, Provence et d'Artois, grâce auxquels l'avenir de la dynastie se trouvait assuré. On sait qu'ils régnèrent tous les trois, sous les noms de Louis XVI, Louis XVIII et Charles X. Quant aux filles de Louis XV, leur destinée fut très différente. L'aînée, Marie-Louise-Élisabeth, épousa un infant d'Espagne, le second fils de Philippe V, obtint pour son époux et pour elle le duché de Parme, et à cette place, elle passa sa vie à rêver la couronne. Elle succomba jeune encore sans avoir réalisé son rêve. Elle était, des huit sœurs, la seule qui se fût mariée. Louise-Marie mourut en bas âge. Une autre qui porta le même nom quitta le monde et entra aux Carmélites de Saint-Denis. Il en restait cinq qui, après avoir longtemps vécu à l'abbaye de Fontevrault, vieillirent à la cour, qualifiées Mesdames. Plusieurs étaient mortes avant la Révolution. En 1789, elles n'étaient plus que deux : Adélaïde et Victoire. En 1790, elles émigraient et, après des aventures sans nombre, aussi cruelles qu'imméritées, elles s'échouaient neuf ans plus tard à Trieste, où la mort vint les prendre successivement, Victoire le 7 juin 1799, Adélaïde le 27 février 1800.

C'est à propos de Madame Victoire que Louis XVIII écrivait à son frère : « Notre pauvre tante est, depuis bien longtemps, la première de notre famille qui n'ait pas péri de la main des scélérats ; mais, elle n'en a pas moins été leur victime, et les quatre ou cinq derniers mois de sa vie n'ont été qu'un long martyre. »

Après la mort de Mme Adélaïde, il ajoutait : « Je pense au nombre que nous étions, il y a onze ans, et à celui auquel nous sommes réduits. » Constatation douloureuse et malheureusement trop fondée. Des personnes comportant la famille royale en 1789, le roi, la reine, leur fils et Mme Élisabeth avaient disparu ; et les vieilles tantes s'éteignaient à leur tour, victimes, elles aussi, de cette Révolution qui, comme le dit justement leur historien, leur faisait payer si cher les fautes des ancêtres.

Ce qu'on ne saurait trop faire remarquer, en rappelant l'existence sacrifiée de ces nobles filles de roi, c'est la sérénité naturelle de leur âme, la dignité qu'elles conservent au milieu d'une cour dépravée, sans subir jamais la contagion des détestables exemples qui leur sont donnés par leur père et par tout ce qui l'environne. A Madame Louise, devenue carmélite, on pourra reprocher de ne pas assez oublier, dans les austérités du cloître, qu'elle a fait profession de renoncer au monde, et la blâmer de s'occuper trop souvent encore des intérêts qui s'y débattent. Un reproche analogue pourra être adressé à Madame Adélaïde, la plus intelligente des sœurs, la plus ambitieuse aussi. On voudrait effacer de sa vie les épisodes où se manifeste son animosité contre la Dauphine, Marie-Antoinette, dont elle jalouse l'influence.

Mais, peut-être faut-il tenir compte à ces pauvres princesses qui vieillissent sans joie, livrées aux petites intrigues des coteries qui s'agitent à Versailles, des déceptions dont leur vie est pleine, de l'espèce de dédain que leur témoignent les courtisans et aussi de l'abandon dont elles sont l'objet trop souvent de la part de leur père. Il ne faut pas oublier davantage que la vérité sur laquelle pourrait se régler leur conduite, ne leur arrive ordinairement que dissimulée, travestie, dénaturée.

Leurs intentions sont bonnes ; et si leurs actes n'y répondent pas, la faute n'en est pas à elles.

Quand s'annoncent les mauvais jours, celles qui vivent encore ne sont plus que des vieilles filles ; la Révolution, qu'elles étaient incapables de prévoir, est pour elles un coup de foudre, et avec l'égoïsme, résultat du célibat et de l'âge, elles songent surtout à se mettre à l'abri. C'est à peine si elles comprennent l'héroïque exemple que leur donne Madame Élisabeth. Mais, du moins, ne cessent-elles d'envelopper la famille royale de leur dévouement et de leur pitié. Jusque dans leur exil, le salut des infortunés captifs du Temple est au premier rang de leurs préoccupations.

Au surplus, — et c'est ce qui les rend toutes finalement sympathiques, — on ne relève à aucune heure de leur vie une de ces défaillances morales qui pèseront toujours sur la mémoire d'un grand nombre de leurs contemporaines. Tant que leur père est vivant, soucieuses par-dessus tout du devoir filial, elles lui prodiguent leur tendresse, comme elles la prodiguent à leur mère, dont il a eu le tort de les éloigner. Lorsqu'il est saisi par la maladie à laquelle il va succomber, elles ne quittent plus son chevet, le cœur déchiré par le danger qu'il court, et priant le ciel avec ferveur pour qu'avant de mourir, il fasse amende honorable de son passé scandaleux. Cette satisfaction leur est donnée, et, alors, elles ne se souviennent plus que des circonstances, hélas ! trop rares, où elles furent l'objet de l'affection paternelle. Dans la vie de Louis XV, les instants où il se rappelle qu'il est époux et qu'il est père sont trop peu nombreux, et c'est fâcheux pour sa mémoire ; car, lorsque, par hasard, on le voit affectueux et tendre envers ses filles, on est tenté d'oublier sa conduite par tant d'autre côtés répréhensible.

Je n'ai résumé que bien incomplètement le suggestif ouvrage que j'ai voulu présenter à mes lecteurs; et cette analyse sommaire passe sous silence les très intéressantes pages consacrées à certains épisodes de la vie de Mesdames, tels que le mariage de Madame Louise-Élisabeth, l'entrée au Carmel de Madame Louise, le séjour à Rome de leurs sœurs Adélaïde et Victoire, d'autres encore. Je tiens du moins à dire en terminant qu'ils présentent tous le plus passionnant intérêt ; on n'en donnerait qu'une idée inexacte en les résumant. C'est sous la plume de notre historien qu'il faut les lire. Ils constituent une série de tableaux fidèles des temps et des milieux, véritable galerie où le souvenir des événements les plus attachants d'une époque inoubliable, alterne heureusement avec les portraits des personnages qui occupèrent alors la scène du monde.

VII

AU COUCHANT DE LA MONARCHIE[1]

Entre la Révolution et le règne de Louis XV, qui a rempli plus de la moitié du dix-huitième siècle, celui de Louis XVI semble écrasé, bien qu'il ait duré dix-sept ans. Même parmi les Français qui attachent quelque prix à l'étude de l'histoire, il en est beaucoup qui ne connaissent de ce règne que la fin, ces années pathétiques desquelles on peut dire qu'elles sont moins encore un dénouement qu'un prologue de la Révolution. Quant aux débuts du règne, quant aux tentatives de Louis XVI pour surmonter les difficultés effroyables que lui avait léguées son prédécesseur, pour la plupart ils les ignorent ou, tout au moins, n'en savent-ils que les grandes lignes, s'étant arrêtés seulement à un petit nombre d'épisodes sensationnels, — l'affaire du collier, par exemple, — qui cependant ne constituent que des incidents dans une histoire sur laquelle on ne peut porter un jugement équitable qu'à la condition d'en avoir pénétré tous les dessous et appris tous les détails.

Je me suis souvent demandé pourquoi cette ignorance à propos d'une époque qui méritait cependant d'être étudiée de près et je ne me l'explique que parce que ce fut une époque de transition. En fait, le règne de

1. *Au couchant de la monarchie*, par le MARQUIS DE SÉGUR, un vol.

Louis XV avait rendu la Révolution inévitable. Le fruit n'était pas mûr; mais, à la mort de ce prince, il apparaissait déjà. Personne n'aurait pu l'empêcher de mûrir. La question qui se posait était celle de savoir s'il serait pacifiquement détaché de l'arbre, à son jour et à son heure, par les mains royales et offert aux sujets, ou violemment arraché par les mains populaires. La monarchie de droit divin avait fait son temps; le peuple se préparait à entrer en scène. Le moment approchait où il faudrait, par des réformes spontanées, devancer ses exigences, à moins de s'exposer à le voir les formuler sous une forme irritée et à être contraint d'y céder ou de les noyer dans le sang.

A le considérer à ce point de vue, il est visible que le règne de Louis XVI est comme un pont jeté entre les causes et les résultats, causes si graves et si profondes, résultats si tragiques qu'après l'avoir franchi il était aisé d'oublier qu'on y avait passé. Il n'est pas rare qu'au terme d'un voyage difficile et périlleux, on perde un peu le souvenir des chemins qu'on a parcourus du point de départ au point d'arrivée et qu'on ne se rappelle que les plus graves accidents de la route. Ainsi s'explique, à mon sens, l'ombre dont ce malheureux règne est resté si longtemps enveloppé.

Elle tient aussi à la multiplicité des obstacles qui ont été dressés comme à plaisir, en ce qui le concerne, devant la vérité, et des efforts qui ont été faits pour en empêcher la manifestation. Les innombrables pamphlets écrits alors contre le roi et la reine, ont facilité la propagation du mensonge, et, comme il arrive presque toujours quand la vérité laisse la légende prendre sa place, la légende reste plus forte qu'elle et souvent même lui survit. Il faudra beaucoup de temps et de nombreux travaux pour modifier l'opinion que, tenant compte uniquement des dires des pamphlétaires et des écrivains de parti, force gens se sont faite de Louis XVI et de Marie-Antoinette, pour les convaincre que lui ne fut pas un pauvre homme imprévoyant, totalement incapable, dépourvu d'intelligence, inhabile à se rendre compte des maux du pays, à concevoir les moyens d'y remédier et qu'elle ne fut pas une femme volage et coquette, uniquement préoccupée de ses plaisirs, indifférente aux malheurs publics et qui ne s'ennoblit que par son courage devant la mort.

Il est souverainement injuste, cependant, de les juger ainsi, et encore qu'il faille reconnaître que l'un ne sut opposer à une situation qui eût exigé du génie ou tout au moins une volonté ferme et persévérante qu'irrésolution et faiblesse, que l'autre fut trop souvent frivole, inconsidérée dans ses propos et dans ses actes et que son influence sur son mari fut plutôt fatale à la monarchie, on ne saurait sans manquer de mesure et d'équité contester ni la pureté de leurs intentions, ni la sincérité du roi dans ses tentatives, au début du règne, pour réparer le passé, ni la bonne foi de la reine lorsqu'elle se jetait au travers des projets de son mari pour y substituer ses vues personnelles ou celles qui lui étaient suggérées par l'entourage détestable qui s'était emparé d'elle. Et de même, tout jugement est dépourvu de justice, qui ne leur tient pas compte de leur éducation, des influences qu'ils subissaient, de leur ignorance et enfin de leur jeunesse au moment où la mort de Louis XV faisait peser sur eux les écrasantes responsabilités du pouvoir.

Dans un écrit consacré à la défense de Marie-Antoinette et que j'ai eu la bonne fortune de pouvoir publier il y a quelques années, le comte de Provence nous montre les deux époux, quand ils apprennent qu'ils vont régner, tombant à genoux et s'écriant :

« Mon Dieu ! guidez-nous, protégez-nous, nous régnons trop jeunes ! »

Et le nouveau roi ajoute, d'un accent d'amertume :

« Quel fardeau ! à mon âge... Et l'on ne m'a rien appris ! »

Voilà la source de ses fautes ultérieures, la véritable cause des malheurs de son règne, desquels, on le reconnaîtra, il ne saurait être rendu responsable.

La lecture du livre très attachant que sous ce titre : *Au couchant de la monarchie*, le marquis de Ségur publie aujourd'hui, m'a fortifié dans la conviction que je viens d'exprimer. Je ne sais si un souverain plus ferme dans sa volonté que Louis XVI, plus persévérant dans ses desseins, moins influencé par l'atmosphère de la cour, serait parvenu à conjurer la Révolution ou tout au moins à empêcher qu'elle n'éclatât sous une forme tragique ; mais, ce qui n'est pas douteux, c'est qu'en montant sur le trône, ce prince eut promptement, au plus haut degré, le sentiment des devoirs qui s'imposaient à lui et que, sans perdre une minute, il entreprit de les remplir. Le marquis de Ségur, dans son nouvel ouvrage, nous en fournit des preuves éclatantes, et, ne serait-ce que par là, cet ouvrage est un acte de justice et de réparation.

Dans une préface trop modeste, l'auteur se défend d'avoir voulu écrire une histoire du règne de Louis XVI. Par l'étude de la première partie de ce règne, qu'illustrent, de 1774 à 1781, les tentatives réformatrices de Turgot et de Necker, il a voulu raconter, nous dit-il, en puisant aux sources nouvelles qui se sont ouvertes pour lui, « les efforts généreux d'un jeune prince probe et bien intentionné et de certains de ses ministres pour rénover la monarchie française », et nous montrer aussi « les pièges sournois, les obstacles perfides qu'ils ont rencontrés sur leur route, les fautes et les erreurs dans lesquelles ils ont pu tomber, enfin ces funestes malchances indépendantes des volontés humaines, dont est coutumier le Destin envers ceux-là dont il a résolu la perte ».

Le volume qui est sous nos yeux est un premier pas dans la réalisation de ce plan ; il reconstitue l'histoire du ministère Turgot. Un second volume nous conduira jusqu'à la disgrâce de Necker en 1781, qui marque la fin définitive de ces grandes entreprises, après lequelle s'inaugure pour la monarchie la phase des expédients, alors que « Louis XVI, lassé, déçu, ayant perdu, avec l'illusion des débuts, le ressort d'énergie factice que lui avait donnée l'espérance du succès, ferme les yeux, s'abandonne au courant jusqu'au cataclysme final ».

Assurément, ce n'est pas l'histoire du règne, mais c'en est au moins le premier chapitre, et si vivant, si neuf, si révélateur qu'il nous fait souhaiter que l'auteur, après avoir achevé l'œuvre en laquelle il s'est circonscrit, la continue et nous conduise par les mêmes procédés, avec la même conscience doublée d'une si haute compréhension des hommes et du temps, jusqu'à la Révolution. Cette histoire nous manque. Les mémoires, les monographies, les récits épisodiques sont abondants. Mais, un tableau d'ensemble, qu'enrichiraient tant de documents encore inédits à travers lesquels le marquis de Ségur a déjà fait une fructueuse moisson, n'existe pas, et nul n'excellerait mieux à le peindre que l'écrivain à qui nous devons d'avoir vu revivre, dans un luxueux cadre historique, le maréchal de Luxembourg, le maréchal de Ségur, Louise de Condé, Mme Geoffrin et Julie de Lespinasse.

Ce qu'il avait fait pour ces personnages et pour les événements au milieu desquels ils ont évolué, il l'a fait aussi pour ceux qu'il met en scène dans son nouveau livre. Il a continué, là comme avant, à utiliser la bonne méthode, qui consiste, ainsi qu'il le dit, « à situer le drame dans les milieux où se sont déroulées ses péripéties, à en peindre les personnages sous leurs traits véritables, non seulement les protagonistes, mais les acteurs de second plan et même les figurants modestes, et à encadrer de la sorte les scènes évoquées dans des paysages historiques d'une rigoureuse exactitude ». Cette méthode est indispensable à tout historien jaloux de faire prévaloir la vérité et de la graver dans la mémoire du lecteur. C'est de son emploi systématique et raisonné, secondé par le talent de l'écrivain, que le livre dont je parle tire son si vif intérêt.

Sans doute, des acteurs, tels que Louis XVI, Marie-Antoinette, Mesdames, filles de Louis XV, Maurepas, Turgot, Malesherbes, d'Aiguillon, Choiseul et tant d'autres, qui occupent le théâtre quand s'y jouent les destinées de la France et de la royauté, dans une partie qui doit à son sanglant dénouement de n'avoir pas d'égale dans notre histoire, impriment à l'action un caractère exceptionnel et leur seule présence dans ce grand drame en forme le principal attrait. Mais, leurs projets, leurs rivalités, leurs intrigues, la défaite des uns, la victoire des autres ne nous passionneraient pas au même degré si la palette du peintre n'était pas si riche de vives couleurs et si son pinceau ne communiquait la vie aux personnages. Ce qui achève d'ailleurs de donner aux actions qui les mettent en lumière une physionomie d'épopée, c'est que nous savons qu'à l'heure où elles s'accomplissent, gronde dans le lointain l'orage effroyable qui passera sur ces fronts rivaux, sur ces ambitions, sur ces manœuvres perfides, comme aussi sur tant de nobles efforts pour régénérer le pays, abattra tout, fera table rase de tout, et en face du palais

des rois, souillé par l'émeute, dressera la guillotine. Il
nous est dès lors impossible de séparer le drame de son
sinistre dénouement et ce que nous en savons double le
prix de ce qu'on nous révèle quant aux péripéties qui
l'ont préparé.

Les impressions que je résume ici seront celles des
lecteurs du marquis de Ségur. Ils lui sauront gré d'avoir
remis en lumière des hommes et des choses oubliés ou
mal connus, d'avoir apporté dans cette reconstitution
d'un passé mémorable, dont nous subissons les conséquences, un noble et louable esprit de justice, et surtout d'avoir répandu de la vérité autour de la figure du
malheureux Louis XVI, trop souvent dénaturée et
travestie par des passions qui ne sont pas encore éteintes.

DEUXIÈME PARTIE

LA RÉVOLUTION ET L'ÉPOQUE NAPOLÉONIENNE

———

I

LE COMTE PAUL STROGANOV[1]

On sait qu'en fait de communications de papiers d'État et de documents d'archives, la Russie a pris une large avance sur tous les autres pays d'Europe. Tandis qu'en France, ces communications n'étaient faites, il y a quelques années encore, qu'avec parcimonie, notamment en ce qui touche les temps postérieurs à la Révolution ; tandis qu'en Espagne, en Autriche, en Italie, en Allemagne même, les archives ne s'entr'ouvraient que par une sorte de faveur ; tandis qu'enfin la chancellerie pontificale gardait sous triple serrure ses secrets, la Russie facilitait aux travailleurs l'accès de ses dépôts et encourageait leurs recherches. Le signataire de ces lignes en parle par expérience ; il a bénéficié, voici déjà vingt ans, de ces dispositions libérales ; les Archives de l'empire russes lui ont été ouvertes sans restriction pour tout ce qui concernait les émigrés. D'autre historiens, des na-

———

1. *Le comte Paul Stroganov*, par le grand-duc Nicolas Mikhaïlowitch de Russie.

tionaux aussi bien que des étrangers, ont joui des mêmes
avantages. Non seulement, on ne leur a pour ainsi dire
rien refusé, mais le gouvernement lui-même a pris l'initiative de publications propres à devancer les demandes
des intéressés. Sous son patronage, s'est formée une société
de savants à laquelle a été confiée la mission de rechercher, de classer et de publier la presque totalité des documents relatifs aux trois règnes de Catherine, de Paul Ier
et d'Alexandre Ier. La volumineuse collection des « Archives russes », non encore achevée, représente le résultat
de ce laborieux effort. Entre temps, les archives Vo-
ronzow et les archives Nesselrode ont livré leurs trésors à la publicité. Enfin, dans ces dernières années, c'est
un prince de la famille impériale de Russie, le grand-duc
Nicolas Mikhaïlowitch qui vient prendre sa part dans
ce grand mouvement de révélations historiques et con-
tribuer dans une large mesure à l'ornementation de l'édifice documentaire que son pays est en train d'élever.

Ainsi que nous l'apprend M. Frédéric Masson dans
l'avant-propos qu'il a mis en tête de la dernière publication du prince, — celle dont nous allons entretenir nos
lecteurs, — le grand-duc Nicolas avait formé depuis
longtemps, dans sa résidence de Borjom, une bibliothèque
spéciale comprenant les livres, en quelque langue que
ce fût, ayant trait aux années contemporaines de la
Révolution et de l'Empire et une collection de pièces
manuscrites originales, trouvées dans les Archives de
l'État et comblant les dernières lacunes que laissaient
exister les découvertes antérieures. Créée sous l'influence d'un désir passionné de trouver le vérité, de
l'écrire, de la divulguer, cette collection n'a guère de
rivale en Europe ; elle atteste, autant qu'une rare com-
pétence, une volonté ferme et persévérante constamment
tendue vers un but précis. Grâce à la situation privi-

légiée du grand-duc, toute les archives d'État, les plus secrètes et les mieux gardées, se sont ouvertes pour lui, et, « en accédant à des sources auxquelles, jusqu'ici personne n'avait puisé », il s'est familiarisé avec l'œuvre qu'il rêvait d'entreprendre.

Cette œuvre a commencé à prendre corps en 1901 par la publication d'un premier essai consacré aux princes Dolgorouki, collaborateurs de l'empereur Alexandre durant les premières années de son règne. Composé de notices biographiques, cet essai, qui malheureusement n'a pas été traduit en français, était accompagné de documents qui éclairent d'un jour nouveau les événements survenus de 1801, date de l'avènement d'Alexandre, jusqu'à 1807. Quatre ans plus tard, c'est-à-dire il y a quelques mois, une publication nouvelle, qui aura dix volumes dont trois ont déjà paru, est venue affirmer le dessein du grand-duc de continuer sans relâche son entreprise ; c'est le recueil complet des rapports diplomatiques échangés de 1808 à 1812, entre Alexandre et Napoléon par l'organe de leurs ambassadeurs. Quand on se rappelle les dramatiques agitations de cette période qui contient l'entrevue d'Erfurt, la brouille des deux empereurs et la campagne de Russie, on peut aisément se rendre compte de l'intérêt passionnant de cette longue suite de pièces révélatrices des circonstances naguère encore si peu et si mal connues, qui aboutirent au sanglant conflit de 1812.

Il est généralement admis que la lecture de documents de cette sorte n'est attachante que pour les hommes de métier, diplomates ou historiens, et que seuls, il peuvent se considérer comme dédommagés de ce qu'offre de technique et d'un peu ingrat une telle lecture, par les découvertes qu'ils y font et les conclusions qu'ils en peuvent tirer. Mais, c'est là vraiment un préjugé, et jamais

preuve plus éclatante n'en fut donnée au même degré
que dans le recueil qui est sous nos yeux. Par des commentaires lumineux et un habile classement, le grand-
duc a rendu ces papiers d'État accessibles à tous. Il est
impossible de les parcourir sans être remué jusqu'au fond
de l'âme par la violence des rivalités qu'on voit aux
prises, par le déchaînement des ambitions qu'elles trahissent, par la multiplicité des ruses auxquelles recourent
deux rivaux puissants qui, de bonne foi au début de
leurs relations, ne cherchent ensuite qu'à se duper et à
se tromper. Ne dussions-nous au grand-duc que cette publication des rapports des ambassadeurs français et russes qui se succédèrent à Saint-Pétersbourg et à Paris
entre l'entrevue d'Erfurt et la campagne de 1812, que
cela suffirait pour lui assurer la gratitude de la science
historique.

Aujourd'hui, un nouvel ouvrage, inspiré par le souci
de vérité qui caractérise les précédents, nous fournit la
preuve que le grand-duc Nicolas entend poursuivre jusqu'au bout l'exécution du plan qu'il a eu le mérite de
concevoir et qui lui mit la plume à la main. « Dans la
glorieuse pléiade qui entoure l'empereur Alexandre Ier,
nous dit-il, au milieu des physionomies diverses des
collaborateurs du souverain, la figure du comte Paul
Alexandrowitch Stroganov se dégage avec un éclat
particulier. Nul ne saurait lui être comparé au point
de vue de l'étrangeté de la destinée, des curiosités de la
formation intellectuelle, du développement et des revers
de la fortune, et l'on serait embarrassé de citer dans l'histoire un homme dont la vie pût passer pour analogue. »

C'en est assez pour éveiller notre intérêt. Mais, ce qui
l'excite plus encore, c'est que ce conseiller d'Alexandre,
le comte Paul Stroganov, avait eu pour précepteur un
Français, Gilbert Romme, encore obscur à cette époque,

mais, qui devait plus tard siéger à la Convention et revêtir son nom d'une illustration tragique en se donnant
la mort avec les derniers Montagnards. La correspondance de Romme avec le père et la mère de son élève ne
constitue pas le moindre attrait de l'ouvrage que nous
signalons. Elle nous révèle les procédés d'éducation
qu'il employa pour façonner aux idées philosophiques
du jour l'adolescent, qui lui avait été confié. Laissé maître de l'élever à sa guise, il ne tarda pas à le conduire à
Paris, après l'avoir fait passer successivement en Hollande, en Prusse et en Angleterre. Paul Stroganov avait
quinze ans lorsqu'il fut mis dans les mains de Gilbert
Romme. C'était un très joli garçon, nous dit-on, très
vif, impressionnable et dont on pouvait être fier. Un
séjour à Riom, en Auvergne, pays natal de Romme, le
familiarisa avec les habitudes françaises. En le présentant à ses amis d'enfance, son précepteur disait : « Mon
élève sera digne de vous, car j'en veux faire un homme ;
il sortira tel de mes mains. » Un voyage en Suisse, qui
se prolongea durant plusieurs mois, précéda l'arrivée
du maître et du disciple à Paris.

En France, la Révolution venait d'éclater. On était au
lendemain des élections de l'Assemblée Nationale. L'attente des événements dont chacun pressentait le caractère destructeur, surexcitait les esprits. Oubliant qu'il
devait de bons exemples à son élève et entraîné par ce
qui se passait autour de lui, Gilbert Romme abandonne
alors ses études, ses devoirs pédagogiques, et se jette
avec ardeur dans le feu de l'action. On le voit mêlé aux
troubles de Versailles ; il assiste à la fête de la Fédéra-
tion ; il fonde le *Club des amis de la loi* et bientôt, il est
populaire dans la foule tumultueuse et déchaînée qui demain proclamera la Terreur. Durant cette période agitée,
l'élève ne se sépare pas de son précepteur ; il l'accom-

pagne partout et, à l'aube de sa vie, ce jeune aristocrate, enfant d'un pays d'autocratie, se trouve brusquement associé à la plupart des manifestations de la démocratie victorieuse, qui est en train de s'emparer de la France, de détruire l'ancien régime et, sous prétexte de fonder un régime nouveau, ne parvient qu'à créer le chaos d'où, quelques années plus tard, le génie du premier consul fera surgir l'ordre et la sécurité.

Un jeune homme moins bien doué que Paul Stroganov se serait promptement perverti au contact des étranges personnages que son maître fréquentait. Parmi eux se trouvait la fameuse Théroigne de Méricourt, et il semble bien que, durant quelques semaines, sensible aux charmes de cette fougueuse amazone, Paul Stroganov, malgré son jeune âge, eut le droit de se croire payé de retour. C'est sans doute pendant cette période qu'il fut affilié au club des Jacobins. Heureusement pour lui, un ordre venu de Russie coupa court à ses velléités amoureuses et démocratiques. L'impératrice avait été avertie de ses incartades. En même temps que défense était faite au précepteur de rentrer en Russie, le père de l'élève était invité à le rappeler. Quelques mois plus tard, Paul Stroganov était à Saint-Pétersbourg ; il s'y mariait ; il devenait l'ami du grand-duc Alexandre et, en 1801, celui-ci, à son avènement au trône, l'associait aux affaires de l'État.

Il est remarquable qu'à ce moment, en Russie, elles passaient aux mains de jeunes hommes auxquels on ne peut guère supposer assez d'expérience pour les bien conduire et qui cependant ne tardent pas à donner des preuves de cette prévoyance et de cette maturité qui sont le privilège de l'âge. Lorsque la mort de son père met la couronne impériale sur son front, Alexandre a vingt-quatre ans. Ses principaux conseillers sont aussi

jeunes que lui. Leur aîné, Adam Czartorisky, n'a pas
trente ans; Paul Stroganov, qui va tenir parmi eux une
si grande place, en a vingt-cinq. Et ce n'est pas en Russie
seulement que se produit ce phénomène; on en retrouve
l'équivalent en Autriche et en Angleterre. A Paris, tout
ce qui compte sort à peine de l'adolescence. Bonaparte,
en recevant les chefs chouans qu'il veut rattacher à son
gouvernement, peut leur dire : « Venez avec nous; nous
sommes la jeunesse, nous sommes l'avenir. »

Paul Stroganov, à propos duquel le grand-duc Nicolas
restitue à l'histoire tant de choses oubliées ou ignorées,
figure avec honneur parmi cette légion d'hommes d'État
qui se trouvèrent, à leur début dans la carrière, aux
prises avec les innombrables difficultés dont Paul Ier léguait la solution à son successeur et que rendaient plus
difficiles à résoudre les troubles déchaînés par la Révolution dans toute l'Europe. Imbu des idées humanitaires
mises à la mode par Jean-Jacques Rousseau, l'empereur
Alexandre, à son avènement, ne rêve que réformes dans
son empire. Contrairement à son père, qui ne connut
d'autres lois que son caprice, il base uniquement sur le
respect de la loi le principe et la source de la prospérité
publique. Il entend subordonner à la loi non seulement
sa volonté personnelle, mais jusqu'aux prérogatives de
la souveraineté dont il vient de prendre la succession.
A quelqu'un qui lui demande de la tourner en sa faveur,
il répond : « La loi doit être la même pour tous. Si je
me permets de l'enfreindre, qui donc se croira obligé
de l'observer? Être au-dessus des lois, alors même
que je le pourrais, je ne le voudrais certainement pas,
car je ne reconnais pas sur terre de pouvoir légitime
qui ne procède de la loi. Je me sens, au contraire, le
premier de tous obligé de veiller à son accomplissement,
et dans telles circonstances même où d'autres peuvent

se montrer complaisants, je ne puis être que juste. »

Voilà de belles paroles, et il semble bien que celui qui les prononçait ait tenu à honneur d'en faire la règle de sa conduite. Mais à cela ne se borne pas son ambition ; il poursuit deux autre buts. Il veut établir le bien-être de ses sujets sur une constitution sage et libérale, qui leur assure à la fois les services d'un pouvoir fort et les bienfaits de la liberté ; il veut aussi l'affranchissement des paysans. Paul Stroganov, appelé à siéger dans un « Comité secret » où seront étudiées ces grandes réformes, en accepte le principe avec enthousiasme. Préoccupé de les rendre efficaces et durables, convaincu qu'une Constitution est la reconnaissance légale des droits d'un pays et des formes dans lesquelles il peut les exercer, il cherche à assurer la validité de ces droits en créant une garantie qui ne permette pas au pouvoir souverain d'en empêcher l'effet. On reconnaît à ce trait l'influence qu'il a subie durant son séjour en France, à l'aube de la Révolution. Il ne s'effraye pas des conséquences qu'aura pour la Russie courbée jusque-là sous la puissance autocratique, une Constitution qui donnera des droits au peuple, les lui garantira et lui apprendra à en faire usage. Il ne s'effraye pas non plus de l'affranchissement des paysans, « cette classe nombreuse d'invidus doués pour la plupart d'une grande intelligence et d'un esprit entreprenant, mais condamnés à croupir, sans état fixe, sans propriété, tant qu'ils resteront plongés dans l'ignorance dégradante à laquelle ils ont été toujours asservis ».

Toutefois, il entend qu'on ménage les propriétaires, qu'on aille au but poursuivi peu à peu, de manière à ne pas les choquer et que l'amélioration qu'il convient d'apporter au sort du paysan se produise progressivement. « Il ne faut pas que des mots imprudemment employés puissent faire fermenter les têtes et par là avoir les suites

les plus fâcheuses. » Telles sont les idées que, dans le
Comité secret dont il fait partie, Paul Stroganov s'efforce
de répandre avec une ténacité qui range promptement
à son avis ses collègues. Malheureusement, les habitudes
anciennes, les positions acquises, les opinions reçues dres_
sent devant lui un mur qui ne pourrait être renversé
que si l'empereur persévérait dans ses premiers projets.
Son appui persistant est la condition nécessaire de
l'œuvre qu'il a entreprise. C'est cet appui qui va manquer aux collaborateurs qu'il s'est donnés.

Paul Stroganov avait prévu cette défaillance ; il
s'était même efforcé de la conjurer : « L'empereur,
écrivait-il, est monté sur le trône avec les meilleures dispositions pour rétablir les choses sur le meilleur pied
possible. Il n'y a que son inexpérience, son caractère
mou et indolent qui s'y opposent. Pour faire le bien,
il faut donc vaincre ces trois empêchements. Puisqu'il a
un cactère mou, le moyen d'avoir sur lui l'empire nécessaire pour faire le bien est de le subjuguer. Comme il est
d'une grande pureté de principes, le moyen de le soumettre plus sûrement est de rapporter tout à des principes très purs et de la justesse desquels il ne puisse pas
douter.

« Cette même mollesse fait qu'il est très essentiel
de ne pas perdre de temps pour éviter d'être prévenu
par d'autres qui doivent indubitablement travailler
et qui rendraient ce travail d'autant plus difficile. L'indolence de son caractère fait qu'il doit naturellement
préférer ceux qui, saisissant son idée avec facilité, l'ex-
primeront comme il l'aurait voulu faire lui-même et lui
offriront sa pensée avec clarté, et même, s'il est possible,
avec élégance. Cette condition de lui épargner ce travail
est absolument nécessaire. Comme son inexpérience
l'expose à avoir une grande défiance de lui-même, il faut

pour le raffermir et lui donner le moyen de savoir par où
commencer, le mettre en état de pouvoir envisager d'un
seul coup d'œil toute la masse de son administration, ce
qui ne pourrait se faire qu'en lui offrant un tableau rac-
courci de l'état où se trouve l'empire dans le moment
où il en a pris les rênes. »

Nous avons cité cette page tout entière, non pas seulement parce qu'elle atteste chez le jeune homme de
vingt-cinq ans qui l'a écrite, une rare sagesse et un don
de pénétration plus rare encore, mais aussi parce qu'elle
nous montre sous un jour clair et précis le caractère de
l'empereur Alexandre, mélange singulier d'indolence
et d'énergie, de volonté et d'indécision, sa mobilité
et le peu de prise qu'il offrait à ceux qui tentaient de lui
arracher des décisions fortes et définitives.

Il était de bonne foi lorsque, à son avènement, il pro-
clamait la nécessité de réformes immédiates ; mais ce
ne furent là que des velléités généreuses ; il les eut bientôt oubliées, et bien qu'il eût pris une active part aux
nombreuses séances que, durant deux années, tint le
Comité secret, il perdit de vue ce qu'il avait dit comme
ce qu'il voulait faire ; il ne parla plus que vaguement
de Constitution ; il cessa même d'y penser ; l'affranchissement des paysans resta à l'état de rêve et la création
d'une classe de cultivateurs libres fut l'unique résultat
des laborieuses études auxquelles s'était livré le Comité secret. Il en fut de même des autres projets de
réformes, qui avaient été abordés dans le but de réor-
ganiser le Sénat et les ministères. Ces projets ne furent
pas exécutés ou le furent incomplètement et ils entraî-
nèrent dans la suite plus d'inconvénients que d'avantages.

De si maigres résultats couronnant tant de longs et
laborieux efforts, il y avait bien là de quoi décourager le

collaborateur impérial dont le grand-duc Nicolas vient de nous révéler le rôle et les aspirations. Aussi, ne doit-on pas s'étonner de le voir, après un passage au ministère de l'Intérieur comme ministre-adjoint, accepter, en février 1806, d'aller à Londres en qualité de plénipotentiaire extraordinaire.

Pour permettre d'apprécier l'importance de la mission qu'il allait y remplir, il faut rappeler brièvement quel était à cette époque l'état de l'Europe. Depuis 1802, une nouvelle passion était née dans le cœur d'Alexandre. Jaloux des lauriers de Napoléon, il voulait entrer en lutte avec lui et jouer le premier rôle dans la coalition qui se préparait contre la France. Lorsque ces visées ambitieuses s'étaient emparées de son esprit, le Comité secret n'était pas encore dissous et il avait eu à se prononcer sur l'opportunité d'une rupture finale avec la France. Alexandre n'y recueillit que des encouragements sinon pour la forme sous laquelle il entendait exécuter ses projets, mais du moins quant à leur principe même. Les membres du Comité se trouvèrent d'accord pour reconnaître qu'il fallait mettre un terme aux vues ambitieuses de la France et que la Russie pouvait faire plus de mal aux Français qu'ils ne pouvaient lui en faire. La campagne de 1805 fut la conséquence de cet état d'esprit commun à l'empereur et à ses conseillers.

On sait que cette campagne se termina par la défaite des armées alliées à Austerlitz. C'est au lendemain de cet événement que Paul Stroganov était envoyé à Londres à l'effet d'expliquer au gouvernement anglais la situation politique de l'Europe telle qu'elle résultait de la mémorable victoire de Napoléon et de l'influence qu'elle avait exercée sur l'esprit de l'empereur Alexandre.

Jusqu'à ce moment, les diplomates russes s'étaient efforcés de prouver à l'Angleterre que la Russie n'avait aucun intérêt personnel dans la lutte entreprise contre Napoléon. Maintenant, le tsar ne pensait plus de même, et le comte Stroganov venait parler à Londres au nom d'une Russie placée dans l'absolue nécessité de sauvegarder ses intérêts primordiaux. Austerlitz signifiait qu'il était désormais difficile de prétendre que la situation de la Russie pouvait la mettre à l'abri de l'ambition de Napoléon. L'armée française approchait de la Pologne, et, non content d'annoncer le prochain relèvement de ce pays, Napoléon marchait à la conquête des rives orientales de l'Adriatique ; il allait devenir le voisin de la Turquie. Il ne s'agissait donc plus uniquement de maintenir l'équilibre politique de l'Europe : la question de Pologne et la question d'Orient étaient posées ; il s'agissait des intérêts immédiats de la Russie. Telle la pensée d'Alexandre et telle aussi celle de son envoyé.

Le comte Stroganov pensait encore que la défaite des troupes russes à Austerlitz, serait moins douloureuse qu'elle n'était apparue au premier abord si elle avait pour résultat de détruire la confiance d'Alexandre dans ses aptitudes militaires, de le convaincre, lui et tous les Russes, qu'il ne serait pas facile de venir à bout de Napoléon et qu'ils devaient s'affranchir de l'idée erronée qu'ils se faisaient de leurs propres ressources et de celles de l'adversaire, car c'est là ce qui allait leur permettre de chercher d'autres moyens pour la lutte. Il n'y a pas lieu de s'attarder aux événements qui suivirent la mission de Paul Stroganov en Angleterre. En ne désarmant pas, la Russie se préparait de nouveaux déboires et se créait de ses propres mains l'impossibilité de se soustraire à la paix qui fut signée en 1807 à Tilsitt.

Déçu dans ses illusions et découragé par l'inutilité de ses patriotiques efforts, Paul Stroganov n'avait pas attendu cet événement pour abandonner la carrière diplomatique. Le 16 mars, il s'était mis en route avec l'empereur pour rejoindre l'armée. En y arrivant, il sollicita l'autorisation de s'engager comme volontaire dans les troupes. Elle lui fut accordée, « bien qu'à regret », nous dit son éminent historien. Dès lors, il se voua d'une façon définitive à la carrière militaire où, jusqu'en 1814, il allait rendre de nouveaux et glorieux services à son pays.

Ce n'est pas un trait peu surprenant de voir un personnage aussi considérable que l'était le comte Stroganov s'engager dans l'armée sans avoir pris la précaution de s'y faire assurer un grade en conformité avec le rang qu'il occupait dans l'État comme conseiller privé et sénateur. Mais, il ne faut pas oublier qu'on était dans un pays et dans un temps qui virent des choses plus extraordinaires encore. Stroganov avait agi, en quittant la diplomatie, sous l'influence de la déception que lui causait la tournure prise par les événements. Il n'aimait pas la France ; Napoléon lui inspirait une véritable haine et les dispositions du tsar lui faisaient craindre d'être contraint d'entrer en rapport avec « le Corse » qu'il considérait comme l'ennemi de l'Europe et de la Russie. Tout lui semblait préférable à cette humiliation, et il n'était pas le seul parmi les conseillers d'Alexandre qui la redoutât.

Il y avait alors à Saint-Pétersbourg tout un parti qui prêchait le rapprochement avec l'Angleterre. Stroganov y tenait une place importante et avec tant d'éclat que, dans le parti contraire, on lui reprochait son anglomanie. Ce fut le principal motif de sa résolution. Il voyait en outre se retirer de lui la faveur d'Alexandre. Ce prince ne brillait pas — et cela résulte des commentaires du grand-duc Nicolas — par son empressement à témoigner de la gratitude envers ceux dont il avait eu à se louer. Parlant de son état d'âme à la veille de Tilsitt et alors que, par un dernier effort, il disputait à Napoléon, les armes à la main, la suprématie en Europe, un de ses historiens fait la remarque suivante : « Les hommes qui l'avaient servi avec mérite furent écartés ou se retirèrent d'eux-mêmes. » C'est ainsi que Paul Stroganov s'éloigna de lui et, ne voulant solliciter que l'indispensable, ne prit même pas la peine de lui demander un grade. Il le trouva néanmoins à son entrée dans les rangs de l'armée active. Platov, l'ataman des Cosaques, qui commandait l'avant-garde des troupes engagées contre la France, le mit à la tête d'un de ses régiments.

Le 24 mai, le nouveau colonel prouva ce qu'on pouvait attendre de lui. Il attaqua les bagages du maréchal Davout, mit en déroute l'escorte qui les protégeait ; 300 soldats français furent tués ou blessés et le reste du détachement, au nombre d'environ 500 soldats dont 46 officiers, dut se rendre. La chancellerie du maréchal, ses équipages, son uniforme, son chapeau et jusqu'à l'étui de son bâton tombèrent au pouvoir des Russes. Les descendants du comte Stroganov sont restés en possession de ces trophées et le bâton de Davout se trouve toujours à Notre-Dame de Kazan.

La paix de Tilsitt mit un terme aux exploits de Stroganov contre la France. Mais, ils lui valurent le commandement des grenadiers de la Garde impériale. A la tête de ce régiment, il fit la campagne de Suède et la campagne de Turquie avec le même éclat. Nous le retrouvons quelques années plus tard, lieutenant général, jouant un rôle actif dans la campagne de 1812. Il était à Borodino, à Jaroslavetz, à Krasnoïé où il contribuait à anéantir le corps du maréchal Ney. Il prit part à la campagne de France en 1814. Il combattit à Champaubert, à

Montmirail, à Vauchamp et à Craonne. Dans cette bataille dirigée par Napoléon en personne, il commandait
la réserve. C'est là que, dans le feu de l'action, lui parvint une affreuse nouvelle. A une courte distance de
lui, son fils unique, un tout jeune officier, avait eu la
tête emportée par un boulet. « Son désespoir est extrême, écrivait quelques jours plus tard le prince Adam
Czartoryski... Rarement quelque chose m'a causé autant de chagrin. L'empereur veut envoyer Stroganov
à Pétersbourg ; c'est ce qu'il y aurait de mieux à faire.
Le malheur de cette famille est affreux ; cela vous
fend le cœur, ce malheur auquel on ne peut apporter
aucun remède et qui frappe des amis comme ceux-là. »
La vie du comte Stroganov était brisée ; il souhaitait la
mort. Il la chercha vainement à la bataille de Laon. Les
balles ennemies ne voulurent pas de lui. Il retourna en
Russie où il avait à consoler une mère dont l'âme n'é-
tait pas moins déchirée que la sienne. Mais, ce grand
devoir ne lui rendit pas la force de vivre et, en 1817, à
peine âgé de quarante-quatre ans, il mourut en mer
tandis qu'il se rendait de Cronstadt à Copenhague avec
l'espoir d'y trouver le repos, l'apaisement et l'amélioration de sa santé détruite.

L'existence que nous venons de résumer à la lumière des
documents réunis par le grand-duc Nicolas et des commentaires qui les accompagnent suffirait à expliquer l'attachant intérêt que nous présente son livre. Mais, cet intérêt déjà si puissant a encore une autre source : c'est
ce qu'il nous révèle du caractère de l'empereur Alexandre
et qui vient compléter si heureusement ce que le grand-duc
nous en avait déjà laissé voir dans l'introduction générale aux rapports des ambassadeurs du tsar et de Napoléon. La mobilité de ce caractère, la haute opinion
qu'Alexandre avait de lui-même, la spontanéité de ses

résolutions, la rapidité avec laquelle il les oubliait et, enfin, l'esprit de ruse qui était au fond de cette nature ondoyante, nous apparaissent ici dans le cadre d'événements mémorables où ses qualités et ses défauts trouvèrent pour s'exercer le terrain le plus propice. Longtemps et avant que les beaux travaux d'Albert Sorel et d'Albert Vandal eussent éclairé les obscurités de cette époque, on a pu croire que, dans les rapports d'Alexandre et de Napoléon, c'est celui-ci qui avait été le trompeur et l'autre le trompé. Cette thèse, dont ces éminents historiens avaient déjà démontré la fragilité, ne peut plus se soutenir quand on a lu les pages que consacre le grand-duc Nicolas à la rivalité des deux empereurs. Sa sincérité, dont le rang qu'il occupe dans la famille impériale de Russie double le prix, n'est pas le moindre mérite de son œuvre. Par le rapprochement qu'il fait de certains rapports de Caulaincourt avec les propos tenus par Alexandre, il nous démontre que si l'enthousiasme qu'inspirait Napoléon au souverain moscovite, fut d'abord aussi sincère que spontané, il eut dégénéré bien vite en une véritable défiance qu'il parvint à dissimuler en la couvrant d'un langage qui ne pouvait guère la laisser deviner. « Il fallait bien de l'empire sur soi-même, écrit le grand-duc Nicolas, pour aller à Erfurt affirmer aux yeux du monde entier l'alliance avec Napoléon, et ayant par devers soi des intentions radicalement contraires. »

Il serait aisé d'établir que ces intentions suivirent de près l'entrevue de Tilsitt. On les aperçoit à travers « les tergiversations excessives et le caractère évasif des conversations d'Alexandre avec l'ambassadeur de France ». Elles furent déterminées, sans doute, moins encore par la lenteur que mettait Napoléon à réaliser les beaux rêves qu'à Tilsitt, il avait faire luire aux yeux de son allié, que par l'influence de Metternich. L'homme d'État autrichien suivait de près à Paris les rapports franco-russes et employait sa plume experte à entretenir dans Alexandre des sentiments de défiance à l'égard de Napoléon, lesquels furent si bien cachés que, même dans l'entourage du tsar, on ne les devina pas toujours.

Ces révélations ne sont pas entièrement nouvelles ; mais, on ne saurait nier qu'elles tirent une autorité particulière de la confirmation que leur apporte le grand-duc Nicolas. Il semble bien que se soit faite maintenant sur la grande crise que traversa l'Europe durant les premières années du XIXe siècle, toute la lumière que l'on pouvait souhaiter. Du reste, le grand-duc ne s'en tiendra pas aux publications que nous lui devons déjà, et la suite du recueil dans lequel il réunit les rapports des ambassadeurs impériaux nous apportera sans doute des confirmations nouvelles, peut-être même des surprises. En tout cas, on lui doit, dès maintenant, la justice de reconnaître que ses travaux révélateurs de son indépendance et de son souci de vérité, auront rendu à l'histoire un service inappréciable.

Cette justice, M. Frédéric Masson, dans l'avant-propos dont nous parlions plus haut, la lui a déjà rendue en lui exprimant la reconnaissance des lecteurs qui, à une culture générale, joignent une intelligence avertie, prennent leur plaisir à recevoir directement des contemporains l'impression et le récit des événements et mettent les correspondances qui la reflètent sur l'heure, au-dessus des mémoires qui l'arrangent. « L'historien, dit-il, ne peut prétendre à convaincre s'il ne présente ces deux garanties : l'indépendance de l'esprit et la liberté de la plume. » Ces garanties le grand-duc Nicolas nous les donne, et on ne saurait faire un plus complet éloge des publications qui sont sous nos yeux.

FEMMES RUSSES ET SŒUR D'EMPEREUR

En ces dernières années, divers ouvrages ont appelé l'attention sur quelques femmes de l'ancien régime, qui brillèrent par leur esprit, leur élégance, leur constance dans l'amitié, qui furent, à vrai dire, les dernières grandes dames et dont le mérite se peut mesurer à la valeur intellectuelle et morale des hommes qu'elles s'étaient attachés. La vie de plusieurs d'entre elles s'est prolongée jusqu'à la fin de la première moitié du siècle dernier. Mais, elles n'y étaient plus que comme un spécimen du passé. C'est le passé qui nous les avait léguées ; elles en venaient en ligne directe, conservatrices de ses traditions, de ses vertus, de ses dérèglements aussi et surtout de son esprit. A ceux qui les ont connues, dernières survivantes de ce passé qui n'est plus que poussière, une poussière glorieuse, elles ont fait comprendre comment et pourquoi elles ont été la parure du monde dans lequel elles ont vécu.

Ce qu'il faut aussi constater, c'est qu'à l'époque où la France pouvait s'enorgueillir de les posséder, elles eurent en Angleterre, en Allemagne, en Russie surtout, des émules et des rivales. En lisant la correspondance de Joseph de Maistre, la vie de Mme Swetchine écrite par

1. *Lettres d'Alexandre Ier et de la grande-duchesse Catherine*, publiées par le GRAND-DUC NICOLAS MIKHAILOWITCH, 1 vol.

le comte de Falloux, les mémoires de la comtesse Golovine, les notes de la princesse de Lieven et les récents souvenirs de la princesse de Sayn-Wittgenstein, on peut voir que la société russe d'il y a cent ans posséda, elle aussi, ses grande charmeuses, assez semblables à celles qui avaient brillé à Paris et dans l'émigration et jetérent leurs derniers feux pendant les années qui suivirent le retour des Bourbons.

C'est au lendemain de la mort de Paul Iᵉʳ, alors que la Russie sortait du régime de terreur créé par le terrible despote pendant les dernières années de son règne, qu'elles commencèrent à paraître à la cour d'Alexandre Iᵉʳ. Avec l'impératrice Élisabeth et la grande-duchesse Catherine, femme et sœur de ce prince, elles forment une pléiade féminine dont le prestige qu'elle a exercé sur les contemporains, revit encore à travers les souvenirs qu'elles ont laissés. Une Lieven, une Nesselrode, une Galitzin, une Stourdza, une Golovine, une Bagration, une Swetchine et tant d'autres n'ont rien à perdre à être comparées à une Récamier, à une Duras, à une Montcalm. Comme celles-ci, elles se distinguent les unes par la beauté, les autres par l'esprit ; comme leurs émules de France, elles diffèrent en plus d'un point et sont loin de se ressembler. Entre une princesse Bagration, par exemple, et une Mme Swetchine, il y a un abîme. La première ne professe que le culte de sa beauté ; la seconde s'est vouée au culte de la vertu. Telle est leur dissemblance qu'on n'oserait les nommer à côté l'une de l'autre si toutes deux, par l'esprit, par l'entente de la vie, ne témoignaient qu'elles gardent l'empreinte de l'ancien régime sous lequel elles sont nées et auquel elles ont survécu, et si toutes deux n'avaient exercé leur influence, pour des causes diverses, sur les hommes les plus éminents de leur temps.

Le premier ami de Mme Swetchine fut Joseph de Maistre. Demoiselle d'honneur de l'impératrice, elle venait de se marier lorsqu'il arriva à Saint-Pétersbourg en qualité de représentant du roi de Sardaigne. Il n'était encore connu que par son livre *Considérations sur la France*, publié en 1797, dont l'effet en Europe avait été considérable. Il était loin d'avoir atteint la renommée que lui valurent ultérieurement les manifestations successives de son mâle génie. N'empêche qu'à peine il se fut fait connaître, il laissa deviner ce qu'il devait être un jour et il recueillit dans ce milieu si nouveau pour lui, de multiples témoignages d'admiration.

Mme Schwetchine, à laquelle il avait été présenté, compta bientôt parmi ses plus ferventes admiratrices. Lui-même subit le charme de cette jeune femme et lui prodigua son amitié sous les formes délicates et respectueuses que commandaient les mérites d'une des plus belles âmes qui aient jamais existé. Elle le jugea digne de recevoir ses confidences et il sut ainsi qu'elle brûlait d'embrasser le catholicisme. Elle était entourée de livres théologiques ; elle y cherchait des arguments contre les doutes que, disait-elle, elle gardait encore. Il faut entendre Joseph de Maistre blâmer cette soif d'érudition religieuse, à laquelle il préférerait un complet abandon aux entraînements de l'âme :

« Jamais, madame, vous n'arriverez par le chemin que vous avez pris. Vous vous écraserez de fatigue ; vous gémirez, mais sans onction ni consolation ; vous serez en proie à je ne sais quelle rage sèche qui rongera, l'une après l'autre, toutes les fibres de votre cœur, sans pouvoir jamais vous débarrasser ni de votre conscience, ni de votre orgueil. Vous croyez chercher la vérité ; cela n'est pas vrai du tout : vous cherchez le doute, et ce que vous prenez pour le doute est le remords ou, pour mieux dire, c'est un remords. Vous disputez avec votre conscience ; elle vous pince ; c'est son métier ».

Mme Swetchine suivit le conseil, renonça à se former une conviction par les livres, et, en 1815, elle se fit catholique, donnant ainsi un exemple qui devint promptement contagieux, car, à cette époque, les conversions furent nombreuses dans la haute société russe. L'année suivante, elle quittait la Russie pour se fixer à Paris, où tous les salons s'ouvrirent pour elle. « C'est une amie digne de vous, écrivait Bonald à de Maistre, et un des meilleurs esprits que j'aie rencontrés, effet ou cause des qualités les plus excellentes dont une mortelle puisse être douée. » On sait par quels nobles et illustres amis : Lacordaire, Montalembert, Falloux, Schouvalof, Gagarine, Tocqueville, elle devait plus tard remplacer Joseph de Maistre et Bonald. Entrevue à travers les lettres qu'elle leur écrivait, véritables chefs-d'œuvre de grâce, d'esprit et de raison, elle apparaît comme une créature d'élite, précieuse et rare, en qui se résument les vertus d'un passé que le présent semble impuissant à reproduire.

C'est encore ce passé que, par un tout autre côté, rappelle et symbolise la princesse Bagration. Issue, elle aussi, d'une noble famille, élevée dans les traditions de l'ancien régime, elle avait épousé, tout jeune, le général russe prince Bagration, appartenant à une maison qui fait remonter ses origines au roi David. La carrière de cette trop séduisante femme, si remarquable d'ailleurs par ses dons intellectuels, est un tissu de piquantes aventures, depuis le jour où, en 1806, elle quittait délibérément la Russie et son mari pour aller vivre à Vienne, jusqu'au jour, où, quarante ans plus tard, veuve depuis 1812, le général ayant été tué à la bataille de la Moskowa, fixée à Paris et devenue caricaturale à force de vouloir réparer sur sa personne les outrages du temps, elle accordait sa main au général anglais lord Howden, qui avait été son amant après Metternich et plusieurs autres.

C'est à propos d'elle qu'en 1807, alors qu'elle était à Vienne, l'ambassadeur russe Kourakine écrivait à l'empereur Alexandre : « J'avoue à Votre Majesté que le prince Bagration m'embarrasse beaucoup en voulant que je lui envoie sa femme. Quel que soit le langage que j'y emploierai, je doute fort que j'y réussisse. Je ne l'ai plus trouvée ici ; elle était déjà à Carlsbad, où le vieux duc de Weimar s'est beaucoup occupé d'elle... Je vais employer son médecin Capellini à lui faire naître l'envie de ne plus apporter de délai à son retour en Russie. Mais, je crains qu'elle ne nous écoutera pas. Alors, il faudra l'y forcer en coupant court au crédit qu'elle a pu se former ici et en ne lui envoyant plus d'argent. »

La princesse Bagration ne ressemble guère, on le voit, ni à Mme Swetchine ni aux autres femmes, ses contemporaines, dont j'ai rappelé le souvenir. Mais, telle qu'elle nous apparaît, singulier mélange d'esprit et d'inconduite, ravageuse de cœurs et assez séduisante, assez intellectuelle cependant pour avoir exercé son pouvoir sur quelques-uns des hommes qui figurent à la plus haute place dans l'histoire de son temps, elle bénéficie de la faveur en laquelle la maussaderie et la médiocrité des jours présents nous font tenir les hommes et les choses des jours passés.

On peut juger à ces traits ce qu'était en Russie au début du dernier siècle, le personnel féminin qui brillait à la cour d'Alexandre, rival en intellectualité, en élégance, en beauté de la légion de ces patriciennes de France en qui, sous la Restauration, semblaient s'être perpétuées les traditions de l'ancien régime. Ces nobles Moscovites, les savants travaux du grand-duc Nicolas Mikhaïlowitch

avaient commencé à nous les faire connître. A ce point
de vue, la volumineuse correspondance de l'impératrice Élisabeth avec sa mère, la margrave de Bade, a
été une révélation du plus grand prix. Mais, depuis,
le prince a apporté à l'histoire une contribution nouvelle
et non moins précieuse : les lettres que, de 1805 à 1817,
la grande-duchesse Catherine, sœur du tsar et tour
à tour, par suite de deux mariages, princesse d'Oldenbourg et reine de Wurtemberg, écrivait à son frère,
ainsi que les réponses de celui-ci.

Ces lettres sont nombreuses et touchent à tout, aux
choses d'ordre privé comme aux affaires politiques.
Ce qui les caractérise, c'est que les deux correspondants
se parlent à cœur ouvert, en toute liberté et en toute
familiarité, tels des gens qui n'ont pas de secrets l'un
pour l'autre. Dans la savante introduction que le
grand-duc a placée en tête de son ouvrage, il décrit,
avec une émotion communicative, les sentiments affectueux qu'Alexandre avait conçus pour sa sœur et
l'ardeur avec laquelle elle y répondait. Ils dataient du
temps où elle était enfant et où lui, son aîné, était
adolescent. Avec les années, ils se fortifièrent. Nous les
voyons, lorsqu'elle fut jeune fille, se traduire avec une
vivacité qui ne fera que s'accroître et qui créera entre le
frère et la sœur la plus étroite intimité, fondée sur un
attrait réciproque, sur la sympathie des caractères et
sur la même manière de voir et de sentir.

Si l'on veut se rappeler quels événements agitèrent
l'Europe entre les deux dates inscrites plus haut et
quelle part y prit Alexandre, on comprendra, sans que
j'aie à insister pour le faire mieux comprendre, combien
vive et révélatrice est la lumière qui jaillit des vieux
papiers tirés de l'oubli par le grand-duc Nicolas et combien s'en trouvent éclairées les péripéties qui, dans le

même temps, mirent aux prises l'empereur de Russie et l'empereur des Français.

« C'est vraiment alors, écrit l'éminent auteur, l'apogée des brillantes capacités d'Alexandre ; il prend en mains, au moment voulu, tous les ressorts de la lutte finale contre l'ennemi détesté, dont l'amitié, depuis cinq ans, lui pèse, fardeau imposé par le ciel ; et sachant dans cet ordre d'idées, ses vues partagées par sa sœur, il se sent manifestement attiré vers elle ; ses lettres respirent une inaltérable confiance, bien autrement profonde que celle qu'il témoignait sans doute à sa propre femme.

» Les deux princesses restèrent toujours étrangères l'une à l'autre. En présence de leur commun enthousiasme pour la patrie, l'empereur, plus accessible à l'influence de sa sœur, lui accordait une préférence manifeste. »

Sans m'attacher à démontrer ici, comme je l'ai fait ailleurs[1] qu'il y eut, dans cette préférence, de la part de l'empereur, beaucoup d'injustice envers sa femme et que celle-ci méritait mieux, je n'en puis taire une des principales causes, laquelle nous est révélée par le grand-duc Nicolas lui-même. Après avoir constaté qu'Alexandre n'avait rien de caché pour sa sœur et qu'elle exerçait sur lui un ascendant incontestable, il ajoute que le souverain, alors en liaison réglée avec la princesse Marie Narychkine, était particulièrement sensible aux égards de la grande-duchesse pour cette maîtresse de laquelle il était ardemment épris.

« La fine et madrée Polonaise, de son côté, les appréciait hautement et ne manqua certes pas d'en tirer parti ; elle savait bien tout l'attachement de l'empereur

---

1. *Nouveaux Récits des Temps révolutionnaires*, 1 vol. Paris, Hachette et Cie, éditeurs.

pour sa sœur et le cas qu'il faisait de leurs rapports pleins de confiance mutuelle. Jusqu'à quel point la grande-duchesse était-elle impartiale et sincère dans ses attentions envers la bien-aimée de son frère, il est sans doute difficile de le dire ; mais, si elle voulait par là gagner de l'ascendant sur lui, le moyen était bon. »

Il est juste de dire qu'elle justifiait son influence et la préférence marquée dont elle était l'objet par son éducation, par ses connaissances, par son expérience précoce, par son caractère indépendant et par son dévouement sans bornes au frère qu'elle chérissait. Aussi se montrait-il toujours disposé à réaliser ses désirs et fut-il pour elle l'ami le plus tendre et le plus confiant. Dans les circonstances graves, il se plaît à la consulter ; il reçoit ses conseils avec reconnaissance, même quand il ne les lui a pas demandés et qu'elle en prend l'initiative. Il est vrai qu'elle accepte les siens avec une égale bonne grâce, quitte à ne pas les suivre si elle les trouve inefficaces ou inopportuns, assurée qu'elle est qu'il ne lui en gardera pas rancune.

En 1807, il fut question pour elle d'un mariage avec l'empereur François d'Autriche. Elle souhaitait cette union, tandis qu'Alexandre n'y voyait que des inconvénients, tout en s'en remettant à la décision de l'impératrice mère, veuve de Paul Ier, qui, pour les affaires de famille, prononçait en dernier ressort :

« J'ai écrit à ma mère en détail sur l'union *illustrissime* qui se présente pour vous, mandait-il à sa sœur ; mais, personne au monde de me fera concevoir la possibilité qu'elle puisse être heureuse pour vous. Je voudrais que vous soyez condamnée à rester seulement une fois vingt-quatre heures avec le personnage et si le goût de l'épouser ne vous passe pas le lendemain, je ne veux pas m'appeler de mon nom. »

L'opinion du frère ne modifia pas les dispositions de la sœur. Ambitieuse, avide de tenir un grand rôle, il ne pouvait lui déplaire de ceindre une couronne. Aussi ne se laissa-t-elle pas influencer et, pour justifier son choix, elle affecta le ton de la plaisanterie. Alexandre avait objecté que l'empereur François était vieux, laid et sale.

« Vieux, cela vous plaît à dire, répliquait-elle ; laid, je pourrais bien hardiment taxer d'imposteur celui qui jamais me dira qu'un joli *minois* d'homme m'a fait impression ; sale, je le laverai. Tenez, Alexandre, je me pâme en vous écrivant. »

On voit que ses vingt ans ne se laissaient pas intimider par l'autocrate de toutes les Russies. Mais, c'est lui qui avait voulu qu'il en fût ainsi, sachant bien qu'à défaut d'un respect destructeur de l'intimité, il trouverait toujours, chez cette sœur adorée, la confiance et la tendresse. Rien de plus vrai, et le surlendemain du jour où elle lui avait écrit avec un brin d'impertinence, elle prenait un accent plus sérieux pour exposer ses raisons.

« Je sais bien que je ne trouverai ni un Adonis ni un phénix, mais un brave et honnête homme, voilà pour le bonheur domestique ; quant au brillant, il ne peut pas y avoir deux manières d'envisager cet établissement. De toute cette famille, il n'y en a pas un auquel la voix publique refuse un bon naturel... Je ne suis pas enjôlée, je désire la chose parce que j'y crois trouver mon bonheur ; si elle manque, ne vous imaginez pas que je m'en désolerais ; je la regretterais assurément, mais, saurais pourtant m'en consoler. »

Devant la résolution que trahissait ce langage, Alexandre céda :

« Dieu me garde de me donner les airs d'empêcher la chose si vous y tenez tant vous-même ; du moins, je n'aurai rien à me reprocher et cela sera le cas de

George Dandin, tu l'as bien voulu... Je fais des vœux sincères pour qu'après deux ans de mariage, vous puissiez me dire : *Je suis heureuse, comme j'ai désiré de l'être.* »

Bien que Catherine eût déclaré qu'elle se chargeait d'être le George Dandin, « pourvu que Monsieur ne fît pas le revêche », il ne fut pas donné suite à ce projet et bientôt après — au mois d'avril 1809 — elle épousait le prince d'Oldenbourg, union moins prestigieuse que celle qu'elle avait d'abord souhaitée, mais où elle devait trouver le plus parfait bonheur. Malheureusement, il ne dura pas. A la fin de 1812, le mari était ravi brusquement à l'amour de sa femme par une fièvre maligne contractée au cours d'une visite à l'hôpital militaire de Iaroslav. C'était l'heure où l'armée française, décimée par le froid et chassée de Russie, opérait une retraite tragique, et le deuil si cruel de la veuve venait se greffer sur les angoisses que l'invasion avait déchaînées dans son cœur comme dans celui de tous les patriotes moscovites.

Ces angoisses, les lettres qu'avant et après la mort de son mari, elle écrivait à son frère les expriment avec une véhémence révélatrice de son patriotisme fougueux et exalté. Elle est du parti de la guerre à outrance. « Point de paix ! » dit-elle sans cesse. Et ce cri revient à tout instant sous sa plume. Elle le répète même après l'entrée des Français dans Moscou :

« Moscou est pris. Il est des choses inexplicables. N'oubliez pas votre résolution : *point de paix*, et vous avez encore l'espoir de recouvrer votre honneur. Mon cher ami, pas de paix et, fussiez-vous à Kasan, pas de paix. »

De ce pressant conseil, qui d'ailleurs s'adresse à un converti, elle passe aux reproches ou plutôt, elle se fait l'organe des griefs qui, de toutes parts, sont imputés à l'empereur. Pourquoi n'est-il pas allé à Moscou ? S'il s'était trouvé là quand les Français se sont présentés devant la ville, ils n'y seraient pas entrés. Pourquoi a-t-il confié le commandement de ses armées à des chefs incapables? A ses remontrances, Alexandre répond en détail, point par point, se justifiant sur tout. Sans songer à s'offenser de la hardiesse exaspérée avec laquelle sa sœur lui a parlé, il se défend d'être disposé à la paix ; il déclare qu'il est résolu à lutter désespérément et que sa résolution est plus inébranlable que jamais. « J'aime mieux cesser d'être ce que je suis que de transiger avec le monstre qui fait le malheur du monde. »

Ceci était écrit en septembre, et deux mois plus tard Catherine annonçait à son frère la mort de son mari : « Mon frère, il est mort, j'ai tout perdu ! » Elle se trompait, elle n'avait pas tout perdu, puisque Alexandre lui restait. Il allait lui en donner la preuve en lui prodiguant sa sollicitude, en redoublant de confiance envers elle, en multipliant les témoignages de son affection fraternelle, qu'il lui continuera pendant son veuvage, puis, après le mariage qu'en 1816, elle contracta avec le prince royal de Wurtemberg et qui promptement la fera reine.

Cependant l'influence qu'elle exerçait sur l'empereur ne fut pas toujours heureuse. Elle était naturellement agitée, impulsive, impressionnable à l'excès et incapable de taire ses sensations et ses sentiments. Son veuvage lui ayant rendu la liberté, elle s'était attachée aux pas de son frère. En 1813, elle est avec lui en Allemagne, l'année suivante elle le précède en Angleterre. Elle trouve moyen, en l'attendant, de se rendre insupportable au prince régent et de jeter un froid entre lui et le tsar, avant même qu'ils se rencontrent. Il faut lire dans les fragments inédits de la princesse de Lieven, publiés par le grand-duc Nicolas, à la suite de la correspondance, le récit du séjour de Catherine à Londres et des incidents qui résultèrent du sans-gêne et de la vivacité avec lesquels elle manifesta l'antipathie que lui inspirait le futur George IV. Il en résulta un refroidissement des plus graves entre la cour de Russie et la cour britannique et, bientôt après, au Congrès de Vienne, un échec infligé à la politique russe par la coalition diplomatique de l'Autriche, de l'Angleterre et de la France.

Mais l'affection qui régnait entre le frère et la sœur n'en fut pas atteinte. On la voit, dans leur attachante correspondance, grandir sans cesse, tel un arbuste vigoureux, d'essence rare et paré des plus belles fleurs, jusqu'au jour où elle fut brisée par la mort prématurée de Catherine. C'était à la fin de 1818, alors que cette noble femme, si distinguée, malgré ses défauts, par les qualités du cœur et de l'esprit, touchait à sa trentième année. Alexandre dont elle avait été l'Égérie et l'amie la plus fidèle, ne se consola jamais de l'avoir perdue.

III

UN DIPLOMATE D'AUTREFOIS[1]

Au mois de novembre 1791, arrivait à Coblentz un jeune gentilhomme qui n'eut qu'à se présenter pour être admis aussitôt dans la très aristocratique société d'émigrés qu'avait attirée dans cette ville la présence des frères de Louis XVI : Monsieur, comte de Provence, et le comte d'Artois. Il se nommait le chevalier de Bray. Il était né à Rouen en 1765, et avait, par conséquent, vingt-six ans. Naguère chevalier de Malte, il s'était retiré de l'ordre dont la décadence ne lui permettait pas d'y faire un brillant chemin. Mais, en le quittant, il était resté l'ami de ses compagnons d'un jour et en possession de la confiance du grand maître qui avait apprécié son caractère et ses mérites.

Revenu en France et présenté au comte de Montmorin, ministre des affaires étrangères, il avait été attaché, après un court passage dans les bureaux, à la légation française qui siégeait auprès de la diète de Ratisbonne. C'est là qu'une lettre du grand maître de Malte était venue le trouver. Elle lui exposait que les frères du roi de France, alors occupés à former à Coblentz et à Worms une petite armée pour marcher sur Paris avec celles des puissances alliées et y rétablir Louis XVI

1. *Mémoires du Comte de Bray*, publiés par le colonel d'état-major FERNAND DE BRAY, 1 vol.

dans la plénitude de son pouvoir, s'étaient adressés à
l'Ordre afin d'en obtenir des secours en hommes et en
armes. Leur demande, quoique justifiée par les bienfaits
que l'Ordre, depuis sa fondation, avait reçus de la maison de Bourbon et par le dévouement qu'il lui avait
toujours témoigné, soulevait cependant d'assez graves
difficultés. Le grand maître les énumérait dans sa
réponse aux princes, qu'il chargeait l'ancien chevalier
de leur apporter, en le priant de développer verbale-
ment, si besoin était, les raisons qu'elle leur donnait.

C'est afin de remplir cette mission que le chevalier
de Bray était venu de Ratisbonne à Coblentz. Il y passa
quelque temps et, bien que la relation qu'il avait écrite
sur son séjour n'ait pas été retrouvée dans ses papiers,
nous savons d'autre part qu'il fut accueilli partout avec
les égards que méritaient sa naissance, sa bonne mine,
sa distinction et les qualités qui, malgré son jeune âge,
se révélaient en lui. On le vit chez la comtesse de Balbi,
l'amie de Monsieur ; chez la comtesse de Polastron,
maîtresse du comte d'Artois, chez Mme de Calonne,
dont le mari remplissait auprès des princes les fonctions
de premier ministre ; chez Mme de Caylus, chez
Mme d'Autichamp, chez Mme de Marsac et, en un mot,
chez toutes les belles patriciennes qui, après avoir été
la parure de Versailles, éclairaient de leur grâce, de leur
élégance, de leur beauté, les mornes loisirs de l'exil.
Sans doute aussi alla-t-il offrir ses hommages à la princesse de Monaco qui tenait sa cour à Worms.

Entre temps, les frères du roi l'avaient reçu et il
s'était acquitté de sa mission. Quand il repartit, il avait
acquis l'amitié de leur entourage, celle des diplomates
étrangers accrédités auprès d'eux, Romanzow et
Oxenstiern, notamment. A Ratisbonne, où il rentrait
au mois de janvier, il allait retrouver d'autres person-

nages qui déjà lui avaient accordé l'estime que devaient par la suite concevoir pour lui tous ceux qu'au cours de sa brillante carrière, il eut l'occasion de rencontrer.

Dès ce moment, sa correspondance est active et abondante ; elle nous permet de le suivre à ses débuts diplomatiques et dans sa marche ascendante vers de hautes fonctions. Ses premières lettres, adressées à des amis, au grand maître de Malte, à des hommes d'État, sont, au même degré que les rapports officiels qu'entré au service de la Bavière il adressera à son gouvernement des divers postes où il sera appelé, remplies de détails attachants. Comme c'est un observateur attentif et pénétrant à qui rien n'échappe, il prend note de tout ; il se garde de négliger les menus faits dont le plus souvent d'autres diplomates ne tiennent aucune compte et c'est par là que ses volumineux papiers se distinguent de la plupart des écrits analogues qui datent de la même époque que les siens.

En même temps qu'il mentionne les événements tumultueux que la Révolution française suscite dans le monde, il nous montre les acteurs, nous trace leur portrait et s'attarde volontiers à ces détails d'ordre secondaire mais pittoresques, qui sont comme la lumière d'un récit et nous font mieux connaître les hommes et les choses. De là, l'intérêt passionnant des innombrables pages qu'il a laissées et qui constituent, à vrai dire, l'histoire diplomatique de l'époque qu'elles embrassent.

Si l'on veut maintenant se rappeler qu'il ne mourut qu'en 1832 et qu'au cours de sa longue existence, il représenta la Bavière, en qualité de ministre plénipotentiaire à Saint-Pétersbourg, à Londres, à Berlin, à Paris et à Vienne ; que, partout où il passa, il fut aux premières loges pour tout voir et que la période de sa plus grande activité comprend la Révolution, le Directoire, le Consulat, l'Empire et la Restauration, on pourra mesurer l'importance documentaire de ses écrits, conservés dans sa famille, et reconnaître combien il eût été dommage qu'ils fussent perdus pour l'histoire.

C'est ce qu'a compris l'un de ses parents d'aujourd'hui, le colonel de Bray, de l'état-major belge, que ses occupations militaires n'empêchent pas de se livrer à des travaux d'érudition et à qui nous devons la publication de ces précieux papiers. Il nous les donne en un volume, que d'autres suivront, et sous ce titre : *Mémoires du comte de Bray*. Et certes il a eu raison de les intituler ainsi, car ils constituent bien véritablement des mémoires au sens le plus exact du mot, des mémoires rédigés au jour le jour, où la personnalité de l'auteur disparaît, mais où il mentionne les événements, les apprécie et en prévoit les conséquences au moment même où ils se produisent, procédé qui présente cet avantage de nous donner la plus grande somme possible de vérité, les faits étant racontés et les acteurs jugés avant que le souvenir s'en soit affaibli. Comme, en outre, notre diplomate était un écrivain charmant, en qui le sens de ce qui plaît le plus au lecteur est extraordinairement développé, on trouve dans ses mémoires de quoi satisfaire à la fois le désir d'apprendre et la curiosité qui nous pousse à pénétrer dans les coulisses du théâtre sur lequel s'est déroulée l'histoire qu'on nous raconte.

Dans la préface que j'ai écrite pour cet important et suggestif ouvrage, j'ai dû rappeler combien parfois les rapports diplomatiques gardés dans les archives d'État sont fastidieux et vides ; trop souvent, sous leur phraséologie, il n'y a rien. Tel n'est pas le cas de ceux du comte de Bray. Notre cher et regretté Albert Sorel, qui avait eu l'occasion d'en lire quelques fragments qu'il a utilisés, reconnaissait qu'ils répandent sur les événements la plus vive lumière. Cet hommage est d'autant plus fondé que l'auteur ne cessera jamais d'être aussi impartial que pouvait l'être un gentilhomme royaliste de naissance et d'éducation, qu'il sut toujours réduire à ce qu'elles valaient les lamentables illusions des émigrés et discerner dans la politique des puissances, dans celles de l'Autriche et de l'Angleterre surtout, les visées ambitieuses qui les poussaient à profiter des malheurs de la France pour la démembrer.

Ces visées incontestées aujourd'hui, constatées par tous les historiens et dont j'ai trouvé des preuves positives dans les documents que j'ai consultés en vue de mes travaux sur les émigrés, sont prouvées une fois de plus et avec éclat dans les mémoires du comte de Bray. Ses affirmations à cet égard puisent une autorité particulière dans ce fait qu'il en prenait acte au moment où il en constatait les effets. Ne serait-ce qu'à ce point de vue, ses dires apportent une contribution précieuse à l'histoire de la politique extérieure pendant la période révolutionnaire.

C'est du reste, alors, un moment singulièrement solennel et pathétique. L'Europe est en convulsion. C'est à qui, des États qui la forment, s'agrandira sur le dos de la France, affaiblie par les excès du terrorisme, épuisée d'hommes, épuisée d'argent, en proie à toutes les horreurs de la guerre civile et qui, après de courtes victoires, est à la veille d'en perdre le fruit. L'Autriche songe à s'emparer de l'Alsace et de la Franche-Comté, et l'Angleterre de nos colonies. Catherine, après avoir été longtemps subjuguée par Potemkine, qui l'a jetée sur la Turquie pour se tailler à lui-même un royaume, secoue le joug, fait la paix avec les Turcs, malgré son favori et à son insu, afin de porter toutes ses forces sur la Pologne qu'elle veut conquérir. L'équilibre européen est détruit, et pour qu'il soit rétabli, boiteusement d'ailleurs, il faudra près de vingt ans de guerre, pendant lesquels Napoléon, tour à tour général en chef, premier consul et empereur, fera expier aux puissances leurs vieilles ambitions en une suite de conquêtes, d'humiliations et d'avanies dont elles tireront vengeance, aux dépens de notre pays, en 1814 et en 1815. Rappeler ces terribles péripéties, c'est dire le poignant intérêt que présentent les relations d'un témoin, à la fois diplomate et historien, tel enfin que le comte de Bray.

IV

L'EUROPE ET LA RÉVOLUTION[1]

Voici plus de soixante ans que Thiers entreprenait l'œuvre historique dans laquelle il a reconstitué l'épopée impériale. On l'aurait alors singulièrement étonné en lui prédisant qu'un demi-siècle plus tard, des générations qui allaient venir surgiraient des historiens d'un talent égal au sien, d'une conscience plus scrupuleuse, qui oseraient reprendre pour les raconter à nouveau les grands événements dont il prétendait nous donner une version indiscutable et définitive.

Après l'avoir étonné, on l'aurait probablement piqué au vif en lui annonçant que, par la nouveauté des aperçus, l'éclat du coloris, l'abondance et la sûreté de la documentation, la multiplicité des traits nouveaux ces récits ultérieurs affaibliraient l'autorité des siens, les démoderaient, en feraient ressortir les erreurs et les lacunes. Il aurait taxé d'irrévérence le prophète et raillé par avance les rivalités lointaines dont il se fût vu menacé.

Cependant, ce à quoi il n'eût pas voulu croire est arrivé, comme pour démontrer qu'en histoire, rien n'est jamais définitif et qu'il en est des grands épisodes historiques comme de ces grands spectacles de la nature qu'on admire toujours. Traditionnellement jaloux des

1. *L'Europe et la Révolution*, par ALBERT SOREL, 8 vol.

grandeurs et des vicissitudes de notre pays, nous ne nous lassons pas de ce qui nous les remémore. Chaque génération assure aux livres qui nous en entretiennent de nouveaux lecteurs ; de même, elle donne aux événements de nouveaux historiens qui les racontent autrement que leurs prédécesseurs, avec d'autant plus d'exactitude que le temps, en s'écoulant, y a répandu plus de lumière et permet de les narrer avec plus de justice et d'impartialité.

Quoique Thiers eût beaucoup dit sur Napoléon, il restait beaucoup à dire après lui sur « l'homme au regard d'aigle et au génie puissant » en qui les Français se plaisent à saluer leur plus impérissable gloire. De nombreux mémoires nous l'ont mieux fait connaître ; des documents le concernant, longtemps ensevelis sous la poussière des archives, en ont été tirés ; de son berceau à sa tombe, leur lumière illumine son chemin ; ils autorisaient d'autres jugements. Il en résulte que, depuis vingt ans, les nouveaux historiens de Napoléon sont devenus légion.

Le même mouvement glorificateur s'était déjà manifesté en 1840. Victor Hugo, Thiers, Béranger en furent les principaux artisans. Mais, il y faut voir surtout une des formes de l'opposition qu'avait suscitée la politique extérieure du gouvernement de Juillet en un temps où la France était affamée de gloire.

Rien de pareil aujourd'hui.

L'hommage incessant des historiens, témoignage d'une admiration universelle et qui grandira toujours, est plus désintéressé, plus platonique. S'il entretient dans certaines âmes de vagues espérances, il faut beaucoup d'illusions, des convictions bien fortes pour supposer qu'une fois encore, il profitera aux héritiers de l'être unique, extraordinaire, si génialement doué, que fut Napoléon. On admire le héros, mais, bien qu'on rappelle plus volontiers son nom en ces heures troublées, semblables par plus d'un côté à celles où il se dressa sur nos ruines, il est bien peu de gens pour croire qu'il va renaître et sauver la patrie.

Entre tous les écrivains qui dans ces dernières années nous ont parlé de lui, il en est quatre — Albert Sorel, Henry Houssaye, Frédéric Masson, Albert Vandal — qu'un talent supérieur, l'importance de leur œuvre, une claire vision des événements et des acteurs de ce mémorable et récent passé ont mis plus spécialement en vedette. Nous leur devons d'avoir appris beaucoup de choses que nous ignorions, et si les récits d'histoire pouvaient se flatter d'être à jamais définitifs, ce rare privilège serait sûrement acquis à ceux qu'a tracés leur plume.

Dans ce quatuor glorieux, Albert Sorel vient chronologiquement le premier. C'est en passant par la Révolution qu'il est arrivé à Napoléon. Lorsque, en 1885, il publiait le premier volume de son magistral ouvrage, il y avait déjà dix ans qu'il y travaillait, dix ans d'études incessantes, de patientes recherches, de longues stations dans les archives d'État, auxquels il faut ajouter les vingt autres années qui lui ont été nécessaires pour couronner du vert laurier du succès le faîte de ce monument. C'est donc un effort considérable et toute une vie que représentent ces huit volumes où, pour la première fois, est racontée en tous ses détails l'histoire diplomatique de l'Europe de 1789 à 1815.

Quand je dis pour la première fois, ce n'est pas que j'ignore qu'antérieurement à Albert Sorel, un illustre écrivain allemand, Henri de Sybel, avait écrit cette histoire et y a témoigné d'un rare talent. Mais, outre qu'il ne l'a conduite que jusqu'au seuil du Consulat, il s'y est

surtout inspiré de l'esprit prussien. Son visible souci
d'impartialité ne voile que très imparfaitement les raisons d'éducation intellectuelle et de milieu qui l'empêchent trop souvent d'être impartial. En outre, sa documentation, quelque abondante qu'elle soit, présente
des lacunes que l'œuvre d'Albert Sorel, conçue dans un
tout autre esprit, éclairée par un grand nombre de
pièces nouvelles, notamment en ce qui touche la diplomatie du premier Empire, est venue heureusement
combler. En la quittant, cette œuvre lumineuse, on n'a
plus rien à apprendre sur les faits qu'elle raconte ; on
sent que tout est dit, qu'on n'y ajoutera rien : de sa
lecture résulte cette impression que le récit est complet,
définitif.

Mais, pour le rendre tel, combien de fouilles dans le
passé n'a-t-il pas fallu ! On a beau se les figurer, on ne
se rend pas entièrement compte, si l'on n'a pas l'habitude de ces travaux, de l'immensité de l'effort qu'ont
coûté les quatre mille pages qui forment l'ouvrage
d'Albert Sorel, et qu'accuse la grandeur du but qu'il
poursuivait et qu'il a atteint :

« La guerre entre l'Europe et la Révolution française
a duré près d'un quart de siècle, écrivait-il en tête de
son premier volume. Elle commence à Valmy et ne se
termine qu'à Waterloo... Je voudrais rassembler les
traits principaux de cette histoire et y rechercher, ce
qui est l'essence même de l'histoire, les causes éloignées
de ces grands coups dont le contre-coup porte si loin.
Les péripéties toujours surprenantes de cette longue
tragédie, l'étendue de son théâtre qui occupe toute
l'Europe, la multitude des acteurs, les brusques alter-
natives de scènes héroïques et de tableaux atroces,
l'intérêt entraînant des épisodes, enfin le fracas de la
catastrophe troublent l'âme du spectateur et ne lui

permettent point de saisir la suite de l'action. Pourtant, si singuliers qu'ils paraissent dans leurs crises, les événements le sont bien davantage dans leurs rapports et leur enchaînement. »

En ces quelques lignes, tient toute la grandiose épopée qu'a reconstituée M. Albert Sorel, moins soucieux d'en raconter les épisodes visibles, qui ont eu déjà, dans leur matérialité, de nombreux narrateurs, que de nous en montrer les origines, les causes et les dessous. Ce n'est donc pas le récit des combats gigantesques qui, dans ces temps encore si proches de nous, ont ensanglanté le monde qu'il faut chercher ici. Ces spectacles tragiques, M. Albert Sorel a laissé à d'autres le soin de les évoquer. Il n'a cherché qu'à nous révéler les circonstances qui les ont rendus possibles et les efforts qui ont été tentés pour en prévenir les calamités ou pour les réparer.

Si donc nous prenons pour guide à travers tant de dramatiques complications ce savant explorateur, ce n'est pas sur les champs de bataille qu'il nous conduira pour les voir se dérouler, mais dans les cabinets des diplomates, ou encore au quartier général de quelque chef vainqueur à qui le vaincu vient demander merci, voire dans une chaumière, la première venue, où, en hâte, entre deux combats, les belligérants s'efforceront de résoudre, avant de reprendre les armes, les questions qui les divisent.

Mais, qu'on ne s'y méprenne pas, pour s'accomplir dans un cadre relativement paisible, sans le concours de la force armée, les actions qu'on nous décrit n'en sont pas moins émouvantes. Bonaparte brisant dans un coup de colère les porcelaines du comte de Cobentzel nous apparaît aussi terrible que lorsque, à Austerlitz ou à Iéna, il lance ses invincibles soldats contre les légions ennemies. Sans doute, le conflit des paroles est moins bruyant que celui des armes, mais il n'est pas moins meurtrier, et si l'historien qui ressuscite pour nous ces débats diplomatiques possède quelque peu l'art de donner la vie à ses personnages, il suffira qu'il nous ait ouvert leur âme pour nous émouvoir tout autant que s'il nous les montrait, leurs effectifs en bataille dans l'étendue des plaines où ils se déploient et les armes à la main. Or, cet art supérieur, cet art créateur qui procède nécessairement d'un sens artiste très développé, M. Albert Sorel le possède au plus haut degré ; les graves allures que comporte un livre tel que le sien ne l'empêchent pas de nous en fournir de page en page des preuves incessantes et éclatantes.

Tout, d'ailleurs, dans le sujet qu'il a choisi et où son souple talent d'écrivain s'exerce librement, contribue à nous intéresser et à nous attacher à sa narration. Les événements qu'il nous raconte sont considérables puisque ce que nous en verrons sortir, c'est la transformation totale de l'Europe ; mais, les acteurs qui s'y mêlent ne le sont pas moins ; leur groupement représente l'élite du monde politique de leur temps. Tout ce que ce monde a fourni de grand, de 1789 à 1815, est en scène. Empereurs, rois, généraux, hommes d'État, ils évoluent tous sur ce vaste théâtre qu'à partir de 1796, remplira la personnalité de Bonaparte, et à partir de 1804, celle de Napoléon, raison d'être de toutes les craintes, de tous les calculs, de toutes les espérances, de toutes les menaces, de toutes les trahisons qu'on voit se succéder durant tant d'années en une confusion tumultueuse. Aussi, peut-on dire de ce quart de siècle qu'il constitue dans l'histoire de l'humanité une période exceptionnellement suggestive, troublée et angoissante.

C'est la lutte de la vieille Europe contre l'esprit nouveau que la Révolution française propage dans le monde et qui, vainqueur de toutes les résistances, franchissant les frontières, va, par les armes, par la parole et par l'écriture, faire tressaillir l'âme des peuples et trembler les trônes. Telle, du moins, elle est à ses débuts ; elle conserve ce caractère jusqu'au jour où définitivement Napoléon perce sous Bonaparte. Alors elle se transforme ; elle n'est plus que l'effort d'un ambitieux de génie, qui substitue à la doctrine révolutionnaire de l'émancipation des peuples la doctrine césarienne de leur asservissement ; elle a pour but de faire de ce soldat de fortune le maître du monde, le dominateur des antiques races royales, le créateur du Grand Empire sur lequel il a rêvé de fonder sa puissance et sa gloire.

Pendant dix ans, cette lutte se poursuivra, violente, acharnée, féconde en épisodes tragiques. Une ambition sans mesure sera aux prises avec des résistances que leurs défaites successives n'anéantiront jamais entièrement. Pour seconder l'une et soutenir les autres, des générations entières seront successivement immolées, sans comprendre toujours à quel intérêt on les sacrifie, et il en sera ainsi jusqu'au jour où l'homme extraordinaire, tour à tour glorieux et fatal, bienfaisant et funeste, qui a suscité ces retentissants conflits, aura usé à la réalisation d'un idéal surhumain les ressources de son génie et succombera écrasé sous le fardeau de ses fautes.

Ce qu'il avait rêvé, ce qu'il voulut réaliser, on le sait : « C'est le Grand Empire ; c'est une Europe asservie à ses lois, l'Angleterre à jamais écrasée, la Russie reléguée à l'Orient, et lui seul maître de l'Occident. Pour réaliser ce rêve, il s'inspire à la fois de Charlemagne et du Comité de salut public. A celui-ci il emprunte ses procédés de politique internationale ; au monarque légendaire il envie son omnipotence, et il tente de devenir comme lui le maître du monde.

Contre l'Angleterre, il proclame le blocus continental. Pour la faire prisonnière dans son île, il s'empare tour à tour de la Hollande et de l'Espagne ; il guette le Portugal ; il renverse les trônes, et quand il les relève, c'est pour y mettre des souverains de son choix. C'est encore l'Angleterre qu'il vise lorsqu'il pousse la Russie vers les Indes d'une part, vers Constantinople de l'autre. L'alliance de Tilsitt est faite contre l'Angleterre. Lorsqu'il craint que le tsar ne seconde pas ses vues avec assez d'activité, il cherche l'alliance du sultan à l'aide duquel il se flatte de faire marcher Alexandre, celle du schah de Perse qui accomplira dans l'empire anglais en Asie ce que le souverain russe hésite à faire. Pour obtenir de celui-ci une docilité nécessaire à ses projets, il joue de la Pologne à laquelle il promet et refuse tour à tour l'autonomie et la liberté.

Pour n'être pas entrées dans ses vues, la Prusse et l'Autriche sont dévastées, dépouillées ; il arrive en conquérant à Berlin et à Vienne. A la Prusse, il prend le plus clair de ses provinces ; il en forme des petits États, dont les rois et les princes sont ses vassaux. A l'Autriche, il enlève ses possessions d'Italie ; il chasse la reine de Naples, alliée complaisante de l'Autrichien ; à sa place, il intronise Murat, comme il a intronisé ses frères Joseph, Louis et Jérôme en Espagne, en Hollande, en Westphalie. Le Pape gêne ses desseins, il le supprime ; Pie VII est arrêté *manu militari* et traîné en exil.

L'Europe est dans l'épouvante. Le roi de Prusse se lamente et, tandis qu'il supplie le vainqueur de lui épargner le dépouillement total et la chute finale, il ourdit secrètement, poussé par l'intrépide patriotisme de ses sujets, — feu sacré qui couve sous la cendre et la poussière des ruines, — le complot légitime qui assurera sa revanche. L'Autriche, de son côté, passant successivement de la résistance à la soumission et de la soumission à la résistance, poursuit l'exécution des vastes projets qui feront se dresser un jour devant Napoléon une coalition formidable formée de tous ceux qu'il a vaincus, asservis, menacés.

Cette coalition, on la voit commencer à se former dès le lendemain du jour où, à Tilsitt, a été contracté l'accord avec la Russie. Aucun des deux alliés n'a été sincère, aucune d'eux ne voulait tenir ce qu'il promettait, et quand l'un, le vainqueur, exigera trop, l'autre, le vaincu, se dérobera et cessera d'être fidèle, tout en protestant de sa fidélité au contrat qu'il accuse son allié de violer.

Tout est trouble et confusion en ces heures tragiques. Empêtré dans les difficultés d'une conception trop vaste pour que sa main puisse en tenir tous les ressorts, mal secondé par ses frères devenus rois, mal servi par ses lieutenants dont les ambitions et les rivalités déjouent ses calculs, trahi par Talleyrand et par Fouché qui trompent effrontément sa confiance, Napoléon se débat dans l'impossible. Son merveilleux génie ne peut donner un caractère pratique à tout ce qu'il a conçu. Malgré ses victoires, malgré son énergie et quoique ses drapeaux flottent d'un bout de l'Europe à l'autre, les ressources multiples de son esprit ingénieux et fécond ne suffisent plus à conjurer les périls.

Ils montent autour de lui, sous l'action persévérante de quelques hommes d'État : Metternich, Wellington, Hardenberg, de Gentz, d'autres encore, qui ont trouvé dans Talleyrand un complice inespéré. Ils se sont promis de délivrer le monde du joug qui l'opprime et c'est Alexandre qui sera, par eux, grâce à eux, l'instrument de la délivrance.

Pour réussir, ils ne reculeront devant aucun sacrifice, devant aucun effort. Sous les dehors d'une courtoisie qui va jusqu'à la servilité, Metternich est peut-être le plus résolu des ennemis de l'empereur, je dirais le plus perfide s'il n'y avait pas Talleyrand. Sa platitude est inlassable comme la haine qu'elle cache. Pour convaincre Napoléon de la sincérité de l'Autriche, il n'hésite pas à livrer la plus innocente des victimes au nouveau César. Il fait entrer dans sa couche une archiduchesse : Marie-Louise devient la compagne de Napoléon. Mais ce n'est pas pour assurer à l'Autriche la bienveillance de ce vainqueur omnipotent et inexorable qu'il accomplit cette immolation. C'est pour endormir ses méfiances et le mieux tromper avant de l'attaquer, le moment venu.

Du reste, les circonstances ne vont que trop se combiner pour assurer la réussite des plans qui sont communs à l'Autriche et à ses alliés. Alexandre a perdu patience ; le patriotisme espagnol est plus fort que la Grande Armée ; le patriotisme prussien se réveille ; les consciences chrétiennes sont offensées par la conduite de Napoléon envers le Pape ; les intérêts s'alarment d'une soif de conquêtes, qui met à sac le Trésor, verse des flots de sang et contraint à se ranger sous les drapeaux, de jeunes hommes à peine âgés de dix-sept ans, qui viennent prendre la place de leurs aînés. La gloire ne suffit plus à consoler les mères, les veuves, les enfants, et de ces guerres qui ne finissent pas la France ne voit que l'horreur. Vienne maintenant la rupture de l'alliance russe, qui depuis longtemps déjà n'était plus qu'un trompe-l'œil ; vienne le coup de folie qui poussera Napoléon à franchir le Niémen et à marcher sur Moscou, et l'heure sera propice pour se jeter sur le colosse et l'abattre.

Tels sont les souvenirs épiques que ressuscite l'œuvre d'Albert Sorel. Elle met sous nos yeux cette mémorable histoire racontée par le plus artiste des historiens. Je ne crois pas trop m'avancer en disant qu'avec elle, le dernier mot est dit sur la diplomatie de la Révolution et de l'Empire.

D'autres, avant Albert Sorel, s'étaient essayés à faire ce qu'il a fait, aucun avec cette connaissance des faits, des hommes et des milieux, ni avec cette richesse de documentation révélatrice des longues et attentives recherches qui ont été le prologue de son œuvre. Il répand à profusion de la lumière dans cette épopée ; il nous promène dans les coulisses diplomatiques où se livrent des combats qui ne nous émeuvent pas moins que ceux dont l'Europe, en ce moment solennel, était bouleversée ; en nous les décrivant, il nous prouve que la parole peut n'être pas moins meurtrière que le canon. Il pénètre enfin et nous fait pénétrer avec lui dans l'âme des personnages.

Leurs ambitions, leurs desseins, leurs calculs, leurs arrière-pensées, leurs mensonges, tout est impitoyablement dévoilé. A la clarté de documents accusateurs, se montre, aveuglante tant elle est lumineuse, la duplicité de ces acteurs disparus et du plus prestigieux d'entre eux, — duplicité peut-être excusable après tout, puisque les ambitions personnelles qui la suggéraient s'étaient confondues, par la marche des événements, avec les destinées mêmes de la patrie. Napoléon ne sort pas diminué de ces récits d'un narrateur impartial, consciencieux, qui n'a pour guide que la vérité.

Sa mémoire ne subira aucune atteinte de leurs conclusions. Mais, après avoir lu ces pages toutes vibrantes de patriotisme et de vérité, nous serons plus que jamais conduits à penser qu'il est pour les peuples des biens plus précieux et plus féconds que les conquêtes par les armes et la gloire qui en rejaillit sur eux. La gloire guerrière, les révolutions prétendues régénératrices, les combats héroïques ! — choses admirables quand on les voit de loin, de très loin, ou quand elles nous sont transmises sur les ailes de la légende toujours complaisante à en voiler les horreurs ; abominables quand on y regarde à travers tout ce qu'elles ont coûté de sang et de trésors dont il eût pu être fait un meilleur usage ! La guerre n'est sacrée que lorsqu'elle est entreprise pour la défense de la patrie. Quand elle résulte de l'ambition d'un homme, si grand qu'il soit, elle n'est que barbarie. La gloire qu'elle procure ne rachète ni les crimes qu'elle a fait commettre ni les sacrifices qu'elle a exigés.

Cette histoire qui touche de si près à la nôtre est bien faite, on le reconnaîtra, pour tenter les écrivains qu'attirent et fascinent les évocations du passé. Aussi sont-ils innombrables ceux qui l'ont entreprise, chacun s'y taillant sa part, les uns procédant par des tableaux d'ensemble, les autres s'attachant à quelqu'un des multiples épisodes qui la composent ; ceux-ci s'attaquant aux événements, ceux-là aux acteurs, et chacun creusant son sillon sur ce champ d'une si vaste étendue.

Mais aucun ne s'était encore avisé de faire ce qu'a fait Albert Sorel, ce qu'il expose si clairement dans les quelques lignes que j'ai citées plus haut, c'est-à-dire de rechercher les causes éloignées de ces grands coups et d'en étudier l'enchaînement. A ce point de vue, son œuvre n'est pas seulement neuve, elle est unique. Parmi les historiens de nos jours, je n'en vois pas un qui en ait mené à bonne fin une aussi considérable, ni qui mérite à un plus haut degré qu'on le loue pour l'attrayante parure dont il a su l'embellir, tout en répandant avec abondance la lumière à travers les événements qu'il a tirés de l'oubli.

Je ne pense pas que personne puisse la lire sans ressentir une sincère admiration pour ce qu'elle représente de travail persévérant, de divination, de convictions patriotiques, ni sans partager la visible émotion qu'a éprouvée et exprimée avec éloquence notre auteur en terminant ce livre, compagnon de sa jeunesse, ami de son âge mûr, « où j'ai mis, dit-il, trente années de mon existence et tâché de traduire en paroles mon amour pour mon pays, mon admiration pour son génie, mon culte pour son histoire, ma tendresse pour ses illusions, ma pitié pour ses infortunes, ma fierté de ses triomphes et ma foi inébranlable dans ses destinées ».

V

L'AVÈNEMENT DE BONAPARTE [1]

Lorsque, en 1902, Albert Vandal publiait la première partie de son sensationnel ouvrage : *l'Avènement de Bonaparte*, achevé aujourd'hui, il disait au début de sa préface : « L'objet de ce livre est de montrer comment Bonaparte s'empara du pouvoir dans la France révolutionnaire, et comment, affranchissant les Français de la tyrannie jacobine, sans les courber encore sous la lourdeur de son despotisme, il posa les premières bases de la réconciliation et de la reconstitution nationales. » Ces quelques lignes constituaient une promesse et je ne sache pas que jamais promesse ait été mieux tenue. C'est là le premier mérite qu'il y a lieu de constater dans ce beau livre.

En l'écrivant, l'auteur a eu sans cesse en vue le but qu'il se proposait. Grâce à la rigueur avec laquelle il s'est enfermé dans les limites qu'il s'était tracées, encore que souvent, il ait dû être tenté d'en sortir, ce but est atteint. Renonçant aux vaines déclamations, aux digressions inutiles, aux comparaisons trop faciles, qui l'eussent exposé à se faire considérer non comme un historien impartial mais comme un écrivain de parti, il nous laisse, son livre achevé, en présence d'un fait que les apologistes de la Révolution s'obstinent à contester

---

1 *L'Avènement de Bonaparte*, par ALBERT VANDAL, 2 vol.

et qu'il a rendu incontestable aux yeux de tout homme de bonne foi, à savoir que Bonaparte en s'emparant du pouvoir, à la fin de 1799, a délivré la France de périls redoutables auxquels on ne voit pas que, sans lui, elle eût pu échapper.

Que ses ambitions, « les fatalités et les frénésies de sa politique extérieure » aient creusé ensuite un autre abîme où manqua d'être englouti le pays qu'il avait sauvé des pires malheurs, il n'y a pas lieu de le nier. Mais, ce qui reste, ce qu'Albert Vandal a su rendre éclatant, c'est qu'avant Brumaire, la France, livrée à ce méprisable gouvernement du Directoire, qui « avait mis partout le conflit et nulle part l'autorité », périssait dans les ruines révolutionnaires, et qu'après le coup d'État, on la voit rapidement se relever sous la main puissante qui s'était emparée de ses destinées. D'autres historiens nous l'avaient dit, mais aucun avec une telle force d'arguments, ni avec des documents aussi révélateurs et aussi décisifs, ni surtout avec autant d'art dans l'exposition, dans le récit, dans la mise en œuvre des preuves et des conclusions.

Plus visiblement encore que dans l'œuvre de ses brillants émules, le souci d'une impartialité rigoureuse apparaît dans celle d'Albert Vandal. Lui aussi admire son héros. Cette admiration éclate à tout instant, soit qu'il nous retrace, en un ouvrage que je n'hésite pas à déclarer un des plus beaux qui aient paru depuis cent ans, les péripéties de la lutte sourde que, de 1807 à 1811, sous les dehors d'une alliance qui dissimulait leurs rivalités, se livrèrent Napoléon et Alexandre ; soit que, comme dans celui qu'il vient de nous donner, il raconte comment Bonaparte tira la France de l'abîme où elle achevait de périr.

Il le loue, il le vante, il le justifie. Il le lave du reproche devenu un lieu commun d'avoir confisqué la liberté. Avec preuves à l'appui, il établit victorieusement qu'à l'avènement de Bonaparte, la liberté n'existait plus. La Convention l'avait noyée dans le sang ; à force de coups d'État, de proscriptions, de violences, le Directoire l'avait empêchée de renaître. Comment donc Bonaparte l'eût-il confisquée? Qu'on l'incrimine de ne pas l'avoir relevée, soit. Mais prétendre qu'il la supprima, « c'est une niaiserie ». Albert Vandal le dit tout net, restituant ainsi à la journée de Brumaire son caractère véritable, son caractère réparateur et sauveur.

Mais, de ce que son livre constitue une proclamation éclatante et nouvelle de cette vérité, et si elle contribue à donner à son récit une physionomie d'apologie, il ne s'ensuit pas que l'indépendance et l'impartialité y fassent défaut. De ce qu'il renferme d'apologique, la faute est au sujet et non à l'auteur. Le rôle de Napoléon à cette heure n'est-il pas superbe? Ne consiste-t-il pas à dépouiller du pouvoir les politiciens misérables qui ont exploité et asservi la France au profit de leurs ambitions égoïstes? Elle meurt du régime auquel ils l'ont soumise et Bonaparte vient l'arracher à la mort. Comment exhumer ces souvenirs sans s'associer à la reconnaissance enthousiaste qu'éprouvèrent les contemporains au lendemain d'un coup de force qui, sur le moment, ne les avait laissés défiants que parce qu'ils ne savaient pas si, dans les intentions de son auteur et dans ses résultats, il différerait de ceux dont antérieurement ils avaient été les victimes? Oui, notre historien partage l'allégresse nationale.

Mais, par combien de traits se manifeste ce souci d'indépendance dont il convient de lui faire honneur et se révèle, du même coup, l'ironiste qui est en lui ! La magie des spectacles de l'histoire ne voile pas à ses

yeux ce que les plus grandes actions trahissent si souvent
de puéril, d'humain ou même de plaisant. Sous les fronts
auréolés, il devine les faiblesses d'âme, les défaillances,
les hésitations, les combats intérieurs, les petits ridicules
par lesquels ils ressemblent à tant d'autres. Entre les
traits qui les décèlent chez Bonaparte, en cette journée
où il joua sa tête, il en est de piquants et de significatifs.
Ils mettent en lumière le Bonaparte superstitieux et
fataliste, qu'on vit à plusieurs reprises, durant les heures
où l'issue de l'aventure restait douteuse, perdre la tête
et se démonter. Sous la plume d'Albert Vandal, ils
égayent d'une note claire et révélatrice le récit et témoignent dans le narrateur d'une rare science.

Du reste, ce n'est pas seulement d'être un historien
de haut vol qu'il le faut louer. Il est aussi un peintre, un
artiste, au sens le plus exact du mot. Son précédent
ouvrage nous en avait tous persuadés. Il s'y trouve
des récits — celui du passage du Niémen, par exemple
— qui sont à proprement parler des fresques et qui
attestent la puissance du pinceau qui les a peintes.
Le même effort d'art, le même don de rendre la vie à
ce qui n'est plus que dans la mémoire des hommes, se
retrouvent dans *l'Avènement de Bonaparte.* Si vous
voulez vous en convaincre, lisez dans le premier volume
la page étincelante où l'auteur nous montre le héros de
Brumaire quittant, à l'aube de cette journée qui devait
décider de son destin et de celui de la France, sa maison
de la rue Chantereine, entouré d'un brillant état-major,
pour se rendre aux Tuileries. Jamais plus lumineux
tableau ni plus vivant ! La silhouette grêle du futur
empereur, son visage fiévreux et blême, l'éclat des uni-
formes qui contraste avec la simplicité du sien, le scin-
tillement des aciers et des ors, le cliquetis des épées
dressées à bout de bras, le battement des fourreaux sur

le flanc des chevaux, les figures joyeuses ou soucieuses sous les chapeaux empanachés, rien n'y manque, tout y est ; on le voit, on l'entend... Ce n'est pas seulement une exhumation, c'est la vie même...

Au moment où s'ouvre le second volume, la journée de Brumaire a produit ses conséquences : le gouvernement est organisé, les pouvoirs des Chambres sont précisés et limités ; l'autorité est exercée par trois consuls, exercée par eux trois en apparence, car, en réalité, elle l'est par Bonaparte seul, décoré du titre de premier consul. Une Constitution a consacré ces arrangements ; un plébiscite l'a ratifiée. Mais, les Constitutions, depuis dix ans, ont été si nombreuses qu'en général on doute encore de la durée de celle-ci qui est en vente chez tous les libraires. Les gazettes traduisent ce doute sous des formes plaisantes. Elles racontent qu'une municipalité de province a envoyé son adhésion en ces termes : « Citoyens consuls, nous nous empressons de vous accuser réception de la nouvelle Constitution. Nous vous promettons la même exactitude pour toutes celles qu'il vous plaira de nous envoyer à l'avenir. » A en croire les mêmes journaux, un passant entrant chez un libraire pour acheter une *Constitution* s'attire cette réponse :

« Je ne tiens pas d'ouvrages périodiques. »

D'autres traits analogues attestent le peu de confiance qu'inspire la loi constitutionnelle. N'empêche que la foi en Bonaparte est absolue. On se sait en bonnes mains. On se demande seulement quel usage il fera de son pouvoir. Cherchera-t-il à le consolider à son profit ? Le transmettra-t-il ? « Peu de gens en somme prenaient au sérieux la pseudo-république dont il avait gratifié la France ; qu'il ne s'en tînt pas là et opérât d'autres changements, on n'en doutait guère ; mais on se demandait si la France trouverait en lui la solution définitive ou seulement un agent de solution. »

Une telle incertitude favorisait les menées des partis ou, pour mieux dire, du seul parti qui restât debout : le royalisme, encore en armes dans l'Ouest et poursuivant dans Paris un système d'intrigues, de démarches, de corruption, de complots. De ces agitations souterraines, favorisées par une police qui, malgré les ordres du premier consul, se croyait intéressée à se montrer tolérante et complaisante pour les chefs royalistes, Albert Vandal nous retrace un tableau mouvementé, vivant, éminemment suggestif. Il nous les montre se déroulant en marge des efforts que fait le premier consul pour pacifier l'Ouest, pour restituer au pays la paix religieuse, pour imprimer un essor nécessaire à l'industrie et au commerce, pour hâter la rentrée des émigrés et pour en finir à la fois avec les passions révolutionnaires non encore apaisées et avec la coalition des puissances étrangères qui s'obstinent à ne pas désarmer. Il est poignant, ce tableau, et parfois tragique, lorsque, par exemple, le chevaleresque Frotté, attiré dans un guet-apens, paye de sa vie sa trop longue résistance à la volonté de fer qui a exigé la soumission des chouans.

Puis, c'est la conspiration ourdie par le chevalier de Coigny et par Hyde de Neuville avec la complicité de Georges Cadoudal, dans laquelle il est bien difficile de ne pas voir le prologue de cet autre complot que dévoilera bientôt l'explosion de la machine infernale. En ces heures émouvantes, les circonstances semblent se combiner pour se rendre propices aux conspirateurs. On assiste aux dernières convulsions des fauteurs de désordre, et rien n'est plus piquant que la comédie jouée au premier consul par certains d'entre eux, lorsqu'ils viennent à Paris, soi-disant pour se soumettre, en réalité pour gagner du temps et préparer, à la faveur de l'armistice qui leur a été consenti, de nouvelles prises d'armes.

C'est au milieu de ces troubles incessants que Bonaparte, résolu à rester le maître, cherche à affermir son pouvoir. Il n'apparaît pas encore comme un ambitieux qui, mis en possession de l'autorité suprême, s'ingénie à s'en assurer la perpétuité. On dirait plutôt un citoyen désintéressé qui s'est donné pour tâche unique de rétablir l'ordre en redressant, en réparant les ressorts du gouvernement, que la Révolution a brisés. Tel il apparaît alors, en quelque endroit qu'on le rencontre, aussi bien au Conseil d'État, où se discutent en sa présence les dispositions du Code civil, que dans les conseils techniques où il se fait admirer par la sagesse de ses idées, l'universalité de ses connaissances, la promptitude avec laquelle toujours et partout, qu'il s'agisse de finances ou de questions militaires, de législation ou de diplomatie, il va droit à ce que commande l'intérêt du pays et se prononce pour les solutions les plus conformes à la raison et au bon sens. Les lauriers que lui réservent dans un avenir prochain tant d'illustres champs de bataille, que, sans doute, il ne soupçonne pas encore, auront beau couronner son front, ils ne lui procureront pas une gloire plus justifiée que celle qui lui est assurée, dès ce moment, par l'habileté qu'il déploie dans l'entreprise qu'il a conçue et qui a pour but le relèvement de la patrie.

Cependant, toutes les défiances qu'il a d'abord inspirées ne sont pas encore éteintes ; toutes les révoltes ne sont pas comprimées, ni tous les mécontentements apaisés. Malgré tout, dans l'âme du peuple, qui attend de lui le salut définitif, un doute énervant survit à la journée de Brumaire. Mais, encore quelques jours et la journée de Marengo va le dissiper. Albert Vandal nous décrit avec un véritable luxe de détails, que rend passionnants la mise en scène dans laquelle il les encadre, ce qui se passait à Paris tandis que Bonaparte, ayant franchi le Saint-Bernard par un effort qui tient du prodige, descendait à l'improviste en Lombardie.

Après son départ de la capitale, justifié par la nécessité de sa présence à l'armée qui marchait pour chasser les Autrichiens, et sous le prétexte que s'il venait à disparaître, on retomberait en plein chaos révolutionnaire, les politiciens qu'il avait laissés derrière lui se dépensaient en intrigues pour lui donner un successeur éventuel, « un remplaçant de passage » qui préparerait la solution pseudo-monarchique, que certains avaient en vue, et rallierait, en les rassurant, la majorité des révolutionnaires nantis. C'est une édition nouvelle de ce qui s'était produit lorsqu'il combattait en Égypte : le pouvoir disputé par divers rivaux, ou par leurs partisans. Deux des frères de Bonaparte, Lucien et Joseph, Bernadotte, Sieyès, Carnot, Talleyrand, Fouché « qui est alors un abîme d'intrigues », des royalistes comme Bourmont, d'autres encore, prétendants ou avocats de prétendants, quelques-uns ayant à la bouche le nom du duc d'Orléans, évoluent sur le théâtre que Bonaparte a déserté provisoirement. Rien de plus confus, de plus mystérieux que les calculs auxquels ils se livrent, à la faveur de son silence, de tout ce qu'on raconte de nos revers en Italie, et notamment de la prise de Gênes par l'ennemi.

Mais, voici que le 1ᵉʳ messidor — 20 juin — une lettre écrite de Milan en date du 25 prairial, émanant de source privée, est communiquée aux consuls Lebrun et Cambacérès. Elle annonce qu'une terrible bataille a été livrée, perdue d'abord et regagnée. Elle n'est suivie d'aucun avis officiel. Rien de Bonaparte, rien du quartier général, mais de vagues indications données par des spéculateurs d'après lesquelles l'action durait toujours quand les courriers étaient partis et un général illustre aurait été tué. Il s'agit de Desaix, mais on l'ignore et on croit qu'il s'agit de Bonaparte.

Pendant vingt-quatre heures, on n'apprend rien de plus. Politiciens et spéculateurs s'agitent, s'assemblent, discutent. On annonce les pires catastrophes. Dans des conciliabules secrets, on se dispute la succession de Bonaparte ; on propose tour à tour un Bourbon, le duc d'Orléans, Carnot, La Fayette, Pichegru sans parvenir à se mettre d'accord. Dans la population, la crainte a glacé tous les cœurs. Enfin le 2 messidor, vers onze heures, arrive un premier courrier, puis un second, puis un troisième, tous porteurs de la même bonne nouvelle : c'est la victoire, c'est le coup de tonnerre qui va déjouer tous les calculs ténébreux, les ambitions dissimulées, les manœuvres louches et, dans la soudaine allégresse des Français, « allégresse qui tient du délire », immortaliser le nom de Marengo en y associant celui de Bonaparte.

Je ne saurais dire comme je le voudrais quelle émotion communicative Albert Vandal a su imprimer à la reconstitution de ces souvenirs glorieux, avec quel don de vision il les a évoqués et les fait revivre. Ce n'est pas la première fois qu'on a vu chez ce maître écrivain l'historien se doubler d'un artiste extraordinairement habile à rendre la vie aux choses du passé. Ceux de ses lecteurs qui l'ont constaté dans ses œuvres précédentes, retrouveront ici le même narrateur, le même peintre, et en plus l'observateur judicieux qui, sans se laisser aveugler par l'éblouissant rayonnement de la victoire consulaire, en entrevoit déjà les glorieux et dramatiques lendemains.

« Si Bonaparte en cette crise, nous dit-il en finissant, eût fondé un commencement de liberté, il se fût montré supérieur à son siècle, supérieur à lui-même. Il est impossible de dire si l'œuvre était au-dessus de son génie ; elle était certainement au-dessus de son caractère. » Il marque ainsi d'un mot ce qui a manqué au grand empereur et nous prouve en même temps qu'en entreprenant de nous raconter l'épisode initial de cette inoubliable existence, il n'a pas voulu faire une apologie, mais un livre de justice et de vérité.

VI

NAPOLÉON ET SA FAMILLE [1]

De même qu'il n'est pas d'existence humaine, qu'elle ait été obscure ou brillante, qui ne puisse fournir matière à deux histoires : celle des actions et celle des sentiments qui en ont été les mobiles, de même, presque toujours, celle-ci présente autant d'intérêt que celle-là et souvent davantage. S'il s'agit d'un homme qui a brillé au premier rang et joué un grand rôle sur le théâtre humain, on ne saurait se flatter de le bien connaître si d'abord, on n'a pas étudié sa vie publique à la lumière de sa vie privée, — j'entends par là sa vie de famille, sa vie intérieure, — qui peut seule expliquer ses actes et nous les faire comprendre.

Plus le héros s'est élevé parmi ses contemporains, plus il a, par sa conduite, excité leur admiration ou encouru leur réprobation, plus enfin son ascendant s'est exercé sur eux et a pesé sur leur destinée, et plus s'impose à ceux qui veulent porter sur lui, louanges ou blâme, un jugement équitable, l'obligation de remonter aux origines de sa formation intellectuelle, de pénétrer jusqu'aux plus profonds replis de son âme, de rechercher les influences morales ou matérielles, héréditaires ou spontanées qu'il a subies et, en dressant le bilan des œuvres bonnes ou mauvaises dont la responsabilité lui

1. *Napoléon et sa famille*, par FRÉDÉRIC MASSON, 9 vol.

incombe, d'établir ce qui, dans ces œuvres, a été le résultat de ces influences et ce qui fut le fruit de son génie.

Ce procédé d'investigation historique, dont il semble bien que Taine a usé le premier, est aussi le premier dont s'est servi, en le perfectionnant et en l'employant avec une inlassable rigueur, M. Frédéric Masson, dans ses savantes et suggestives études sur Napoléon, dont la série, qu'il a intitulée *Napoléon et sa famille*, ne forme pas moins de neuf volumes.

N'eût été l'abondance des matériaux qui ont servi à les composer, les deux derniers, les plus récemment parus, auraient pu n'en former qu'un, étant consacrés l'un et l'autre, non pas à nous raconter la tragique histoire des catastrophes où s'abîma l'Empire en 1813 et en 1814, mais à nous décrire, en un tableau que le talent de l'auteur, son art de metteur en scène, le caractère révélateur de ses dires ont su rendre captivant et pathétique, les circonstances, en grande partie ignorées jusqu'ici, qui permettent d'imputer à la famille de l'empereur une large responsabilité dans ces catastrophes.

Avant M. Frédéric Masson, et en même temps que lui, l'épopée napoléonienne avait tenté d'éminents historiens. Les derniers venus, Henry Houssaye et Albert Vandal, l'ont retracée fragmentairement en de beaux livres que le succès a rendus en quelque sorte classiques. Mais, le but de ces éloquents narrateurs fut d'apporter la contribution de leurs récits à l'histoire des événements qui forment le règne de Napoléon et non à l'histoire de sa vie familiale, sa vie privée, — autant dire celle de son âme et de ses sentiments, — si propre à nous donner la clef de sa vie publique. Or, c'est cette vie privée, cette vie intérieure que M. Frédéric Masson a étudiée et voulu nous faire connaître, au profit d'une thèse historique négligée avant lui. C'est ce qui distingue son œuvre de celle des érivains que je viens de nommer et la rend unique.

« Je n'écris point l'histoire de Napoléon, dit-il dans une des préfaces où il nous expose tour à tour son plan initial et les perfectionnements qu'il lui a fait subir en l'exécutant, ni celle de l'Espagne, de la Westphalie, de la Hollande ou de l'Italie sous ses frères ; j'envisage uniquement l'influence qu'a exercée sur ses desseins, ses actes et sa destinée l'esprit de famille... Je n'ai rien caché de ce que j'ai trouvé à la charge de Napoléon, mais rien non plus à la charge de ses frères et de ses sœurs. A chacun j'ai essayé d'attribuer sa part de responsabilité. Celle qui revient à Joseph, à Jérôme, à Murat, à Eugène est, selon moi, singulièrement lourde, mais ce n'est point à dire que la famille ait seule provoqué la catastrophe ; celle-ci a d'autres causes bien plus lointaines et, historiquement, bien plus graves. Que la famille ait contribué à en fournir l'occasion, c'est assez : tel est mon sujet. » Voilà donc la thèse historique de M. Frédéric Masson admirablement exposée. Elle a pour but de prouver que l'ambition de Napoléon ne fut pas, tant s'en faut, l'unique artisan de sa chute.

Albert Sorel, dans ses récits, avait mis en lumière la perfidie avec laquelle les grandes puissances s'étaient efforcées de la rendre inévitable. M. Frédéric Masson vient à son tour dévoiler d'autres complicités, les unes inconscientes, les autres volontaires, mais plus cruelles pour l'empereur vaincu que celles des étrangers, — lesquels, après tout, n'excédaient pas leur droit en cherchant à venger tant d'humiliantes défaites, — oui, plus cruelles, puisque c'est dans sa propre famille, comblée de ses bienfaits, qu'elles s'étaient nouées. L'ingratitude de Joseph, les légèretés de Jérôme, les rancunes de Louis, la défection de Murat, l'attitude louche d'Eugène, la frivolité de Pauline, l'avidité de Caroline et d'Élisa, voilà ce que Napoléon trouve devant lui au jour de ses revers.

Ils lui doivent tout, ces ingrats, couronnes, apanages, titres, dotations, ils l'oublient; ils poussent l'ingratitude jusqu'à l'imprévoyance la plus folle, jusqu'à ne pas comprendre que si Napoléon succombe, ils ne seront plus rien. Ils tentent d'obtenir, au prix de complaisances qui touchent au crime, la bienveillance de l'Europe; ils se flattent que pour récompenser leur trahison, l'Europe leur conservera ce qu'ils sont menacés de perdre et, en même temps qu'ils manquent ainsi aux devoirs que leur commandaient la reconnaissance et l'esprit de famille, ils s'efforcent d'arracher à l'empereur tout ce qu'il peut leur donner, plus encore qu'il ne peut.

Si chargé que semble ce tableau, le peintre ne nous prouve que trop qu'il est vrai dans toutes ses parties. Il en faut conclure que l'esprit de famille et ses influences n'ont pas moins contribué à la perte de Napoléon que les fautes qu'il a commises. Même après les revers de 1812 et de 1813, il pouvait encore sauver sa couronne, sinon pour lui, du moins pour son fils. Aux rivalités qui s'agitent autour de lui parmi ses parents, aux prétentions des uns, au ressentiment des autres, à l'abandon douloureux dont il est l'objet, substituez une famille fortement unie, résolue à le défendre comme à lui obéir, servant ses projets, suivant docilement ses ordres, et vous aurez une situation toute changée, non certes délivrée de tous les périls qui la rendent si critique, — car ces périls, si c'est en partie pour associer sa famille à sa fortune et à sa gloire que Napoléon les a attirés sur

lui, ce n'est pas elle qui les a créés, — mais assez amé-
liorée cependant pour qu'on puisse admettre que le roi
de Rome eût régné.

Je n'ose affirmer que ce soit là ce que M. Frédéric
Masson a voulu démontrer. Mais, cette démonstration
ressort des deux derniers volumes, auxquels les précédents nous avaient préparés en nous montrant, dès
l'enfance de Napoléon, l'esprit de famille s'emparer de
son cœur, le dominer, et plus tard survivre avec tant
de force au mécontentement et aux colères que souvent
la conduite des siens excitait en lui, qu'on le voit toujours
leur pardonner, oublier leurs fautes et s'efforcer de les
dédommager, par de nouveaux bienfaits, de sa rigueur
d'un moment et de ses sévérités.

Ainsi, par ces divulgations, nous découvrons dans ce
grand conducteur d'hommes, dans ce conquérant insatiable, qu'on devrait croire cuirassé contre toutes les
émotions, un « sentimental », incapable de persévérer
dans un ressentiment même juste lorsque c'est sa famille
qui en est l'objet. Et c'est par là surtout que ces études
de M. Frédéric Masson sont particulièrement curieuses
et suggestives : elles nous ouvrent l'âme d'un Napoléon
inconnu. Si disposés que nous fussions par les livres
antérieurs de cet historien pénétrant et divinateur
à ne plus nous étonner de ce qu'il pourrait nous apprendre
encore, il faut lui rendre hommage pour ce qu'il a
déployé à nouveau d'art et de science afin d'éclairer
d'une lumière plus vive, victorieuse de toutes les ombres,
la figure du héros, devenue peut-être trop vite plus
légendaire que réelle, et pour la ramener à la réalité
sans en altérer l'éclat, sans en amoindrir la beauté.

Du reste, il nous fournit lui-même un témoignage
éclatant de la persévérance consciencieuse qu'il apporte
dans l'accomplissement de la tâche qu'il s'est imposée

et de l'incessant souci de vérité dont il est littéralement obsédé. Ce témoignage est celui-ci : En posant la première pierre de son monument, c'est-à-dire au début du tome premier de la série *Napoléon et sa famille*, il exprimait l'espoir de la condenser en trois volumes. Nous en avons actuellement neuf sous les yeux, et il n'a pas fini. « J'espère, à moins de surprises, écrit-il, et l'on en rencontre à chaque pas, pouvoir terminer ce récit avant trois ans ; mais, dès à présent j'aurai dit l'essentiel. Ce qu'il me reste à écrire n'est plus que le tressaillement de l'agonie. » Et plus loin : « Je réserve pour mes conclusions d'expliquer par quel travail mystérieux, savant et surtout persévérant, on s'est, durant un demi-siècle, efforcé de fausser l'histoire au détriment de Napoléon, au profit de ses frères. Après la conspiration contre son autorité, j'exposerai la conspiration ourdie contre sa mémoire. »

En attendant que ces promesses attrayantes soient réalisées, les lecteurs se prépareront aux joies intellectuelles qu'ils en espèrent en lisant tout ce que nous possédons déjà de cette œuvre d'un si haut prix, dont les conclusions peuvent être discutées, mais dans laquelle apparaît par éclairs un hommage à la politique traditionnelle de la France sous ses rois, dont Bonaparte, au lendemain de la Révolution qui les avait brisés, ambitionna d'être le continuateur.

VII

L'ESPAGNE ET NAPOLÉON [1]

En mai 1808, Napoléon s'emparait de l'Espagne, en trompant le peuple espagnol et son souverain par des procédés dépourvus de toute loyauté. Il commettait ainsi, en même temps qu'une action qui a laissé une ombre sur sa mémoire, la plus grande faute de son règne, la faute fatale, source de tous ses malheurs, la faute fatidique, celle qui, selon la définition que donne de ce mot le dictionnaire, révèle par avance ce que les destins ont ordonné, c'est-à-dire la chute finale qui surviendra à six années de là, et dont elle est la cause initiale.

Cette prise de possession de l'Espagne, révélatrice de l'ambition de Napoléon, comme de son dessein de fonder le Grand Empire et, nouveau Charlemagne, de mettre sur tous les trônes des monarques feudataires, achève d'attiser contre lui les méfiances de l'Europe, transforme en ennemi son allié le tsar Alexandre et suscite les révoltes patriotiques du peuple espagnol qui, dès ce moment, ne désarmera plus jusqu'au grand jour où, à travers les péripéties les plus tragiques, il aura recouvré son indépendance, après avoir obligé à s'enfuir piteusement ce roi Joseph qui lui a été imposé.

1. *L'Espagne et Napoléon*, par Geoffroy de Grandmaison, 1 vol.

Tout ce drame est poignant. De la journée du 2 mai, qui vit se soulever la population de Madrid dans un accès de légitime fureur et où fut prononcé le serment de haine contre Napoléon, jusqu'au siège de Saragosse qui enfanta tant de dévouements obscurs pour la plupart, mais tous héroïques, il abonde en sanglants épisodes. Il met en relief, à côté de l'indomptable résistance des opprimés, l'admirable courage des soldats que l'ambition de l'oppresseur sacrifiait à une mauvaise cause.

En dehors d'eux, il n'est pas un seul des acteurs de cette dramatique aventure à qui elle fasse honneur. Les Bourbons d'Espagne y apparaissent comme de misérables fantoches en qui a cessé de couler le sang d'Henri IV et de Louis XIV. La crédulité du vieux roi qui n'a de confiance qu'en la femme qui le trompe et qu'en le favori qui le déshonore ; les déréglements de cette reine sans pudeur ; la lâcheté de leur fils Ferdinand VII ; l'infamie et la bassesse du ministre Godoï, prince de la Paix ; le cynisme avec lequel Napoléon, pour se faire céder la couronne d'Espagne, exploite les défaillances de l'un et les turpitudes des autres, tout contribue à donner à ces événements je ne sais quelle physionomie de scènes de brigandage où sont méconnues et foulées aux pieds toutes les règles de l'honnêteté, toutes les lois du devoir, et où les victimes couronnées ne sont pas plus sympathiques que le vainqueur qui les dépouille. Même, lorsqu'elles donnent en plein, et si sottement, dans le guet-apens qu'il leur a tendu à Bayonne, si peu digne est leur attitude qu'elles n'inspirent aucune pitié. Quelque déloyale que soit, en ce moment, la main qui les frappe et les humilie, elle semble ne leur infliger qu'un châtiment mérité.

Quoi qu'on en pense, cependant, l'indignité des vic-

times n'atténue en rien ce que présente de répréhensible
et d'impolitique la conduite de Napoléon. Elle est,
dans ce mois de mai où il se fait livrer l'Espagne par un
souverain qui est déjà son prisonnier, celle d'un condot-
tiere. La couronne dont il s'empare pour la mettre
non sur la tête de Murat qui espérait l'obtenir, mais sur
celle de son frère, sous le nom duquel il régnera, n'est
pas une couronne loyalement conquise. Quoiqu'elle
paraisse avoir été légitimement transmise, c'est une
couronne volée dont, encore un peu de temps, le poids
l'écrasera.

Tels sont les événements émouvants qui se déroulaient,
il y a cent ans, dans le midi de l'Europe. Ils allaient
réveiller le patriotisme espagnol, creuser en Espagne
un tombeau pour les plus glorieux combattants des
légions françaises et, par voie de répercussion, creuser
en Russie celui de la Grande Armée. A tant de titres,
la date centenaire qui les rappelle fournissait une occasion de les remettre en lumière, moins toutefois pour en
opposer le souvenir aux apologistes du grand empereur,
dont la légitime admiration ne tient pas toujours
assez de compte du prix dont la France a payé sa gloire,
ni des désastres qu'il attira sur la patrie, que pour préciser et remettre au point certains traits de son histoire
que l'éblouissement causé par son génie fait oublier,
encore qu'ils démontrent que les nations n'ont pas plus
à gagner aux excès du despotisme qu'aux excès de la
liberté.

A quiconque serait disposé à oublier cette vérité
je ne saurais trop conseiller la lecture d'un très remarquable volume que sous ce titre : *l'Espagne et Napoléon*, avec un à-propos sans doute voulu, a publié
M. Geoffroy de Grandmaison. Déjà signalé par des travaux antérieurs sur l'époque napoléonienne et notam-

ment sur l'Espagne, ce jeune historien avait projeté de reconstituer toute cette épopée espagnole encore si peu et si mal connue, en dépit des innombrables écrits qu'elle a inspirés. Pour se préparer à cette tâche, il a fouillé non seulement les archives françaises où d'autres avaient passé avant lui, mais aussi les archives espagnoles, les riches dépôts d'Alcala de Hénarès et de Simancas, où dormaient, sous la poussière d'un siècle, des documents qui n'avaient jamais été consultés. Il a parcouru le théâtre de tant d'événements mémorables, lisant, interrogeant, se renseignant, faisant appel aux correspondances, aux traditions, aux souvenirs conservés dans les familles.

De cette enquête laborieuse, qu'il convient de donner en exemple à quiconque aujourd'hui veut entreprendre d'écrire l'histoire sans s'exposer à être accusé de faire ses livres avec les livres des autres, est résulté celui dont je parle. L'abondance luxuriante de sa documentation s'embellit d'un grand talent d'écrivain et, ce qui n'est pas moins essentiel pour une œuvre de cette sorte, d'un beau tempérament d'artiste, j'allais dire de metteur en scène, car s'il est un sujet où l'art de la mise en scène soit nécessaire, c'est bien cette guerre d'Espagne où naissent sous les pas tant de péripéties pathétiques et où certains personnages, à commencer par Napoléon, sont à la taille des héros d'Homère.

Sous la plume de notre auteur, le récit affecte en quelque sorte les allures d'un scénario de théâtre. Rien n'y manque de ce qui permet de le caractériser ainsi. Le décor dans lequel les acteurs évoluent n'est pas moins minutieusement décrit qu'eux-mêmes : « J'ai souhaité, nous dit M. Geoffroy de Grandmaison dans son introduction, d'ajouter à la sincérité du contrôle et à la patience des recherches, le scrupule dans les descriptions au retour des pays parcourus et des lieux visités. Peut-on reconstituer les événement autrement que dans leur cadre? »

Et quelles scènes que celles qui se déroulent dans ce cadre grandiose où l'on voit l'ambition impériale se briser contre le triple faisceau de la résistance espagnole, du secours anglais et de la diversion autrichienne ! Les titres, même, en sont suggestifs et synthétisent, sous une forme laconique, des événements qui agitèrent profondément le monde au début du siècle dernier. Trafalgar, le Traité de Fontainebleau, le Procès de l'Escurial, Murat lieutenant de l'empereur, les Princes à Bayonne, le Deux Mai, le Réveil d'un peuple, quels souvenirs rappellent ces dénominations !

Quoi de plus saisissant, par exemple, que l'attitude des juges que Charles IV, trompé par sa femme et par son favori, a réunis pour leur faire prononcer la condamnation de son fils, et qui, à l'instigation de l'un d'eux, don Alvarez Caballero, quasi mourant, chez qui ils se sont transportés, la lui refusent ?

« Ils pensaient que, dans l'état de la procédure, les prévenus devaient être mis en liberté. Sur le grand crucifix d'ivoire suspendu au pied du lit, ayant considéré Celui qui juge les jugements des hommes, tous signèrent. Par un mouvement spontané, ils s'embrassèrent avec attendrissement, jurant qu'ils agissaient pour l'acquit de leur conscience et le bien du royaume, dussent-ils porter leur tête sur un échafaud après avoir rendu hommage à la vérité et sauvé l'honneur castillan. La nuit était venue, quelques flambeaux de cire éclairaient cette chambre de moribond, transformée en prétoire ; autour de la couche de Caballero, défaillant de corps, mais l'âme sereine, les longues robes agitaient leurs reflets rouges et ces murailles nues, ces escabeaux de bois proclamaient, sans l'appareil de la justice, la majesté du devoir accompli et la grandeur d'âme d'un loyal magistrat. »

Quelques jours plus tard, à Bayonne, c'est un spectacle d'une autre sorte, mais non moins émouvant. Dupe de promesses fallacieuses et victime de ses dissentiments, la famille royale s'est laissé conduire dans cette ville où Napoléon a dressé le piège dans lequel elle va être prise. Le vieux roi est aux regrets d'avoir cédé la couronne à son fils et compte sur l'empereur pour se la faire rendre, encouragé dans cet espoir par la reine et par Godoï. Soutenu par le peuple, le prince des Asturies, proclamé sous le nom de Ferdinand VII, entend la conserver et c'est en se la disputant comme des rivaux que le père et le fils apparaissent devant Napoléon, à l'heure où l'on vient d'apprendre à Bayonne qu'à Madrid les partisans du plus jeune des deux rois se sont soulevés, ont tué et se sont fait massacrer.

La querelle dont l'empereur est alors témoin devient promptement affreuse. Le vieux roi brandit sa canne, en menace son fils, lui reproche d'avoir fait couler le sang de ses sujets. La reine renchérit sur ces apostrophes véhémentes, en laisse échapper de sa bouche de plus dures, de plus acerbes : « Perfide ! lâche ! cœur de tigre ! Tu as voulu déshonorer tes parents, les découronner, les assassiner ! Tu mérites l'échafaud ! » Et à bout d'épithètes outrageantes, elle jette à la face du prince la plus outrageante de toutes, pour elle comme pour lui : « Bâtard ! » Et c'était sa mère !

Lassé, écœuré, considérant que les choses en sont au point où il a voulu les mettre pour servir ses projets usurpateurs, Napoléon coupe court à cette scène grotesque et tragique.

« Si d'ici à minuit, déclare-t-il au prince des Asturies, vous n'avez pas reconnu votre père pour votre roi légitime et ne le mandez à Madrid, vous serez traité comme un rebelle. »

Le jeune roi — roi de la veille, et qui sera celui de demain — n'a pas assez de force d'âme et de noblesse de cœur pour puiser, dans la conviction qu'à cette heure le patriotisme espagnol s'incarne en lui, le courage de résister. Épouvanté, il rend à son père cette couronne à laquelle celui-ci, quelques instants plus tard, renoncera, en faveur de « son ami Napoléon », au prix d'avantages matériels qui doreront, peu ou prou, la captivité à peine déguisée, à laquelle est condamnée la famille royale d'Espagne, et qui ne cessera qu'en 1813, lorsque, après les désastres de Russie, Napoléon devra renoncer à une conquête aussi précaire que coûteuse, faute de soldats pour la défendre.

En mai 1808, au moment où il s'en assurait la possession, il ne prévoyait pas les cruelles conséquences de l'insigne folie qu'il venait de commettre. Il se croyait à jamais maître du peuple espagnol ; il était tout à la joie de régner sur lui sous le nom de son frère, d'avoir, en s'emparant de ce royaume, porté un coup fatal à l'Angleterre, fortifié le blocus continental et fondé le Grand Empire sur des bases inébranlables.

« La farce est jouée » disait-on autour de lui.

C'était plus qu'une farce, c'était un acte déloyal, que le patriotisme de l'Espagne et les haines suscitées en Europe par les excès de son ambition devaient lui faire expier durement, pour son malheur et pour celui de la France.

Telle est la conclusion qu'imposent à l'esprit les souvenir épiques, souvent douloureux, qu'a rappelés M. Geoffroy de Grandmaison. Ils sont comme le revers de la médaille prestigieuse du règne impérial. Cette conclusion, d'autres écrivains, narrateurs incomplets de ces événements, l'avaient déjà proclamée. Mais, aucun d'eux ne nous avait préparés au même degré que lui à en reconnaître l'exactitude, le caractère logique et fatal. S'il y est si victorieusement parvenu, c'est grâce à la puissance du tableau évocateur où, avec autant d'art que de clairvoyance, il énumère les fautes volontaires d'un génie accidentellement dévoyé, — fautes irréparables et qui allaient en entraîner d'autres, à qui un prochain avenir réservait d'amers lendemains.

VIII

LA CHUTE DE NAPOLÉON [1]

Dans l'œuvre considérable qu'il a consacrée à la fin du premier Empire, Henry Houssaye paraît surtout préoccupé de grandir Napoléon. Des diverses péripéties du règne impérial, il a choisi, pour les faire revivre, celles où l'empereur, déjà si grand par ses victoires et par le rayonnement qui se dégage de lui, s'élève par la force de son génie à la hauteur des infortunes tragiques dans lesquelles va s'effondrer sa puissance. Il nous raconte la fin du règne, la campagne de France, la chute de 1814, le retour de l'île d'Elbe, Waterloo, les derniers chapitres de l'Épopée en un mot, ceux où Napoléon devient en quelque sorte surhumain et où, surtout victime de ses propres fautes, il semble l'être d'une fatalité sans exemple et imméritée.

Dans ce récit, où tout est pathétique, l'âme du narrateur bat à l'unisson de celle de son prestigieux personnage, dans lequel il voit la patrie elle-même. Il ne nie pas les fautes qui ont préparé la catastrophe finale. Mais, il semble les excuser et accuser surtout des malheurs de son héros, les inimitiés, la mauvaise foi, les rivalités, la trahison. Et en tout cela, il procède si visiblement d'une conviction sincère, un si consciencieux talent se fait son complice qu'on se laisse entraîner

1. *1814 et 1815*, par Henry Houssaye, 4 vol.

jusqu'à la dernière page sans qu'éclate la protestation qu'a parfois éveillée en nous, au cours de cette lecture, un involontaire excès de partialité.

Entre les quatre volumes où il nous raconte le dénouement de cette prestigieuse histoire, celui où nous voyons Napoléon définitivement vaincu, est, me semble-t-il, le plus pathétique. Je ne crois pas, en effet, que l'on trouve dans l'histoire de France beaucoup de journées d'un caractère plus poignant que celle du 21 juin 1815. Ce jour-là, Napoléon, vaincu à Waterloo, rentre dans sa capitale où commence à se répandre la nouvelle de sa défaite. A huit heures du matin, il descend de voiture devant le palais de l'Élysée.

« Napoléon semblait terrassé par les journées fatales, raconte Henry Houssaye. Il respirait péniblement. Son visage avait la pâleur de la cire, ses traits étaient tirés ; ses beaux yeux, naguère si brillants, fascinateurs, où passaient des éclairs, étaient sans vie. Après un soupir pénible qui trahissait l'oppression et la souffrance, il dit d'une voix haletante :

« — L'armée avait fait des prodiges, la panique l'a prise. Tout a été perdu... Ney s'est conduit comme un fou ; il m'a fait massacrer toute ma cavalerie. Je n'en puis plus... Il me faut deux heures de repos pour être à mes affaires.

» Il porta la main à sa poitrine :

» — J'étouffe là.

« Il commanda de lui préparer un bain, et reprit :

» — Oh! la destinée! Trois fois, j'ai vu la victoire m'échapper. Sans un traître, je surprenais l'ennemi ; je l'écrasais à Ligny, si la droite eût fait son devoir ; je l'écrasais à Mont-Saint-Jean, si la gauche eût fait le sien !... Enfin, tout n'est pas perdu. Je vais rendre compte aux Chambres de ce qui s'est passé. Je leur pein-

drai les malheurs de l'armée ; je leur demanderai les
moyens de sauver la patrie. J'espère que la présence
de l'ennemi sur le sol de la France rendra aux députés
le sentiment de leurs devoirs et que ma démarche franche
me les ralliera. Après cela, je repartirai. »

C'est au général de Caulaincourt, duc de Vicence,
accouru sur le perron du palais pour le recevoir, que le
géant terrassé adresse ces paroles fiévreuses. Et comme
Caulaincourt lui objecte les dispositions hostiles des
représentants déjà livrés aux basses intrigues de Fouché
et exprime le regret que l'empereur ne soit pas resté
au milieu de son armée qui était sa force et sa sûreté,
Napoléon l'interrompt :

« Je n'ai plus d'armée, je n'ai plus que des fuyards...
Mais, je trouverai des hommes et des fusils. Tout peut
se réparer. Les députés me seconderont. Vous les jugez
mal, je crois. La majorité est bonne et française. Je n'ai
contre moi que La Fayette et quelques autres. Je les
gêne. Ils voudraient travailler pour eux. Mais, je ne les
laisserai pas faire. Ma présence ici les contiendra. »

Napoléon se trompait. Sa présence ne devait pas
les contenir. Le lendemain, 22 juin, Louis XVIII, qui
s'était réfugié à Gand pendant les Cent-Jours, se mettait en route pour la France. Le 28, il était à Cambrai
d'où il lançait la proclamation par laquelle il reprenait
possession de son royaume. Reconnu par les Chambres,
il rentrait le 8 juillet dans Paris qui venait de se rendre
aux armées alliées, après de vaines tentatives de résistance.

Le même jour, l'empereur, arrivé à Niort le 2 juillet,
après un séjour à la Malmaison et au château de Ram-
bouillet, s'embarquait à bord de la *Saale*, avec le dessein
de se confier à la générosité des Anglais, négociait avec
eux pendant une semaine, et le 15 juillet, ayant écrit la

veille au prince régent d'Angleterre pour lui annoncer sa résolution, il se rendait spontanément sur le *Bellérophon*, se livrant à ses pires ennemis, aggravant contre lui-même l'erreur qu'il avait déjà commise en cherchant, au lendemain de Waterloo, un appui dans les Chambres, au lieu de prononcer leur dissolution dès sa rentrée à Paris.

Ainsi s'ouvre l'épilogue de son épopée, le chemin de son calvaire, de ce rocher de Sainte-Hélène où il devait souffrir et mourir, non seulement afin que rien ne manquât à sa gloire, ni la trahison de ceux qu'il avait comblés de richesses et d'honneurs, ni d'implacables inimitiés, ni l'auréole du martyre, mais aussi pour que cette gloire, que la France qu'il y associa, fît sienne, l'ayant payée de ses trésors et de son sang, fût consacrée par l'expiation qui l'a rendue légendaire et sans laquelle elle eût été moins grande.

Tout se tient dans la vie de cet homme extraordinaire; tout y est prodige, et ce qui s'y trouve peut-être de plus prodigieux, c'est la logique avec laquelle elle se poursuit. Du pont d'Arcole à Waterloo, Bonaparte a marché dans un rêve. L'obscur commandant de Toulon est devenu Roi des rois. Les nations et les potentats ont tremblé devant lui, subi sa loi. Les peuples l'ont tour à tour acclamé, béni, maudit, admiré, pleuré. La France ne regrette rien de ce qu'elle lui a donné, car si elle lui dut les pires malheurs, il avait d'abord réparé tous ceux dont elle avait souffert avant lui. Mais, à cette destinée miraculeuse le dénouement qu'elle eut, était nécessaire. Sans le rocher de Sainte-Hélène, Napoléon ne serait pas Napoléon et les Français n'eussent point oublié si vite les calamités qu'il déchaîna sur la patrie, pour ne se rappeler que les bienfaits qu'elle reçut de lui.

Ce sont là de mémorables souvenirs, les plus prestigieux assurément de notre histoire nationale, et qui viennent en quelque sorte se synthétiser en cette année 1815, de laquelle, après l'avoir racontée en tous ses tragiques détails, Henry Houssaye dit avec raison qu'elle est comparable aux pires époques de la Ligue et de la guerre de Cent ans, alors que la France, désarmée et épuisée, risquait de tomber dans la vassalité du roi d'Espagne ou sous le sceptre des rois d'Angleterre.

Ces souvenirs, il les ressuscite avec un art de mise en scène que vient étayer une savante documentation, avec une puissance d'évocation, une habileté de décorateur, une dextérité à faire évoluer les innombrables acteurs de ce drame pathétique en nous ouvrant leur âme, et, pour tout dire, avec des qualités d'historien qu'on ne trouve réunies que chez un bien petit nombre de ses contemporains.

Il est vrai que les événements qu'il a entrepris de raconter sont particulièrement suggestifs. Bruyants, mouvementés, tragiques, ils portent haut leur narrateur, ne lui permettent guère de descendre au ton qui convient à des faits d'ordre plus calme, excitent sa verve, le tiennent en haleine et enfièvrent son style. Mais, encore faut-il qu'il ait en soi ces dons d'émotion et d'évocation qui caractérisent le beau talent d'Henry Houssaye, et c'est si vrai que les mêmes événements, maintes fois racontés déjà, ne nous émeuvent pas autant, même sous la plume de Thiers, que sous celle de l'évocateur dont je parle et auquel il n'est que juste de rendre cet hommage. Avec lui, nous sommes loin de l'histoire froide, compassée, sans vie, telle qu'on l'a si longtemps écrite. Sous son pinceau, les choses sont visibles comme si nous y avions assisté, les personnages aussi vivants que si nous les avions connus, et puisque l'histoire est la résurrection du passé, on reconnaîtra que c'est de nous le montrer sous la forme la plus tangible que nous devons le plus louer ceux qui entreprennent de le faire revivre.

Il est un autre éloge qu'on ne saurait marchander à Henry Houssaye. C'est celui que mérite l'incessant souci d'impartialité qui se trahit à toutes les pages de ce livre dont l'intérêt est si puissant que la partialité aurait pu, à la rigueur, s'y donner carrière et peut-être y passer inaperçue. Je n'irai pas jusqu'à prétendre que ce souci, visible du commencement à la fin, a porté tous ses fruits et a constamment défendu notre auteur contre les excès de son admiration pour Napoléon ou contre les ardeurs d'un patriotisme qu'il y confond si bien qu'il ne pourrait, le voulût-il, séparer Napoléon de la France, là même où, pour être juste, il convient de les séparer. Mais, sa volonté d'être rigoureusement équitable n'est pas douteuse et son effort pour y réussir vaut d'être constaté.

Cet effort, on l'aperçoit aussi bien dans la première partie du livre, qui n'a trait qu'à Napoléon, que dans la seconde où l'auteur nous raconte les événements qui suivirent le retour de Louis XVIII, les violences de la Chambre introuvable et cette période de guerre civile, qui est entrée dans l'histoire sous le nom de Terreur blanche. De cette période, j'ai été l'historien; j'en ai rappelé les origines et les causes et imputé à qui de droit la responsabilité. A cette heure, je ne veux retenir de l'émouvante narration d'Henry Houssaye que ce qui concerne le prince trop longtemps méconnu, qui eut le périlleux honneur de succéder à l'homme de génie que fut Napoléon et de recevoir de lui le douloureux héritage d'une France appauvrie par vingt ans de guerre, épuisée d'hommes, épuisée d'argent, démembrée, vaincue, envahie, en proie à la guerre civile, et telle enfin qu'Henry Houssaye nous l'a montrée dans les premières pages de son histoire de 1814.

Qu'il y ait eu alors des fautes commises, des vengeances abominables exercées, des ferments de réactions futures maladroitement semés de toutes parts ; qu'il ait été monstrueux que ce pays innocent du malheur qu'il expiait si durement ait été livré à cette « terreur prussienne » qu'Henry Houssaye dépeint sous des couleurs qui nous rendent à peine la vérité ; qu'au milieu de difficultés qui semblaient insolubles, le gouvernement royal à peine restauré ait manqué d'habileté, de générosité, de mesure, qui le conteste? Mais, s'il en a été ainsi, à qui en est la faute initiale?

Est-ce Louis XVIII qui a ameuté l'Europe contre la France? Est-ce lui qui a fusillé le duc d'Enghien, emprisonné le Pape, chassé les rois de leurs trônes pour y mettre ses frères, rêvé d'asservir le monde sous son sceptre et, pour réaliser ce rêve, sacrifié la France à ses ambitions, jeté deux millions d'hommes sous le ciel brûlant de l'Espagne et sous le ciel glacé de la Russie? Est-ce lui qui est revenu de l'île d'Elbe, apportant la guerre comme don de joyeux retour? Tant de folies devaient produire les résultats qu'elles ont donnés, et la gloire qu'elles nous ont value ne doit pas faire oublier que celui-là qui s'y était livré, a la plus large part dans la responsabilité des malheurs qui les suivirent.

Du reste, conséquence fatale de la Révolution et de l'Empire, ces malheurs une fois consommés, on dut à Louis XVIII la pacification du pays, le retour de sa prospérité et quelques années d'un gouvernement qui fut vraiment réparateur. Et c'est à Henry Houssaye qu'en finissant je demanderai de le constater.

« En 1815, écrit-il dans la dernière page de son beau livre, plus d'armée, un pays sans défense, un roi sans pouvoir, soixante départements occupés, les villes rançonnées, les campagnes ravagées, les habitants fuyant dans les bois, l'autorité aux mains de l'ennemi, la France sous le coup du démembrement, la guerre civile menaçant de s'ajouter à la guerre étrangère, les trois quarts de la population souffrant avec horreur le joug insolent du parti victorieux, les haines politiques et les fureurs religieuses exaltées jusqu'à l'incendie et à l'assassinat. Ici le bâton prussien, là le couteau des égorgeurs royalistes, partout l'oppression, la honte, la misère, la terreur et la désolation. »

Tel est, d'après Henry Houssaye, le tableau de la France que Napoléon renversé léguait à Louis XVIII. Mais, notre historien, animé de cet esprit de justice que je constatais tout à l'heure, ajoute :

« Quelques années de paix et la France avait constitué son armée et sa marine, augmenté sa production agricole, doublé sa production industrielle, recouvré la richesse, repris son rang parmi les grandes nations. »

Ces constatations simples et exactes comme la vérité, je les compléterai d'un mot : c'est que les résultats qu'elles proclament, la reconstitution nationale au lendemain de tant de sanglantes catastrophes, cette résurrection miraculeuse d'un pays qui avait pu se croire perdu, furent l'œuvre de Louis XVIII et de son gouvernement. Elles expliquent et justifient avec éloquence le cri patriotique par lequel Henry Houssaye termine les pathétiques récits dont il vient d'enrichir le trésor de nos annales : « Comment désespérer des destinées d'un peuple qui depuis dix siècles est allé de résurrection en résurrection ? C'est la pensée qui m'a soutenu et fortifié en racontant ces événements. J'y ai pris une foi plus robuste et plus ardente dans la Fortune de la France. »

TROISIÈME PARTIE

FIGURES DU DERNIER SIÈCLE

I

VIE DE CŒUR D'HOMMES D'ÉTAT[1]

Le prince Clément de Metternich, chancelier de l'empire d'Autriche, a été, durant quarante ans, le plus ardent défenseur de l'Ancien régime contre la Révolution. Tant que le pouvoir dirigeant qu'il tenait de son souverain est resté dans ses mains, il en a usé contre elle avec une indomptable ténacité que ne purent affaiblir les échecs et les déceptions qu'il recueillit le plus souvent pour prix de ses efforts.

La vie publique ne s'était pas encore ouverte pour lui quand la Révolution, née en France, commença à se répandre en Europe, à la suite des armées françaises. Il ne figure donc point parmi ceux qui tentèrent vainement de l'étouffer dans son berceau. Mais, lorsque, plus tard, il en trouva devant lui les partisans et les doctrines, il n'hésita pas à se mesurer avec eux, rêvant

<hr>

1. *Lettres du prince de Metternich à la comtesse de Lieven*, publiées par JEAN HANOTEAU, 1 vol. — *Une vie d'ambassadrice au siècle dernier*, par ERNEST DAUDET, 1 vol. — *Lettres inédites de Guizot*, publiées par la *Revue des Deux Mondes*, juin 1908.

encore la reconstitution de l'antique édifice européen
tel qu'il l'avait connu en venant au monde, n'espérant
peut-être pas le rétablir en France, où n'en restaient
plus que les décombres, mais se flattant de l'espoir
d'en maintenir l'imposante façade en Italie et en Allemagne, où dominait la maison d'Autriche.

De 1800 à 1848, le rôle de Metternich est considérable. Ministre des affaires étrangères à Vienne, ambassadeur d'Autriche à Paris sous Napoléon, et enfin,
chancelier impérial, il mène ou prétend mener au gré
de ses vues toutes les affaires politiques de l'Europe.
Nulle existence n'est plus remplie que la sienne, et
nulle influence, si ce n'est au début de ce siècle celle
de Napoléon et à sa fin celle du prince de Bismarck,
n'est comparable à l'influence qu'il exerça. Les services qu'il a rendus à son pays, au conservatisme inter-
national et, comme il le disait lui-même, « au grand
parti du repos », sont inoubliables.

On peut même se demander si, après Napoléon, il
a existé, dans ces cent dernières années, un plus grand
conducteur d'hommes que lui. Ce n'est pas un guer-
rier ; ce n'est qu'un homme d'Etat qui se considère
comme le gardien de toutes les traditions du passé.
Mais, s'il est impossible de le peindre dans la fumée
des batailles, résistant à l'Europe coalisée, on peut le
voir diriger du fond de son cabinet ou du fauteuil qu'il
occupait dans les conseils des empereurs et des rois,
la résistance qu'elle opposa au maître du monde, et
finalement consommer sa perte. Lui-même à son tour
fut vaincu par cette Révolution dont il était l'impla-
cable ennemi. Mais, du moins en laissant tomber, après
une carrière demi-séculaire, les tronçons de son sceptre
brisé, pouvait-il se vanter d'avoir lutté jusqu'au bout
pour la cause qu'il appelait la bonne cause et d'avoir

retardé d'autant le triomphe de l'autre, qu'il eût voulu écraser avec cette France à laquelle il ne pardonna jamais de l'avoir enfantée, défendue et rendue victorieuse.

Il est assez malaisé de pénétrer dans l'âme de ces sphinx de la politique. Aux hauteurs où ils se meuvent et évoluent, ils ne nous apparaissent que le front auréolé, entourés de flammes et si loin de nous que nous nous figurons volontiers qu'ils n'ont rien d'humain. Ce qui reste de Metternich, c'est le souvenir d'un homme d'État qui dépasse de plusieurs coudées ses contemporains. Ses Mémoires, publiés voici quelques années, ne sont pas pour démentir l'idée que nous nous faisons de lui. Ils constituent le piédestal sur lequel il espérait que la postérité dresserait sa statue. Ce piédestal, dont il fut l'architecte, ne porte ni bas-relief ni aucune inscription propres à nous révéler ce qui, dans son âme, appartenait à l'humanité. Sa vie privée, sa vie de cœur, celle par où il a ressemblé aux autres hommes, nous est inconnue. Par quelque côté qu'on le regarde, on le voit cuirassé dans l'armure diplomatique. Elle le rend invulnérable et comme inaccessible aux passions auxquelles tant d'autres, plus humbles et voués à de moindres destinées, n'échappent pas.

Trouver tout à coup, en s'occupant d'un tel personnage, le défaut de cette cuirasse, mettre la main sur un document qui est une clé, nous ouvre une âme et d'où jaillira la lumière qui peut l'éclairer, dissiper l'ombre qui l'enveloppe est donc pour l'historien une rare bonne fortune.

Elle m'est échue dans des circonstances dont je vais parler. Elle est échue aussi à M. Jean Hanoteau à qui elle a permis de publier un volume où se trouve confirmé ce que j'avais révélé de la liaison qui exista, de 1818 à 1826, entre Metternich et la princesse de Lieven,

femme de l'ambassadeur de Russie à Londres de 1812
à 1833. Ayant écrit sur elle un volume et raconté sa vie,
je ne peux qu'y renvoyer ceux de mes lecteurs qui
voudraient la mieux connaître. Celui de M. Jean Hanoteau pour lequel il a écrit une attachante et savante
introduction, et qu'il a enrichi de multiples notes expli-
catives, contient toutes les lettres — et elles sont nombreuses — que Metternich écrivit à sa maîtresse, du mois
de novembre 1818, époque où ils se connurent au
Congrès d'Aix-la-Chapelle, jusque vers le milieu de
l'année 1819.

Comme il est prouvé que les deux amants s'écrivaient
encore en 1826, on doit conclure que le recueil de M. Jean
Hanoteau ne nous livre qu'une mince partie des mis-
sives de Metternich. Mais, ce n'est pas la moins importante. Séparé de Mme de Lieven après quelques semaines
d'intimité et condamné à ne la revoir qu'à de rares
intervalles, Metternich était alors sous l'influence presque
immédiate des tendres souvenirs qu'elle lui avait laissés ; il était encore tout feu, tout flamme, et brûlait du
désir de la rejoindre. C'est avec ardeur qu'il lui parle,
avec une ardeur égale à sa sincérité, car il est sincère,
cela n'est pas douteux, et sous les dehors de discrétion,
de réserve et même de morgue dont il est coutumier,
elle peut aisément découvrir le plus passionné des
amoureux, un sentimental qu'on ne soupçonnerait pas,
dont le cœur se révèle et l'amour se manifeste sous les
formes les plus inattendues.

Il s'exprime avec la confiance reconnaissante d'un
homme qui aime et se sait aimé. Il dit tout à sa maîtresse, lui raconte tout, même ses amours antérieures.
Craint-elle qu'il ne soit infidèle, il la rassure par cette
déclaration : « Je n'ai jamais été infidèle. La femme
que j'aime est la seule au monde pour moi. » A-t-elle

peur qu'il ne prenne ombrage des liaisons qu'elle a eues avant de le connaître, il lui répond : « Tu as fait des choix et tu as été trompée ; quelle est la femme qui ne l'a pas été? » En un mot, il est l'amant parfait, l'amant modèle, et tel il sera, quoique éloigné de son amie, jusqu'au jour où n'aimant plus, sans doute parce qu'il sent qu'il n'est plus aimé, il contracte, sa première femme étant morte, un second mariage avec une jeune fille d'assez humble extraction dont il s'est épris, ce qui fait dire à Mme de Lieven : « Il agit comme un niais et le chevalier de la Sainte-Alliance finit par une mésalliance. »

C'est moins de cela, d'ailleurs, qu'elle lui en veut que des directions qu'il donne aux affaires de l'Europe, directions hostiles à la Russie. Ces belles amours s'éteignent piteusement dans un dissentiment politique. Les lettres publiées par M. Jean Hanoteau n'en font pas moins honneur à Metternich. Il est seulement fâcheux que la bonne fortune qui les a fait découvrir n'ait pas également favorisé celui qui les a découvertes, en ce qui touche les réponses de l'amante. Tous ses efforts pour les retrouver ont été vains.

En fait de lettres de Mme de Lieven à Metternich, on n'en connaît que quatre. Elles sont datées de septembre 1819. Je les ai trouvées voici longtemps, avec vingt-deux lettres du chancelier, dans des dossiers émanant du cabinet noir de la Restauration et publiées dans la *Revue hebdomadaire*. Quoiqu'elles ne fussent, les unes et les autres, qu'à l'état de copie, l'authencicité n'en était pas douteuse et personne ne la mit en doute. En tête de la liasse de celles de Metternich, la police de Paris avait mis une annotation raisonnée et positive, propre à faire preuve.

Quant à celles de la princesse, les précautions prises

à Londres pour les expédier au destinataire n'étaient pas moins probantes. Afin de faciliter sa correspondance, Metternich avait dû confier son secret à trois de ses subordonnés : Neumann, secrétaire de l'ambassade d'Autriche en Angleterre ; le baron Binder, secrétaire de l'ambassade à Paris, et le chevalier Floret, son secrétaire intime. Lorsque Mme de Lieven avait écrit, elle mettait sa lettre sous une enveloppe sans adresse, la confiait à Neumann, qui la transmettait à Binder par les courriers de son ambassadeur, et Neumann la réexpédiait à Floret. Celles de Metternich arrivaient à Londres par les mêmes moyens. Quoique protégées ainsi par quatre enveloppes, elles n'en étaient pas moins ouvertes à leur passage à Paris, par la police, grâce à la vénalité des courriers diplomatiques. Bientôt, le gouvernement français n'ignora rien des relations du chancelier autrichien avec l'ambassadrice russe.

Cependant, on n'en parlait encore qu'entre initiés et malgré beaucoup d'indiscrétions, malgré la dénonciation formelle de Chateaubriand, qui ne pardonnait pas à l'ambassadrice de n'avoir d'admiration ni pour lui ni pour Mme Récamier, on pouvait croire que, dans les bruits qui avaient couru, la calomnie tenait une large place. Mais, après la publication des lettres que j'avais découvertes et bien qu'en les publiant, je n'eusse dévoilé qu'à demi Mme de Lieven, sa liaison avec Metternich ne pouvait plus être niée. Les lettres versées à l'histoire par M. Jean Hanoteau dissiperaient d'ailleurs tous les doutes, s'il avait pu en subsister encore.

Il ne nous dit pas comment elles sont parvenues dans ses mains. On m'affirme de source sûre qu'il en doit la possession à un hasard et qu'il se l'est assurée à prix d'argent. Cette circonstance, si elle répond à la vérité, autorise à penser que ce recueil est le même que celui qui circulait déjà, il y a trente-cinq ans et dont plusieurs personnes, de qui je le tiens, eurent alors connaissance. Pour moi, j'en entendis parler pour la première fois, au lendemain de ma propre découverte. Croyant qu'il contenait des copies seulement et non les originaux et que ceux-ci étaient conservés dans la famille de Metternich, je tentai des démarches auprès d'elle, afin d'en obtenir la communication. La démarche n'aboutit pas, ce qui me décida, lorsque j'écrivis l'histoire de la princesse de Lieven, à passer brièvement sur sa liaison avec Metternich, puisque, faute de documents, je ne pouvais en raconter les détails. Je comprends aujourd'hui que les descendants du chancelier, eussent-ils été disposés à me donner satisfaction, en auraient été empêchés, puisque, s'ils possèdent encore une partie de la correspondance de leur aïeul avec la princesse, ils ne la possèdent pas tout entière. Il y manque tout au moins les deux volumes d'où M. Jean Hanoteau a tiré celle qu'il nous présente, non d'après des copies, mais d'après les originaux.

Quelle bizarre destinée que celle de ces lettres d'amour écrites par le chancelier au soir de ses laborieuses journées d'homme d'État ! Il a cru ne les écrire que pour la femme qu'il aime ; il y met toute son âme ; il se livre tout entier à elle, se montre à nu et voilà que le hasard, à quatre-vingts ans de là, les jette dans la circulation, les rend publiques, en enrichit l'histoire, en nous révélant un Metternich inconnu, ignoré, qui surgit comme d'une cuirasse brisée, pour nous prouver qu'il y avait, sous son armure de diplomate, un cœur vulnérable et accessible à la passion.

Après tout, quelque jugement qu'on porte sur lui, il s'en faut qu'au point de vue humain, sa mémoire ait à souffrir de cette divulgation de ses plus secrets sentiments. J'oserai même dire qu'en le rapprochant de nous, elle le rend plus attirant, plus sympathique. Dans ce rôle d'amoureux, ardent et sincère, à qui on ne peut reprocher que d'être trop raisonneur et de se trop complaire dans une phraséologie excessive, dans cet épisode qui clôt le cycle de ses aventures de jeunesse, il apparaît charmant et supporte la comparaison avec les plus illustres héros des aventures d'amour.

C'est aussi le jugement qu'on portera sur les réponses de la princesse, si la publicité parvient un jour à s'en emparer. Celles que je reproduis plus loin d'après le recueil où je les mis au jour, aussi bien que celles qui restent encore fermées pour nous, mais dont l'accent de Metternich nous permet de deviner la teneur et la flamme, ne peuvent laisser un doute à cet égard. Elle a passionnément aimé Metternich, aussi passionnément que, vingt ans plus tard, elle aima Guizot, et envers le premier comme envers le second, elle se montra franche, tendre, dévouée, exaltée même, révélant, elle aussi, une âme ardente.

Au moment de publier les quelques lettres dont j'ai parlé plus haut et dont un hasard m'avait livré des copies, deux questions s'imposèrent à moi. Les lettres attribuées à Metternich étaient-elles de lui? Les réponses qu'elles provoquaient, quoique ne portant pas son nom sur l'adresse, lui étaient-elles destinées? La police n'avait à cet égard aucun doute et ses affirmations écrites en marge des copies sont positives. Toutefois ces preuves étaient insuffisantes; mais, j'en avais d'autres dont la plus indéniable consistait dans la teneur des lettres elles-mêmes. Non seulement, c'était le style du chancelier d'Autriche, sa morgue railleuse, son incommensurable orgueil; mais, les détails qu'il donnait, lui seul pouvait les donner, et ce qu'il énonçait, lui seul pouvait le savoir et le savait. C'est bien lui que nous retrouvons là, et tout entier. C'est si bien lui que les détenteurs de ces papiers ont inséré dans ses Mémoires, à sa date, ainsi que nous le marquerons plus loin, l'une de ces lettres, la plus éloquente, écrite au jour anniversaire de la bataille de Leipsig. Il n'en ont supprimé que le tutoiement, révélateur d'une intimité familière et amoureuse.

L'authenticité de celles que la police affirme lui être destinées ne peut davantage faire doute. On y relève des traits de sa vie politique et jusqu'à son prénom : Clément, qui revient à tout instant sous la plume de la femme. Donc, elles étaient bien pour lui. Quant à celles qu'il écrivait, la police nomme en toutes lettres la femme qui les inspira ; elle déclare que c'est la comtesse de Lieven, plus tard princesse de Lieven, et, en le déclarant, elle ne se trompait pas. En tête de la liasse de celles de Metternich, elle trace cette annotation : « La lettre en forme de journal est bien certainement du prince. Il y a des passages très curieux et qu'il est important de comparer avec ce que le baron de Vincent, ambassadeur d'Autriche, a dit au comte de Goltz, touchant la lettre que le premier a reçue du prince de Metternich. Dans la lettre-journal, le prince écrit : *Je crois que tu entendras dans quelque temps, même dans peu de temps d'ici, bien des cris contre moi. Depuis que les coquins assassinent en Allemagne, je serai peut-être assassiné.* Que l'on compare ce passage à ce que le prince vient d'écrire au baron de Vincent et l'on verra que le prince médite en ce moment quelque grand projet. »

La police n'est pas moins affirmative en attribuant les réponses à la comtesse de Lieven. En marge d'une de ces réponses, le 10 septembre 1819, il est dit : « Cette lettre, dont on a parfaitement reconnu l'écriture, est de Mme la comtesse de Lieven au prince de Metternich. Elle explique celle de celui-ci communiquée le mois dernier et qui était évidemment destinée à cette dame. Elle est arrivée ce matin de Londres par le courrier ordinaire de sir Ch. Stuart, ambassadeur de la Grande-Bretagne à Paris. Il y avait quatre enveloppes : la première au baron de Binder ; la seconde au même avec ces mots : *Je n'ai pas besoin de vous recommander l'incluse, mon cher ami. Signé : Neumann* ; la troisième au chevalier de Floret, et la quatrième enveloppe sans aucune suscription. »

Voilà certes des précautions qui démontrent que nous n'avons pas affaire ici à des amants ordinaires et que leurs amours révolutionnent peu ou prou le milieu où ils vivent. Du reste, à la même époque, je le répète, on en parlait dans les milieux diplomatiques et il était notoire que nouées au Congrès d'Aix-la-Chapelle, elles se continuaient, en dépit de l'absence et des distances, à la faveur de trop brèves rencontres dont la rareté emplit de gémissements les lettres de la correspondante de Metternich. En 1820, Decazes, alors ambassadeur de France à Londres, écrit au roi que l'ambassadeur autrichien, le prince Esterhazy, lui a parlé des relations de Metternich avec l'ambassadrice de Russie et confie combien il est préoccupé [1]. Louis XVIII, en une autre circonstance, fait part à Decazes qu'il a lu une lettre de la comtesse de L... « à son cher z'amant » [2], et il

---

1 « Le prince Esterhazy m'a parlé de la correspondance de la comtesse de Lieven avec le prince de M***, chose qui lui est fort peu agréable. Il m'a dit que le roi d'Angleterre détestait ladite comtesse et que le ministère trouvait qu'elle intriguait un peu trop dans ses affaires et avec l'opposition. » — Duc Decazes à Louis XVIII, 24 novembre 1820.

2 Vous vous souvenez sûrement d'avoir lu des lettres de Mme de L.*** à son cher z'amant M***. Eh bien, dans la dernière

semble bien que c'est Metternich qu'il désigne. Au surplus, à supposer qu'à l'époque où je découvris cette correspondance, il fût possible d'en contester l'authenticité, on ne le peut plus aujourd'hui, la publication de M. Jean Hanoteau en ayant fait la preuve irréfutable et définitive, ce qui donne un plus grand prix à la correspondance qui suit.

Voici d'abord les lettres de Metternich :

Vienne, 13 juillet 1819.

J'ai quitté Florence le 11, à neuf heures du soir ; j'ai couru toute la nuit, et je suis arrivé à Bologne ; hier, à 11 heures du matin. — A Bologne, j'ai été reçu par deux cardinaux et des fanfares ; je suis bien aise d'être loin de ces cardinaux, et plus rapproché de toi ; voilà le seul bon côté que je trouve à suivre la direction de la Comète. Je fais mon voyage comme les Trois Mages, j'ai toujours cette comète devant moi, et je la conserverai dans cette direction jusqu'à Carlsbad.

J'avais espéré trouver ici de tes lettres, mais il paraît qu'à Munich, on a fait la bêtise d'arrêter mes dépêches jusqu'au moment de mon arrivée dans cette ville. J'avais ordonné que tout fût envoyé à ma rencontre; mais, il y a des serviteurs zélés qui toujours croyent faire mieux en faisant plus, et qui se trompent.

Le Ciel sait que je ne puis pas me plaindre d'avoir été délaissé durant ce voyage. Je l'ai fait avec une

---

que j'ai lue, elle se plaint des importunités qu'elle a eues à la campagne et fait entrer en ligne de compte la visite de mon ambassadeur, de sa femme et de sa sœur, qu'il faut, dit-elle, *amuser du matin jusqu'au soir et qui n'imaginent pas d'aller un moment dans leur chambre.* Tenez, mon cher duc, il y a longtemps qu'on l'a dit, il ne faut pas voir faire la cuisine. » — Louis XVIII au duc Decazes, 30 octobre 1820.

centaine de personnes, ce qui prouve que ce n'est pas le nombre qui fait la valeur. Tu peux te vanter que toi seule vaux pour moi le reste du monde.

Brixen, 15, au soir.

Tu vois, ma bonne amie, que j'avance vers la Comète; pour peu que cela dure, j'arriverai à la Grande Ourse, car c'est la route qu'elle prend, d'après une gazette que j'ai lue aujourd'hui à Bolzano. J'ai l'habitude de demander les journaux partout où je m'arrête; on y apprend toujours quelque chose. Celle-ci m'a informé, par exemple, de la marche de la Comète, que le Prince Régent, le comte et la comtesse de Lieven ont assisté au bal donné par l'ambassade persane, que je suis heureusement à Florence, et qu'un nouvel amateur de la bonne École Allemande, a voulu assassiner un président de Nassau. J'aurais de la peine à trouver la morale de ces quatre nouvelles. Ce qu'il y a de certain, c'est que j'ai senti un mouvement de plaisir, en voyant que mon entrée dans Florence s'est trouvée imprimée sur la même page que les détails de la fête de ton ami le Persan. Il n'y a plus de distances dans le monde, fait au reste qui m'est prouvé depuis longtemps.

Me voici en Allemagne. Les figures sont moins animées, les voix sont moins fortes, les orangers ont fait place aux sapins, la neige couvre les montagnes que je vois de mes fenêtres... Je parle allemand au lieu de parler italien, mais je pense, à Brixen, ce à quoi j'ai pensé près du cap de Policastro, sur le sommet du Vésuve, sous les voûtes du Vatican, et dans le Palais des Médicis. Mon amie, tout voyage, tout change autour de moi, et je reste immobile; je diffère peut-être en ceci de beaucoup de monde. Je crois que mon âme vaut quelque chose, parce qu'elle est immobile; mes amis savent où la trouver en tous tems et en tous lieux...

Si jamais tu viens à Vienne — et tu y viendras — tu verras mon cabinet de travail et tu t'y plairas. Je pourrais y donner une fête ; j'y brûle toujours une vingtaine de bougies ; il est rempli de beaux tableaux, de beaux bronzes et de marbres. J'orne mon *Temple* le plus que je puis, et je t'assure que j'y encense tout, excepté l'Idole. Quelque recherché et véritablement beau que soit, au reste, ce local, je ne pense qu'avec un bien faible plaisir au moment où je m'y retrouverai. Il n'est pas une partie de ces murs sur lesquels je ne puisse mnémoniser une affaire, un tourment et une peine. J'y ai cependant également passé de bons moments ; j'y ai eu bien souvent raison, je l'ai eue surtout quand j'ai pensé à toi.

Je continue ma route pour Inspruck.

Munich, ce 18.

Bonne amie, je ne t'ai point écrit d'Inspruck ; j'avais mieux à faire. J'y ai reçu les n°ˢ 45 et 46 de tes lettres ; je les ai lus, ensuite j'ai parcouru de volumineuses dépêches que m'ont apportées deux courriers, et puis je t'ai relue.

Tes deux lettres accompagnées des dépêches de Paul[1] m'ont fait un véritable ensemble. Les premières m'ont bien plus intéressé que les secondes, car elles parlent de nous. Les secondes m'ont prouvé de nouveau que je ne me trompe guère dans mes calculs, ni sur les hommes, ni sur les choses.

Je suis charmé que Li..en[2] est de mon avis. J'aime

---

1. Sans doute le prince Esterhazy, ambassadeur d'Autriche à Londres. (*Note de la police.*)
2. Le comte de Lieven, (*id.*).

toujours me trouver d'accord avec un brave homme, et L... l'est incontestablement. Je t'ai prévenu que je ferais un peu de bruit. Ce bruit n'est pas fini, et l'on aura beau vouloir ou non, on fera ce qu'on voudra. Les hommes qui ne bronchent jamais dans leurs principes, et qui sont faciles pour les-former, font en dernier résultat, sinon tout ce qu'ils veulent, pour le moins ce qui, dans leur volonté, n'est pas susceptible de capitulation. Je puis si peu m'empêcher de vouloir ce que je veux, et suivre par conséquent la ligne de ma volonté, qu'il faut bien que les autres finissent par s'y ranger. Sois sûre, mon amie, que si la plupart des choses ne se font pas, c'est qu'on ne les a pas bien voulues ; il y a bien peu de gens qui sachent vouloir, et qui déshonorent même ce qu'ils veulent.

Bonne amie, me revoici dans le midi de ma patrie, qui n'est pas moins un peu le nord, relativement à mes affections. Je vais voir des gens qui, de gaieté de cœur, ont fait la sottise de se révolutionner, qui sentent les fautes qu'ils ont commises, et qui voudraient me les voir réparer. Le monde est bien malade, mon amie, et je ne suis pas charlatan de mon métier, je ne flatte pas les malades ; je ne leur dis pas que je puis faire tout ce que je voudrais pour le salut commun, mais je ne manque jamais de volonté de faire le bien et même le mieux possible. Je crois que tu entendras dans quelque tems, même dans peu de tems, d'ici, bien des cris contre moi ; mais, ce sera la canaille qui criera et je regarde ces cris comme autant de louanges. Depuis que les coquins assassinent en Allemagne, au nom de la vertu et de la patrie, je serai peut-être assassiné, alors tu me pleureras, et avec toi bien des gens honnêtes qui ne sont pas encore entrés en folie.

Ratisbonne, ce 19.

Je suis parti, ce matin, de Munich. J'ai revu le Danube, qui coule sous mes fenêtres, avec un peu de serrement de cœur. Son aspect m'a rappelé tout ce que j'ai à faire près de son bord, du 1er janvier au 31 décembre de chaque année. La suggestion est une terrible chose, et surtout quand elle s'étend sur la vie entière et sur la vie elle-même.

Ton anecdote sur la différence qu'il y a entre mon style et celui de N... (1) est bonne. Au reste, je ne suis pas de l'avis de la personne qui a porté le jugement. N... écrit mieux que moi ; il est même, à mon avis l'un des hommes qui écrivent le mieux *affaires*, mais je pense plus fortement que N..., et la pensée fait le style, et non la grammaire... Tu écris bien, parfaitement bien, mon amie ; tes lettres sont charmantes. Les miennes n'ont de commun avec les tiennes que les bâtons rompus ; tu dois t'en douter vingt fois ; mais, entre nous deux, une seule ligne renferme au fond ce que nous avons à nous dire. Je crois même qu'avec les trois mots d'*Amour*, *Constance* et *Espérance*, nous avons dépensé le capital de nos pensées et de nos sentiments.

J'écris au bas d'une folie anglaise. J'ai devant moi un grand cadre qui renferme les armes et les titres de sir Sidney Smith, en belle gravure avec une grande légende au bas, qui prouve que ce monument a été donné par Mgr l'amiral De la Rouze au cabaretier du Mouton-Blanc, en gage d'amitié, lors de son passage par Ratisbonne en retour du Congrès de Vienne. Comment Mgr l'amiral n'a-t-il pas rougi de s'afficher ainsi ! Il est des hommes qui veulent, coûte que coûte, faire parler d'eux, ne fût-ce même que dans un cabaret !

(1) Le comte de Nesselrode, chancelier de Russie.

Carlsbad, ce 22.

Bonne amie, m'y voilà ! J'ai trouvé ici ton n° 47 et je n'y réponds pas, non pas que j'aie peur de répondre à mon ami de Londres, cet imbécile qui t'a dit tant de belles choses sur mon compte, mais parce que je n'en ai pas le temps physique.

Je t'aime à Carlsbad comme au pied du Vésuve, et dans les ruines de Pestum et aux Champs-Elysées.

Adieu, bonne amie.

Vienne, ce 18 octobre 1819 [1].

Mon amie, je t'écris le jour anniversaire du plus grand événement de l'histoire moderne. Il y a six ans que les destinées du monde ont été jugées ; la cause de Napoléon eût été perdue sans la journée de Leipzig, tout comme elle l'a été par elle ; mais, ce jour a éclairé le monde ; il paraîtra toujours dans les fastes de l'histoire, comme l'une de ces époques mémorables qui marquent le commencement d'une ère nouvelle. La main de Dieu s'est armée de vingt peuples pour abattre un homme qui s'était placé au-dessus de tous les hommes, et un peuple qui s'était placé au-dessus de tous les peuples. Mon âme n'a jamais été pénétrée d'un respect plus sain que pendant tout le cours de cette journée ; je l'ai passée au milieu des morts et des mourants. Tout cependant était calme autour de moi et dans moi ; il ne doit pas en avoir été autant pour Napoléon. Il a eu ce jour-là un avant-goût du dernier des jours.

Tu m'as dit, dernièrement, que tu lisais la *Correspondance inédite*, et que cet ouvrage t'offrait un grand

1. Les metteurs en œuvre des Mémoires du prince de Metternich, y ont inséré cette admirable lettre en en modifiant le caractère, par la suppression du tutoiement et sans dire à qui elle était adressée. En la publiant à sa place dans la série des autres, nous lui restituons sa forme primitive.

intérêt. Tu as bien raison. Il est avec le Mémoire de Sainte-Hélène, sans contredit, ce qui a paru de plus digne de fixer l'attention de tout esprit véritablement éclairé. Cet ouvrage peint l'un des hommes les plus extraordinaires qui aient jamais paru sur la scène du monde... Il le peint au moment de son ascension et chaque lettre de Napoléon prouve que ce mouvement devait être le sien par la force des choses. Le manuscrit de Sainte-Hélène renferme tout ce qui a dû le faire déchoir et les causes de la chute nécessaire et inévitable sont les mêmes qui l'avaient porté au faîte de la puissance et de la gloire militaire.

J'ai passé les années les plus fortes de la vie de Napoléon avec lui, ou près de lui. J'ai la conviction que peu d'hommes l'ont connu comme je le connais. Je ne sais pas m'arrêter à des symptômes. Il est quelque chose dans mon esprit qui me fixe constamment aux causes. Dès que tout le pouvoir de faire le bien et le mal s'est trouvé concentré dans un seul homme, je n'ai pu me refuser à l'étudier et n'ai étudié que lui. Les circonstances m'ont placé en face de cet homme, elles m'ont pour ainsi dire accolé à lui ; mon étude a été profonde, et chaque jour me prouve davantage qu'elle a été complète. On trouvera, après ma mort, des Mémoires d'un bien grand intérêt sur cet homme et sur les événements de son *tems*, expression parfaitement juste, car le tems lui a appartenu. Bien des faits seront éclaircis, bien des doutes levés, bien des erreurs rectifiées, par mes Mémoires. Je les écris depuis quatre ans, j'y travaille constamment, et je les terminerai, car je suis très avancé. Ils ne seront imprimés que dans 30 ou 40 ans, car je veux laisser mourir tous les vivans [1].

1. Il est assez curieux de comparer ce qu'en 1819, Metternich écrivait au sujet de ses Mémoires déjà très avancés, dit-il, à ce

Ce travail est même l'une des occupations favorites de ma vie ; il embrasse depuis l'année 1806 jusqu'après la dernière paix de Paris, en 1815.

Mon amie, je sais beaucoup sur ces onze années ; il serait même possible que personne n'en sût autant que moi. Je borne mon travail à l'année 1815, parce que tout ce qui est postérieur à elle, entre dans le domaine de l'histoire ordinaire. Le tems est, depuis cette époque, livré et abandonné à lui-même ; il marche, parce qu'il ne peut pas s'arrêter ; mais, il n'est plus conduit. J'aime mieux vouer le reste de ma vie à compléter la période de onze ans que d'en embrasser un qui est redevenu *the simple story.*

Ne t'y trompe pas, mon amie, nous y sommes retombés dans ce tems où une foule de petites combinaisons et de petites vues, de graves fautes et de faibles ressources, sont l'histoire de tous les jours. La mer est houleuse, mais c'est de la bourrasque passée : on ne chavire pas moins sur une mer pareille ; on y périt peut-être plus facilement, car il est difficile de calculer le vent ; mais, le spectacle n'est plus grand.

Je t'ai dit souvent que je suivais toujours, en t'écrivant, l'impulsion du moment ; eh bien, je te prouve le fait également aujourd'hui. Je crois entendre autour

qu'il a écrit en 1844, dans l'avant-propos qui leur sert d'introduction. Il semblerait qu'en vingt-six ans, ses réflexions l'avaient conduit à modifier son plan primitif, à le réduire au lieu de l'étendre. En 1819, il annonçait à sa correspondante des mémoires sur Napoléon et les événements de son temps, d'un bien grand intérêt, où bien des faits seraient éclaircis, bien des doutes levés. En 1844, il avoue « que les hommes qui font l'histoire n'ont pas le temps de l'écrire, et que lui, du moins, ne l'a pas eu ». Est-ce pour se justifier de n'avoir pas tenu toutes ses promesses qu'il s'exprimait ainsi ? Personne ne contestera que quelque attachants que soient ses Mémoires, on est un peu déçu en constatant qu'ils sont loin d'avoir le caractère révélateur auquel on pouvait s'attendre.

de moi ce bruit que l'allemand rend si bien par l'expression : le hurlement du combat, effet produit, il y a six ans, par les forces les plus grandes qui, dans les tems modernes, se soient rencontrées. La seule armée autrichienne a usé, le 18, soixante mille boulets ; or, cette armée était un peu plus du tiers des armées alliées ; on peut compter hardiment que, ce jour, il a été échangé de part et d'autre plus de trois cent mille coups de canon. Si tu leur ajoutes douze ou quinze millions de coups de mousqueterie, et si tu les répartis dans un espace de dix heures, tu auras une gamme pour le bruit qu'a dû faire la chute d'un seul homme.

Ce 19 octobre.

Je t'écris de chez ma fille ; je suis près d'elle à la campagne, depuis cet après-midi. Il faut six heures de tems, pour s'y rendre de Vienne. Stewart[1] est à trois lieues d'ici, dans un château que le prince Esterhazy a mis à sa disposition. Il chasse aujourd'hui le renard ; demain, il viendra dîner ici.

J'ai promis, depuis longtemps, à ma fille que je viendrais la voir. Le tems m'a manqué jusqu'à présent, et maintenant qu'il est affreux, il s'est mis à ma disposition. Comme je ne viens que voir les maîtres du lieu, le fait m'est égal. Le château est excellent, très confortable, et par conséquent bien clos. Il fait du vent, une pluie battante ; je t'écris au coin d'une bonne cheminée et je t'aime comme s'il faisait le plus beau tems du monde. Mon sentiment pour toi est placé au-dessus des petits événemens, des tourmentes, et surtout de l'influence du thermomètre. Mon amie, il peut faire bien froid autour de moi, sans que ce froid

1. Ambassadeur d'Angleterre à Vienne, frère de Charles Stewart, ambassadeur d'Angleterre à Paris.

se communique à mon cœur. Il n'y a ici que mon fils, Floret, et encore l'un de mes messieurs. C'est tout comme si nous étions en famille. Je voudrais qu'un seul être y fût de plus.

N'oublie pas de lire un charmant article du *Journal des Débats* du... octobre signé Z (Hoffmann) : voilà de cet esprit que les Français outrent. Le parallèle entre de Prades et Mme Lenormand est l'une des conceptions les plus heureuses ; elle n'est surpassée que par le style et le bon goût qui règnent dans la critique la plus amère qu'il soit possible de faire. Nous venons de lire l'article, et nous avons ri, tout comme tu auras ri, si tu l'as lu, ou comme tu riras en le lisant.

Ce 20.

Les Stewart ont dîné ici, aujourd'hui. Milady s'ennuie dans son château, et elle a raison. Le lieu est triste par lui-même ; point de contrée à face de plaine, point d'arbre à face de champs, et surtout point d'hommes à face de *flavaques*. La pauvre jeune femme, qui n'a jamais vu que l'Angleterre, ne conçoit pas les charmes d'une habitation en Hongrie. Le seul point, véritablement joli, dans toute cette contrée-ci, c'est celui d'où je t'écris. Il est situé sur la hauteur et domine un horizon immense.

Milady plaît assez généralement. Elle est très simple dans ses manières, pas plus embarrassée qu'il ne le faut, nullement exigeante ; elle a l'air de s'amuser facilement, et c'est de toute chose ce dont on s'arrange le mieux dans la société de Vienne. Esterhazy est aux plus petits soins avec elle, et notre peuple des salons lui en sait gré.

C'est le mariage de la duchesse de S. qui occupe le plus les commères des deux sexes. On n'y comprend rien, et le fait est naturel, car la folie est constamment placée hors de tout calcul; mais, la société ne vieillit jamais assez pour se contenter de cet axiome, sans aller chercher plus loin. Le nouvel époux était attendu avant-hier; je ne sais comment il fera pour se montrer. Il m'a attaqué vivement; si c'est l'amour qui lui a fait faire le grand pas, je le plains, car il sera malheureux; si c'est le calcul, je le méprise, dût-il même atteindre son but.

Bonne amie, pourquoi y a-t-il tant de fous dans ce bas monde? Il paraît que le métier doit avoir des charmes, car tant de gens s'en mêlent! Nous, qui ne sommes pas de cette vaste confrérie, je crois que notre sagesse vaut mieux que bien des folies. Je ne suis, au reste, pas assez sage pour me consoler de tout ce qui manque à mon bonheur! — Peut-être, que le courrier que j'attends demain, m'apprendra quelque chose de ce que tu fais, et peut-être de ce que tu ne fais pas encore. Si seulement cette besogne était finie, je me trouverais bien moins à plaindre! Après cela, mon amie, ne vas pas recommencer de sitôt!

Je t'enverrai, par le porteur de la présente lettre, de la musique; mets-toi à la jouer, quand tu seras sortie de couches. Je tiens à ce fait, car tu entendras ce que, depuis quatre à cinq mois, j'ai continuellement entendu. *Zoraïde* et *Ricciardo* m'ont attendri à Naples, et ils ne m'ont plus quitté depuis; je veux te mettre de la partie. Dis, un jour, à Neumann qu'il te fasse venir de Vienne les opéras nouveaux, arrangés pour le piano; on les arrange d'abord très bien et puis c'est une bonne occasion pour t'envoyer bien des choses. Neumann te remettra *Zoraïde*. On la donne, dans ce moment, très bien à Vienne, et j'aime beaucoup la musique de Rossini; cet auteur touche toujours une des cordes sensibles de mon âme. Marie joue très bien, mais elle ne joue pas comme toi. Quand t'entendrai-je?

Vienne, ce 22.

Bonne amie, il est impossible qu'à l'heure qu'il est, tu ne sois pas délivrée de ton fardeau. Je suis en possession de tes n°s 68 et 69. Le 18 janvier étant ton jour de départ, ton terme est passé. Tu m'as dit avoir l'habitude de le précéder. Tu ne resteras pas en arrière cette fois-ci. Il existe donc au monde un être de plus qui a des droits à mon affection...

Mais, voici les quatre cents lieues dans toute leur horreur! Il est affreux que les mauvaises choses en elles-mêmes puissent avoir encore des côtés plus mauvais. Mon amie, que je sache bientôt ce que tu fais, comme tu as fait, et quand ton sort a été décidé. S'il suffisait d'esprit pour te débarrasser d'un enfant, je serais sans inquiétude; mais, cette opération est si machinale, si physique, si grande à la fois et si mauvaise, que je veux être délivré de l'espérance et connaître le fait! J'ai passé ma soirée avec la duchesse de B. véritable machine à enfants! Toi, tu n'es pas de cette trempe. Dix couches doivent moins affecter une femme telle que la duchesse, que le soupçon même d'une même besogne doit agir sur toi. Ne vas pas croire que je t'aime moins, vu ta frêle construction; je n'aime pas toujours ce qui me rassure. Il devrait y avoir toujours deux femme chargées, l'une du commencement, et l'autre de la fin d'une même besogne; le charme de la vie y gagnerait beaucoup d'abord incontestablement pour les hommes, et puis, certes, pour la moitié du sexe féminin. Je comprends, au reste, que les accoucheuses crieraient horriblement à l'injustice, et je suis trop juste pour ne pas convenir qu'elles seraient fondées en droit à le faire.

Ce 23.

Le courrier partira demain. Je n'ai pas l'espoir de rien apprendre de toi avant son départ. Le premier qui arrivera ne me rendra probablement guère plus savant que je ne le suis ; je ne veux pas même que tu te dépêches trop ; je ne sais, en dernier résultat, ce que je dois vouloir.

La nouvelle de la mort du duc de R. fait de la peine à la duchesse de B. Elle ne sort pas, ce qui me met à l'aise, car je puis placer sur le compte du Renard enragé tout l'ennui de Vienne, dans la saison actuelle. Ne vas pas croire, au reste, que ce soit moi qui ai fait mordre le duc de R.

Ce 24.

J'ai été interrompu, hier, dans ma lettre, par l'arrivée d'un courrier de chez toi ; tout ce qu'il m'a apporté m'a satisfait. Mon Dieu ! mon amie, si nous n'étions pas à quatre cents lieues !

Pourquoi donc le monde finit-il toujours par être d'accord avec ce que je veux? Il serait si facile de commencer par là. C'est arrivé à W, comme tu l'as vu, c'est-à-dire en opposition absolue avec toutes mes idées, avec mes principes, mes faits, mes vues et gestes. Eh bien ! la lune a changé de phase ; pourquoi s'exposer continuellement à ressembler à la lune? Le soleil est si clair, il est si bienfaisant, si radieux, si facile à voir et à suivre dans son cours réglé, tandis que la lune est tantôt rien, puis tout ! et puis les cornes à droite pour les montrer à gauche quatorze jours plus tard. Il m'est prouvé que le soleil m'offre un meilleur exemple que la lune ; mais aussi pour suivre l'un ou l'autre, faut-il être constitué de manière à ne pas préférer le demi-jour au jour tout entier, à ce foyer de lumière qui éclaire et chauffe à la fois, et qui sépare si complètement le jour de l'ombre. Dès que l'on aime les fantômes, il faut s'astreindre à la lune. Aussi n'a-t-on jamais rencontré de spectre en plein midi, au grand déplaisir des enfans, des bonnes et des hommes qui aiment à deviner les choses plutôt qu'à les savoir.

Bonne amie, voilà de la politique ; tu la liras, quand ton enfant sera sur tes genoux ; si cet enfant est un garçon, élève-le pour le grand jour ; s'il est fille, permets-lui un peu d'entre chien et loup.

Adieu, je n'ai qu'une idée, et cette idée porte sur un fait ; ainsi, ne te fâche pas, si tu me trouves bête jusqu'au moment de ta délivrance.

Vienne, ce 2 novembre 1819.

Mon amie, nous voilà dans tous nos anniversaires ; ils me semblent le jour même duquel ils comptent. Rien ne m'est présent comme l'année dernière, et rien n'est loin de moi comme les mois révolus de celle qui court. Il paraît que les souvenirs du cœur sont plus forts que ceux de l'esprit. Il m'est passé, d'un autre côté, tant de besogne si différente dans son essence, par la tête, depuis le printemps dernier, que je sens que mon esprit est en pièces. J'ai de la peine à lier ses parties, leur nature est si opposée ! Mon amie, un être à ma place devrait avoir trois ou quatre têtes ; je ne demande pas deux cœurs.

Te voici sortie des premiers embarras de ta besogne ; elle est finie, et tu dois te sentir légère, en proportion de ce que tu étais lourde auparavant. Une grossesse est un moment de plaisir payé bien cher ; une couche, au contraire, est un moment de douleur racheté par vingt jouissances. Le sort a eu soin de compenser ce qu'il n'est pas dans notre pouvoir d'empêcher. Tu vois

que je suis tranquille sur ton compte ; ce n'est pas que
je n'aie eu bien peur !

Notre train de vie, ici, ne change pas. C'est le train
le plus train que je connaisse. Aussi me paraît-il que
la duchesse en a assez. Ce qu'elle était venue chercher
ici s'est évanoui. Elle est fâchée contre autant d'incon-
stance ; je crois que C. W. se console par l'idée d'avoir
échappé à tant de risques. En fait de déboire, c'est
d'un autre côté, certes, le plus complet auquel puisse
être exposée une femme, et je crois que la D... est assez
femme pour le ressentir fortement. C. W. massacre
tous les lièvres et les faisans à dix lieues à la ronde ;
il a l'air plus chassé que chasseur.

Mon amie, je sais bien quand je ne chasserai point.

Le 3.

Un accident, à la fois ridicule et tragique, a occupé,
hier, la ville et le faubourg. L'un de nos messieurs, peu
agréable, mais fort répandu, a pris un bain de soufre,
dans lequel il s'est asphyxié. Mort pendant plus de
quatre heures, il se porte mieux que jamais. N'aie pas
peur, je ne prendrai point de bain de gaz sulfurique.
Il y a bien du monde qui voudrait, au reste, m'en voir
faire l'essai. Le nombre de ces hommes se compte aujourd'hui par milliers. Ce sera tous les demi-savans,
les fous au complet, les amateurs du bien d'autrui, les
théosophes et les théophilanthropes, les radicaux et les
assassins au nom de Dieu et de la liberté ! Je t'ai prédit
que mes plaisanteries des eaux de la Bohême feraient
un beau bruit ; aussi le fait ne m'étonne-t-il pas, tandis
que le contraire m'eût servi de preuve qu'au lieu de
faire de la véritable besogne, je n'avais fait que de
l'eau claire. A propos d'eau, que crois-tu que pense de

moi le commandant de Spa? Il ne m'est, au reste, pas bien prouvé qu'il pense.

La voilà révolue cette année où nous échangions ce lieu célèbre contre une partie des frontières de la Silésie, pour arrondir le royaume des Pays-Bas ! Ne crois-tu pas, mon amie, que le commandant est un coquin, et qu'il nous a escamoté la maison que nous devions gagner? Si le sort m'eût favorisé, jamais je ne l'aurais rendue ; mon amie, elle était si bonne à habiter !

Que ferais-je peut-être un jour d'une maison à Carlsbad, ou à Egra? Je l'achèterai bien certainement et je ne souffrirai pas que le commandant se mêle du marché. Comment ferai-je pour acheter une maison à Londres? Voilà la question ! Elle m'occupe bien, cette question, dont la solution est si facile pour ceux qui ont de quoi payer des chevaux de poste, un mois de logis et l'envie que j'ai de m'éloigner du lieu où ils se trouvent. Pourquoi tout ce qui est si facile pour d'autres, et si simple, est-il si fort placé hors de la première des puissances que si peu d'hommes savent gouverner : ma volonté?

Il fait beau chez nous. J'ai passé, ce matin, deux heures dans mon jardin ; mon pavillon était chaud et gai comme au mois de mai ; le soleil y donnait en plein. Il est confortable au possible, il te plairait, et tu y serais heureuse, tandis que je m'y suis promené tristement tout comme s'il appartenait à un autre. Le seul moment de bonheur que j'ai éprouvé dans ce lieu a été la pensée que 1819 va finir et que 1820 va commencer. Il est des situations dans lesquelles on peut aimer jusqu'à la chute des feuilles.

Ce 4.

Le courrier est arrivé ici, ce matin. Ce sera le dernier qui ne m'apportera rien de toi. Neumann me mande que tu es dans le meilleur état possible. Il espérait te voir au premier jour. Il me dit que tous les tiens étaient au spectacle, pendant que tu en augmentais le nombre chez toi. La besogne n'a donc point été longue, mais les courtes batailles sont souvent les plus fortes. Je te l'avais dit, mon amie, que tu accoucherais heureusement ; je l'ai voulu ainsi, et il arrive rarement du mal à mes amis. C'est une chose extraordinaire, une pensée qui m'a souvent affligé, que peut-être je t'ai déjà communiquée ; mes ennemis meurent toujours. Ce n'est pas que j'en aie plus que des amis, car alors la différence dans le nombre expliquerait le fait ; je ne me connais quasi pas d'ennemis à force de compter des sots ou des indifférents, mais le fait est tel que je le dis. Je n'ai jamais perdu qu'un seul être qui m'était véritablement dévoué. Tu sais qui il a été ; aussi ai-je été affligé et surpris à la fois ; quant à peiné, je l'ai été autant que tu dois concevoir aujourd'hui que je puisse l'être. J'ai failli mourir de sa mort.

Ce 5.

J'ai été interrompu hier, dans le meilleur train de t'écrire. Sans avoir les mêmes gênes que toi, j'en ai d'autres, et qui, certes, ne sont pas moindres. La chose la plus difficile pour moi, c'est de rester seul dans mon cabinet cinq minutes de suite. Le métier que je fais ressemble, sous le point de vue du mouvement de devoir, à celui d'un receveur aux barrières. A peine veux-je commencer une besogne, qu'on vient m'en apporter une autre ; on m'annonce un ennuyeux, un intrigant, qui veut me parler, ou bien me demander un ordre, ou un conseil. Passe pour les premiers, ils sont vite donnés ; quant aux seconds, il sont tuants, car, sur vingt personnes, il n'y en a jamais guère qu'une qui en demande pour les suivre. Aussi ai-je ordinairement l'habitude de t'écrire quand ma journée est terminée, avant de passer dans mon salon, ou quand j'en reviens. Dans le premier cas, j'empiète sur la société, et je te préfère bien à elle ; dans le second, je prends sur mon sommeil, et j'aime encore mieux m'occuper de toi que dormir, pour ne pas rêver à toi. S'il m'était possible de régler un peu mes rêves ! Je rêve en général peu, et quand je m'en mêle, ce ne sont que des bêtises et de véritables folies. Je vaux mieux éveillé que dormeur ; il n'en est pas de même de tout le monde.

Mon amie, que fais-tu? Si tu avais passé la soirée avec moi, nous aurions un beau sujet de commérage à traiter. Je rentre de chez lady Stewart où j'ai rencontré pour la première fois la duchesse de B. en contact avec C. W. Ils se boudent réciproquement. La bouderie de la duchesse a tourné en humeur contre le monde entier, excepté contre moi, car nous avons causé longtemps, et bien, car elle a de l'esprit. Celle de C. W ressemble un peu à de la rouerie. La duchesse s'en repent, et elle ne me paraît pas femme à pardonner. Il est de fait que cette affaire n'en est plus une.

Il y a eu, au reste, tant de décorum dans cette soirée, les élémens qui composèrent la réunion furent si différens que chacun était tenté de se faire présenter à son voisin. J'en suis parti tout ahuri, et j'ai bien plus pensé à mon bureau et à mon n° 47 qu'à tous les numéros vivans et bâillans desquels j'étais entouré. Ce que j'ai trouvé de mieux à faire et de plus instructif, ce fut un entretien économique avec le duc de B. Je sais qu'il brûle pour le moins, par an, pour 2,000 l. st. de houille, et que sa valetaille déjeune avec du roostbeef à huit heures et demie du matin ; qu'elle dîne avec du bœuf et du veau et du mouton à deux heures ; qu'elle prend du thé à sept heures, et qu'elle soupe avec des têtes de bœuf à neuf heures, ce qui me rassure sur les excellentes digestions qui doivent se faire en Angleterre. Je serais mort en même temps que le troisième bœuf, et enterré, avant que le quatrième ne fût consommé. Je parie, au reste, qu'il n'y a point de radicaux parmi les valets de la maison de B. Il n'en existe pas, et n'en existera jamais dans la classe des gros mangeurs. Alors la dame est venue, et nous avons quitté les valets pour les femmes de chambre. Ces femmes également mangent à faire peur ! Cette conversation a fini par une invitation que j'ai reçue pour leur campagne, et je leur ai bien promis d'y venir ! Pendant un mois de séjour, je ne leur coûterai certes pas ce que leur coûte le dernier de leurs Musehiks.

Tu vois, mon amie, que notre soirée a eu de quoi former l'esprit et le cœur. Plein de science économique, je te rends sur-le-champ ce que j'ai appris. Tu me crois bon ministre ? Eh bien, je suis bien meilleur écolier encore.

Mon Dieu ! mon amie, si nous étions ensemble, comme nous parlerions d'autre chose que de bœufs et de moutons ? Comme nous oublierions toute économie, peut-être même la plus précieuse de toutes, celle du tems ! Comme ce tems passerait, et comme nous nous en souviendrions ! Tout ce que le tems peut renfermer dans certaines circonstances ne sert qu'à démontrer combien il peut être vide en d'autres !

Nous avons ici l'une de vos dames, la princesse Zénaïde W. Elle va en Italie. Elle a du bien, elle est gaie, mais avec un peu trop de mouvemens ; elle a des talens, mais un peu trop en exhibition, défaut commun aux femmes du Nord. Il y en a qui sont si étonnées d'être civilisées qu'elles ne peuvent jamais le prouver trop, ni trop tôt, ni trop généralement. Si avec cela elles sont bonnes, cela fait d'elles des membres de société précieux ; si elles ne le sont pas, elles écorchent les amours-propres du Midi, et le fait ne tourna jamais à bien.

Adieu, mon amie pour la vie ; je n'aurai pas le tems de t'écrire demain matin, et mon courrier partira à midi.

Aime-moi tout comme je veux l'être.

Vienne, le 21 décembre 1819.

Bonne amie, je t'écris le jour le plus court de l'année. J'aime ce jour, car demain recommence le train du mieux. J'ignore pourquoi on n'a pas fait du 22 décembre le premier jour de l'an ; il est juste que le soleil règle les calculs, et certes ce jour bienheureux où tout va vers le renouvellement des jouissances devrait marquer le commencement de la nouvelle ère.

Cette ère, cette année, laquelle, si elle se fait attendre, ne commencera pas moins avant douze jours, remplira-t-elle ce qui est plus qu'un vœu de mon cœur ? Mon amie, comment répondre à une question aussi grave, et à la fois si fort placée hors de notre volonté ?

Mes occupations, ici, ne me mèneront pas au delà de la fin de février. Tout va ainsi que je l'avais espéré, ainsi que je l'avais prédit. Nous ferons une grande et heureuse besogne. Suffira-t-elle pour me donner un tems de repos ? La France, l'Angleterre seront-elles tranquilles ? Le monde le sera-t-il ? Tu vois, bonne amie, les petites considérations qui embarrassent notre chemin. Pourquoi faut-il que ce chemin soit tout juste celui sur lequel se meuvent les grandes machines que l'on nomme le corps social !

Je ferai le possible : vouloir ce qui ne l'est pas, c'est faire une phrase, et certes, entre nous, il ne pourrait en exister.

Ce 22.

J'ai passé une journée ennuyeuse, chose rare pour moi : le travail me fatigue, mais l'ennui m'accable. Je déteste les grands dîners, et j'en ai fait un long de trois bonnes, ou plutôt fortes heures. Ce sont de ces revenant-bons de Congrès et je n'y échappe pas, malgré que j'aie prévenu mes diplomates extraordinaires que je ne voulais pas les fêter, afin de ne pas même fournir un article aux journaux libéraux, dont les auteurs toujours vides croient, ou veulent faire croire que les grandes affaires de ce monde tirent toute leur origine de la cuisine des ministres. Tu vois, mon amie, que c'est un dîner que je n'ai pas donné, mais auquel j'ai eu le malheur de devoir assister. Il y a ici la famille de Wurtemberg (Alexandre) et, depuis quelques jours, celle d'Anhalt-Cothen ; on les fête, et j'en suis la victime. Tu dois connaître tous ces gens-là ; la dame de Cothen est sœur, de main gauche, du roi de Prusse ; tu l'as vue comme comtesse de Brandebourg ; elle est belle femme et, ce qui vaut mieux, femme d'esprit, et surtout d'un très bon esprit. Elle ressemble beaucoup au roi, et cette ressemblance va jusqu'à un certain point jusqu'aux mêmes manières un peu brèves.

Un autre tourment va commencer : c'est le carnaval ; nous sommes déjà assurés de cinq bals par semaine ; ils ne me tourmenteront pas plus qu'il ne faut.

Tu n'as pas une idée combien je puis vivre seul au milieu du monde, et plus ce monde est grand, plus je puis m'isoler. Je sais, plus que personne, être seul au milieu de cent personnes ; mais, bonne amie, rassure-toi ; même alors, je ne puis pas être entièrement seul ; dès que je descends dans mon cœur, je t'y trouve.

Ce 23.

En relisant ton n° 47, j'y trouve la phrase suivante :
« Neumann me disait, l'autre jour, qu'il était tout étonné
« de la suite que tu mettais à ta correspondance. »
Pauvre Neumann ! C'est qu'il n'a jamais été à même de
me connaître. Ne t'ai-je pas prévenu de cette suite ?
Si Neumann me connaissait, il saurait que je ne sais
jamais être que tout ou rien ; tout quand j'aime, et
rien quand je n'aime pas. Commences-tu à comprendre
qu'il puisse avoir existé des occasions dans ma vie, où
j'ai été en rapport avec des femmes, sans qu'il m'ait
été possible de leur dire que je les aimais ? Je ne sais
pas mentir, et je sais écrire, si déjà il faut que j'écrive,
sans m'exposer à dire ce que je ne sens pas. Mais, aussi
quelle lettres que ces lettres-là ! Mon amie, tu n'es plus
exposée à en recevoir jamais de ce genre ; mais aussi
n'es-tu pas de ces femmes qui se contenteraient de ce
que nous ne connaissons pas, et qui se passeraient de
ce qui fait aujourd'hui notre bonheur, le seul, mon
amie, qui puisse exister, à la distance qui nous sépare.
Et combien le nombre des femmes autres que toi est
grand !

Ce 25.

Le courrier tarde bien à arriver, il devrait être rendu
ici depuis avant-hier, et je ne sais m'expliquer son retard que par la hausse extraordinaire des eaux. Nous
sommes enfermés dans trois pieds de neige ; elle fond
et gèle à tour de rôle. Il doit être tombé de fortes pluies
en Tyrol. Le Danube est gonflé d'une manière extraordinaire ; deux faubourgs de Vienne sont sous l'eau.
J'espère que mon courrier n'a pas subi le sort de ces faubourgs. Quoi qu'il en puisse être, je suis de mauvaise
humeur d'être privé, depuis si longtemps, de tes nouvelles, et je ne me console que par l'idée que le courrier

doit me porter à la fois deux expéditions de Londres. Mon Dieu, combien je préférerais qu'il me portât tout toi !

Que fais-tu ? Ta santé doit être entièrement remise. Ton fils doit devenir gentil. L'aimes-tu ? Penses-tu à refaire un fils ou une petite fille ? Crois-tu que je t'aime ? Je ne sais plus rien de toi à plus d'un mois de date. Si les distances et l'absence sont de jolis ingrédiens dans la vie humaine, dans quel tems et dans quelle saison qu'ils puissent tomber, l'hiver qui embellit tout ne reste pas en défaut, quant à eux. Il ne suffit pas d'une mer et de vingt fleuves et rivières entre nous, il faut encore que le solstice agite la première, et que les neiges fondent pour rendre impraticables les dernières. Un pont s'en va après l'autre sur ce terrible Danube, qui est d'une impétuosité affreuse ; les ponts partent et les courriers n'arrivent pas ! Quand n'y aura-t-il plus ni ponts, ni mer, ni courriers, ni fleuves entre nous? Quand, mon amie, me diras-tu ce que j'aime tant entendre, et quand pourrai-je te répéter tout ce que tu sais? Des millions d'humains le peuvent à toute heure, et nous n'y sommes encore parvenus que pendant quelques instants de notre vie, qui commence à ne pas être courte !

P. va partir. Je le chargerai de compliments pour ton mari et pour toi ; pour le premier, parce qu'il est d'accord avec moi ; pour toi, parce que tu l'es dans un sens différent. Je saluerai donc les principes de l'un, et tout l'autre. Avec quel plaisir je saluerai l'un et l'autre, le lendemain de leur arrivée à Vienne, ou le jour de mon arrivée à Londres ! Bonne amie, nous nous reverrons, il est impossible que nous ne nous revoyions plus !

Ce 27.

Le courrier est enfin arrivé, et il m'a apporté les n° 77 et 78.

Le premier, mon amie, m'a fait plaisir, et le second m'a fâché. Comment oses-tu me taxer d'un tour de passe-passe? Comment me donner seulement la peine de chercher à te prouver ce qui est faux? Quand je ne l'écris pas, c'est que je ne le puis pas, et je te le dis; l'idée de te faire des contes sur un fait qui pourrait s'expliquer très naturellement et sans peine, est indigne de toi et de moi. Tu recevras le numéro qui te manque, dès que je l'aurai de retour du lieu où il s'est enfui; ce sera dans le courant du mois prochain. Il ne te fera pas plaisir, parce que tu ne pourras y attacher que l'idée d'un tort. La peine, mon amie, suit toujours l'erreur.

Je te sais gré, d'un autre côté, de m'avoir dit ce que tu t'es permis de penser. Le second mal ayant eu lieu, je préfère que tu en sois convenue. Aussi ne te fais-je pas un reproche de m'avoir dit que tu me crois capable d'une supercherie; mais, si je te dis que je te pardonne cette dernière supposition, je te prouve que je la condamne. Si tu as eu le malheur de rencontrer dans la vie des êtres capables de faire ce que tu crois que j'ai fait, je te plains; mais ne me confonds pas avec eux.

Le fait pourquoi T. a écrit à N. que je n'enverrai rien est très simple. T. était, ce même jour, à la chasse: je n'ai pas voulu le faire rentrer quelques heures plus tôt pour mon service; il l'eût fait, s'il avait su que j'écrirais. Je suis bien assez grand garçon pour soigner moi-même mes lettres. Tu vois que l'essai ne m'a guère réussi.

L'histoire, au reste, est finie: je trompe tout aussi peu que je garde rancune. Tu m'as fait tort; tu me le dis, je m'en plains, et je te pardonne. Un autre fois crois-moi, et nous serons plus contens tous les deux.

Ce 28.

Eh bien ! mon amie, ai-je raison, quand je te dis que jamais il ne m'arrive de pouvoir rêver de ce que je veux? Je t'ai écrit hier avant de me coucher; j'ai passé le reste de la nuit à me disputer avec toi. A peine endormi, je me suis trouvé avec toi, je ne sais où, je t'ai accostée, et j'ai vu que tu demandais à un grand monsieur à côté de toi qui j'étais. Un peu surpris du fait, je t'ai dit à l'oreille : « Comment ne me reconnais-tu pas? » Tu m'as demandé, avec un grand air de bonne foi : « Qui ? » Je t'ai dit mon nom. « Ah! je suis bien aise de faire votre connaissance », m'as-tu répondu avec beaucoup d'affabilité, « j'ai lu votre nom si souvent, que je suis charmée de vous rencontrer » et puis tu es passée à une table à thé, et tu m'as offert une tasse. Je t'ai prise alors par le bras, et je t'ai conduite dans une pièce voisine; je t'ai parlé d'A., L., C.; tu m'as assuré n'y avoir jamais été; de Spa, tu m'as dit que tu comptais y aller l'été prochain; alors je me suis ravisé, je t'ai quittée, convaincu que la tête t'avait tourné. J'en ai fait la demande à W. qui était assis dans un coin de la pièce. « Ah ! je vois, me dit-il, que vous n'êtes pas au fait : vous me parlez de Mme de L., elle a épousé depuis un an M. N., et avec ce mariage, elle a tout oublié. » L'étonnement m'a réveillé.

Puis, je me suis rendormi ; je t'ai revue ; il n'était plus question de la bêtise antérieure, mais tu n'étais pas toi. Tu trouvais mauvais tout ce que je m'avisais de dire, et nous avons fini par une dispute véritable sur Rossini. Puis, je suis entré de confusion en confusion, de bêtises en bêtises et je t'ai perdue de vue. J'ai passé une très mauvaise nuit, et aujourd'hui pourtant je t'aime, comme si je l'eusse passée bonne.

Je rentre d'un grand et grave bal que l'ambassadeur

d'Espagne a donné, pour célébrer le mariage de son
roi ; j'espère pour celui-ci que la nuit de ses noces
l'aura plus amusé que ce bal n'a amusé les conviés. Il
était d'une roideur effroyable ; aussi me suis-je sauvé
aussitôt le souper. Il va être deux heures, et je vais me
coucher, pour rêver de toi, et, si faire se peut, en bien.
Il ne faut, pour ce dernier fait, qu'un peu de sens commun ; mais j'ai le malheur d'en manquer souvent quand
je dors.

Ce 29.

Nous sommes tellement inondés ici, que les courriers arrivent au péril de leur vie : à peu près tous les
ponts sur le Danube sont rompus ; les eaux montent
jusqu'aux premiers étages dans quelques faubourgs
et ce qui me fâche, ce sont les retards de nouvelles ;
tes deux dernières lettres sont arrivées, véritablement je
ne sais comment.

Mon amie, je répondrai à ces lettres par le premier
courrier ; le jour où j'aurais pu le faire, j'étais fâché, et
je ne sais pas écrire quand je le suis. Aujourd'hui que
je ne le suis pas, je n'en ai pas le temps. Je suis placé
entre des conférences et des dépêches : je fais partir
mon courrier, sauf à le voir se noyer.

Adieu, bonne amie, je t'embrasse, malgré que tu ayes
épousé N. Adieu.

Vienne, 24 mars 1820 (1).

Mon amie, je suis toujours bien triste. Ma fille va bien
un peu mieux ; mais, elle a encore tant de monts à passer
pour arriver à la plaine qu'un père ne peut être tranquille.
Mon espoir est fondé sur le Bon Dieu qui sait mieux
ce qui est bon et bien que nous autres, faibles humains.

(1) Cette lettre et la suivante m'ont été communiquées par
M. le comte Puslowski, par l'entremise de M. Jean Hanoteau,
dans le recueil duquel elles ne figurent pas.

Mes autres tribulations vont leur train. En attendant, pas un moment de repos car ceux que je nomme tels dans ma vie laborieuse sont ceux que je passe avec mes enfants. Je quitte mon bureau pour le lit de Clémentine et le lit de Clémentine pour mon bureau. Quand j'ai le cœur agité, mes nuits s'en ressentent, ce qui n'est pas le cas des occupations de mon esprit. Ce fait prouve quelle autre puissance est mon cœur ! Et c'est lui que me disputent les sots rangés en foule ! Il y a longtemps que tu es sortie de cette foule. Tu n'as même pas eu le temps de t'y prendre. Mon cœur, ce meilleur côté de moi-même, est allé à ta rencontre et il a eu le bonheur de ne pas te manquer bien peu d'instants après notre premier contact. Je t'ai vue, je ne t'ai pas fixée ; tu m'as vu sans me regarder : ce n'est pas le moyen de se connaître. Notre connaissance date au fond d'une soirée chez Mme de N. et c'est, je crois, Napoléon qui nous a servi d'intermédiaire. J'avoue que je ne lui eusse pas supposé ce mérite. Le fait prouve au reste qu'il a été bien plus utile de dessus son rocher que sur le trône. Tu ne doutes pas sans doute, que dans cette circonstance l'utile n'est pas ennemi de l'agréable. *Utile miscuit dulci*, dit feu Horace. Que Napoléon reste donc à Sainte-Hélène !

Eh bien ! mon amie, le monde va bien. Il y a un an, Sand a assassiné Kotzebue. Calcule ce qui s'est passé depuis cette première lueur du comble de la perfectibilité…

Ce 25.

Je viens de faire encore un mariage : l'archiduc Rénier épouse la princesse de Carignan. Je ne la connais pas plus que lui ; mais, cela ne nous embarrasse guère tous les deux. Il a une envie démesurée de se marier ; il eût épousé un canapé si pareil meuble pouvait lui servir *à ce qu'il a entendu dire*. On dit sa future très bien. Elle

a bien quelque chose que je n'aimerais pas trop : elle
marche sur deux pieds; mais, elle a six pieds de haut.
L'archiduc m'a demandé de confiance *si c'était bon*.
Je lui ai répondu avec un air doctoral que ce qu'il appelait bon dépendait des goûts.

Ici se ferme le dossier des lettres de Metternich.
Celui des lettres de Mme de Lieven est beaucoup plus
mince; il n'en contient que quatre. Mais, l'amour y
tient toute la place et tandis que Metternich laisse plus
volontiers parler son esprit que son cœur, sa maîtresse
en lui écrivant semble n'avoir souci que d'exprimer la
passion qu'elle nourrit pour lui. Qu'on en juge.

Londres, le vendredi 3 septembre 1819.

Je sors à l'instant de voiture, et comme j'ai trouvé
moyen de t'adresser encore une lettre en dépit de
l'absence de N.[1], j'en profite tout de suite, ainsi
que de ma solitude pour t'écrire, mon ami. Voici ce
que j'ai fait : je lui ai fait écrire ses lettres à Floret et
Binder. Je les ai prises avec moi, ainsi qu'une lettre
à la chancellerie de ton ambassade ici : c'est moi qui
cacheterai tout cela, après que j'en aurai ficelé mon
petit paquet, et, de cette façon, au moins, toi, mon
tendre ami, tu auras une lettre et tu ne seras pas à
plaindre comme ton amie. C'est parce que je suis si
triste de cette perspective de quinze jours de régime
encore[2], que j'ai tant désiré t'épargner quelque
chose au moins de ce long tems. Je suis sûre, bon ami,
que tu aimes et que tu désires mes lettres, comme moi

1. M. Neumann, attaché à l'ambassade du prince Esterhazy
à Londres. Il passe pour être le fils naturel du prince Metternich.
(*Note de la police.*)

2. Depuis quelque temps, la comtesse Lieven est indisposée.
(*Note de la police.*)

j'attends et j'aime les tiennes. Vois, mon Clément, si je me confie à ton cœur : je t'identifie à toutes mes affections.

Lady Jersey a tout fait pour me retenir encore auprès d'elle. Je m'y plaisais assez ; au moins c'est de la distraction, ou l'obligation de se distraire, mais Londres et son voisinage me paraissent plus sûrs pour ma santé. Je couche ici cette nuit, et demain je vais à la campagne y attendre mon mari[1].

Mon bon ami, si tu avais été ici cet été, que de belles et bonnes chances pour nous voir à notre aise ! Mon mari a été obligé de faire plusieurs absences. Le séjour de Capo l'a absorbé presque entièrement : j'ai beaucoup été seule, je le serai encore pendant quatre ou cinq jours. Que de fois je me suis dit, pendant tout ce tems : « S'il était ici ! ! ! » Hier au soir encore, en rentrant dans mon appartement à Midleton, il y avait un clair de lune superbe, je me suis tenue quelque tems sur le balcon de ma chambre à coucher. J'ai entendu marcher dans la chambre à côté de la mienne, je ne sais lequel de la compagnie on m'avait donné pour voisin : tu aurais eu probablement cette chambre, si tu étais venu chez lady Jersey. Tu serais entré dans mon balcon, bon ami ; nous nous serions dit bien bas quelques douces paroles ; l'image de ce qui pouvait être m'a persécutée toute la nuit ; j'ai fermé mon balcon, je me suis couchée, j'ai rêvé, et ce rêve a été charmant. Je te voyais, mon ami, nous parlions, nous parlions beaucoup et, de crainte qu'on ne nous entendît, tu m'avais prise sur tes genoux pour me parler plus bas ; mon cher Clément, j'ai senti ton cœur battre, je le sentais sous ma main si fort que j'en ai été réveillée, c'était le mien qui

1. Le comte Lieven qui a accompagné le comte Capo d'Istria jusqu'à son embarquement. (*Note de la police.*)

te répondait. Bon Dieu ! mon ami, comme il me bat encore au moment où je t'écris ceci. Mon rêve pourrait-il jamais devenir réalité ? Mon Clément ! as-tu le tems de rêver ?… Combien mon rêve t'aurait fait plaisir !…

Je viens d'envoyer chez Paul pour savoir s'il était encore ici ; il est parti il y a deux heures. Dans quinze jours, il sera près de toi ; mais, tu ne le prendras pas sur tes genoux, et depuis mon rêve, je ne suis jalouse que de cette faveur. Demain j'écrirai beaucoup.

Londres est une espèce de désert ; il n'y a littéralement personne ; et depuis deux heures que j'y suis, il n'est passé qu'une seule voiture dans la rue. Rien ne me fait de bien comme un voyage. Je suis à merveille ce soir, parce que j'ai fait soixante et dix milles. Si tous les jours, je faisais ce chemin, je serais bientôt auprès de toi. Mais, mon ami, malgré mes efforts, il faut que je reste. Dis-moi donc, que deviendrons-nous ? Peux-tu soutenir l'idée d'une longue séparation encore ? Enfin si nous nous sommes résignés pour l'année 1819, crois-tu possible de le faire pour l'année 1820 ? Dis-moi, Clément, qu'allons-nous devenir ? Penses-tu à cela ?

Samedi, le 4.

Bon ami, ce n'est qu'au moment de me mettre au lit qu'il m'est possible de t'écrire : mes enfans ne m'ont pas quittée, j'avais été huit jours sans les voir, et je n'ai pu me résigner à les renvoyer. Je te donne le bonsoir, mon ami, et je ne te dis que cela aujourd'hui… mais, je ne voulais pas terminer la journée sans un mot pour toi, mon Clément. Demain, je t'écrirai ; demain, je t'aimerai comme tous les autres jours de ma vie !… Mon ami, comme il m'est doux de t'aimer ! c'est une si ravissante chose ! Bonne nuit !

Dimanche, le 5.

Il m'est si rarement arrivé de te dire bonsoir et bonjour dans l'espace de douze heures que j'en suis réjouie aujourd'hui comme si cela me rapprochait de toi. Bon Dieu ! mon ami, moi qui sais jouir de très peu de chose, comprends-tu ce que me fait éprouver le véritable bonheur, c'est-à-dire toi, ta vue seulement ! Mon Clément, si tu cessais de m'aimer, que deviendrais-je ? Mon ami, as-tu été aimé dans ta vie, beaucoup aimé par un cœur auquel le tien ne pouvait pas répondre ? Dis-moi cela, je t'en prie, et dis-moi ce que tu éprouvais alors, colère, pitié, indifférence ? Mon bon ami, promets-moi de m'aimer tant que je t'aimerai ; ta vie et la mienne sont engagées dans cette promesse.

Sais-tu la vie que je mène ici, à présent que je suis tout seule, sans mon mari ? Je fais tout avec mes enfans, mes repas, mes promenades avec eux. Je me couche à dix heures, je me lève à sept : personne ne me dérange dans ce système. Mes voisins ne savent pas que je suis revenue, et le corps diplomatique, qui est la seule société à Londres dans ce moment, l'ignore également ; je suis donc seule, toute isolée. Mon Clément, si tu pouvais te transporter ici, pour trois jours, ces trois jours que je vais encore passer seule, nous ne nous ennuyerions point. N... m'a dit que tu ne revenais à Londres (à Vienne, veux-je dire) que le 10 de ce mois ; les gazettes me disent de leur côté que tu quittes Carlsbad le 24 d'août ; que deviens-tu pendant ce tems ?

Mon mari et Capo ont fait ample connaissance pendant ces trois semaines. Capo a le jugement assez correct pour avoir apprécié les bonnes qualités de mon mari. Nous parlions un jour de G... Capo me dit : « Et c'est cet homme-là qu'on met en face de M...? » Je lui ai répondu à cela : « Comme vous ne trouverez pas à lui envoyer un homme d'assez d'esprit pour en avoir autant que lui, envoyez-lui seulement un honnête homme, vous vous en trouverez mieux. » Il n'a rien répondu. Je sais que mon mari lui a dit en termes généraux qu'il trouvait que sept années de séjour en Angleterre étaient assez, et qu'il accepterait avec plaisir tout autre poste. Voyons ce que Capo fera de tous ces projets. Je compte dans ce genre beaucoup plus sur Ness...[1] et je lui crois de l'influence pour les nominations aux places.

Le 6 septembre, lundi.

Je ferme ma lettre à Londres ; j'y suis même tout exprès pour porter moi-même le paquet à l'hôtel de l'Autriche, dans la crainte qu'il ne s'égare.

Mon bon ami, il faut donc que je te dise adieu. Mon prochain numéro ne pourra partir tout au plus que le 16. Pense à moi, quand même mes lettres ne viennent pas t'y exciter. Aime-moi, mon bon Clément, aime-moi de tout ton cœur : aime-moi le jour, la nuit, toujours. Adieu, adieu, bon ami ! ! !...

Après avoir lu ces lettres de la princesse de Lieven, on regrettera de n'en pouvoir lire d'autres. Tels qu'ils sont, ces papiers, où vibre encore l'écho d'une passion qu'ont glacée le temps et la mort, ne constituent que les fragments d'un roman d'amour qu'on voudrait pouvoir suivre jusqu'à son dénouement que termine, en 1826, l'impossibilité de se voir à laquelle les amants étaient voués. Metternich ne pouvait quitter Vienne, et son amie resta à Londres longtemps encore.

Lorsque, en 1825, la princesse de Lieven vint se fixer

---

1. Le comte de Nesselrode.

à Paris, elle ne parlait de Metternich qu'avec indifférence, comme si, entre elle et lui, n'eussent jamais existé
que des relations mondaines, espacées et cérémonieuses.
Tel est aussi le caractère des rares passages de ses
Mémoires où le chancelier fait allusion à la femme pour
qui tant d'encre a coulé de sa plume. Ils ne se revirent
qu'en 1849, à Brighton, où la princesse avait suivi
Guizot réfugié en Angleterre après la chute de Louis-
Philippe.

On lit dans le journal de la princesse de Metternich
annexé aux Mémoires de son mari, que, durant leur
séjour à Brighton, ils fréquentèrent assidûment la princesse de Lieven. Elle venait d'atteindre sa soixante-
cinquième année. Metternich avait onze ans de plus
qu'elle. S'ils s'étaient aimés, leurs amours, depuis
longtemps, n'étaient que cendres. Vieillie, mais toujours
ardente et passionnée, la princesse vivait uniquement
pour Guizot.

Lorsqu'elle le connut, il avait cinquante ans, elle
cinquante-trois. Séparée de son mari à la suite d'incidents
douloureux qu'on retrouvera en tous leurs détails dans
le volume où j'ai raconté sa vie, elle avait quitté son
pays, la Russie, sans esprit de retour, pour se fixer en
France. Quant à Guizot, il était à l'apogée de sa carrière d'écrivain et d'homme d'État, estimé pour ses
talents, son honorable pauvreté, ses travaux et la
dignité de sa vie.

Ils se rencontrèrent pour la première fois, le 15 juin 1836,
chez le duc de Broglie, à un dîner où on les avait placés
à côté l'un de l'autre. Ce premier entretien ne semble
pas avoir créé un lien entre eux. Mais, un peu plus tard,
le 24 juin, ils se retrouvent au château de Châtenay,
chez la comtesse de Boigne. Un hasard, durant cette

journée, leur permet de causer longtemps seul à seul, et ce qu'ils disent doit être singulièrement pathétique et décisif, puisque rentrés ensemble à Paris, dans la même voiture, Guizot, au moment de se séparer de la princesse, lui dit avec émotion :

« Désormais, vous ne serez plus seule. »

Deux ans après, étant retourné seul à Châtenay, il se plaît à parcourir les avenues du parc où ils se sont promenés ensemble : « Mêmes allées, mêmes pas. » Et lui rappelant le lendemain, dans une lettre, l'entretien où leurs âmes se prodiguèrent des promesses solennelles, il s'écrie mélancoliquement : « Ah ! que ne peut-on fixer sa vie à un moment de son choix ! » A ce moment leur amitié les absorbe, emplit leur cœur à le faire éclater ; elle est toute leur vie.

Le 2 mars 1839, c'est Guizot qui écrit de Val-Richer où il est allé voir ses enfants [1] : « Le soleil a beau briller, la rivière a beau rouler gaiement devant ma fenêtre, tout ce qui m'entoure a beau prendre soin de m'animer et de me plaindre, je pense tristement à vous, si triste ! Je me sens seul loin de vous, si seule ! Je vous l'ai dit bien souvent, je ne puis me répandre au dehors ; je ne puis paraître, je puis être très occupé, très actif, et que tout cela soit, point un mensonge, point un effort, mais très superficiel, très indifférent pour moi, pour ce qui est vraiment moi. Moi, c'est ce qui m'aime et ce que j'aime. Moi, c'est vous, vous de loin ou de près, triste ou gaie, pleurant ou souriant, juste ou injuste même. Mais ne soyez pas injuste, ne le soyez jamais. »

Le 22 juin, autre aveu: « Nous nous sommes beaucoup écrit, beaucoup parlé. Que de choses, pourtant,

1. Aucune des lettres qui suivent ne figure parmi celles que j'ai données dans mon livre sur la princesse de Lieven en racontant sa liaison avec Guizot.

nous ne nous sommes pas dites ! » Et encore : « Soyez heureuse à force d'être aimée et bien aimée, oui, bien aimée. C'est la plus douce parole que je sache écrire, et qu'elle est loin de la réalité ! — Vous me demandez de vous écrire davantage. Indiquez-moi comment. Ma lettre ne part que tous les deux jours. Mais, tous les jours, je vous dis ce que je fais et ce que je sais. Je vous dit tout… sauf ce que je vous disais à la Terrasse. »

Ce qu'il lui disait à la Terrasse, c'était des paroles d'amour, car il est visible que déjà, en 1839, l'amour est entré en scène. Guizot, l'avoue lui-même dans ce rappel d'une vieille romance, de laquelle il dit ingénument qu'elle a raison :

> Et mon cœur est plutôt à toi
> Que le jour n'est à ma paupière !

Il ajoute, il est vrai : « Il n'y a point de lieu commun en fait de tendresse. »

C'est encore de l'amour qui éclate dans ces paroles découragées, provoquées sans doute par un de ces accès d'humeur que causent à son amie ses fréquentes absences : « Un moment, j'ai espéré suffire à votre âme, à votre vie. Je n'y compte guère plus. Mais, vous ne désirerez jamais rien de moi que je ne sois prêt à vous donner, et au delà. » Ce n'est là, d'ailleurs, qu'une impression passagère dont il a été vite consolé par une lettre : « Mon bonheur s'est fait attendre longtemps ; enfin, il est venu. Il ne faut pas beaucoup de lettres pour faire beaucoup de bonheur. — Il me semble que chaque fois que nous nous retrouvons, nous nous trouvons mieux ensemble. »

Mais ce qui suit est plus significatif encore : « L'an dernier, du 15 juin à votre retour d'Angleterre, parmi mes inquiétudes, en voici une qui me préoccupait beau-

coup. Si notre intimité devient complète, parfaite,
comment nous accommoderons-nous de ce qu'il y a
d'incomplet et d'imparfait dans notre relation? Si nous
devenons vraiment nécessaires l'un à l'autre, comment
supporterons-nous d'être jamais séparés? De jour en
jour, je vous découvrais plus capable d'une intimité
parfaite et de tout son bonheur, et plus incapable d'accepter dans ce bonheur la moindre imperfection, la
moindre lacune ; je vous en aimais chaque jour davantage, et mon inquiétude croissait avec ma tendresse.

« Un jour, mon inquiétude a disparu. Je n'y ai plus
pensé ! Nous avions été sitôt et si longtemps séparés ! La
séparation était notre état habituel. Je n'ai plus pensé
qu'à la joie de notre réunion. J'en ai joui avec une confiance aveugle, comme on jouit du bonheur ; on ne prévoit plus rien, on ne s'inquiète plus de rien ; il absorbe
l'âme. Mais, vers le printemps, mon inquiétude est revenue, et revenue très vive. Mon attachement pour vous
était devenu bien plus sérieux et bien plus tendre. Je
vous connaissais bien mieux. Vous ne savez pas à quel
point tout l'hiver, de près, de loin, chez vous, chez moi,
seuls ensemble ou dans le monde, vous avez été constamment présente à ma pensée, l'objet constant de mon
observation, de ma réflexion, de ma contemplation, de
ma sympathie. Vous, la créature la plus noble, la plus
fière, placée le plus haut et en même temps la plus facile
à froisser, la moins propre à lutter contre le sort, la plus
près de fléchir sous le fardeau ! Des sentiments si profonds et des impressions si mobiles ! Avec tant de supé-
riorité, pouvant si peu pour vous-même ! Tant de haut
dédain et un telle impossibilité de se résigner à la souffrance, à la contrariété, à la difficulté ! Une dignité si
inaltérable, avec une si vive impatience contre tout
ennui, tout obstacle, tout mécompte ! Je suivais tous

vos mouvements ; j'assistais à toute votre âme. Quel
ravissant bonheur de veiller de tous côtés, à toute heure,
sur cette âme si haute et si tendre, de la satisfaire plei-
nement, de répondre à toutes ses exigences, à ses plus
secrets désirs de perfection, dans l'intimité ! et en même
temps de protéger constamment, efficacement, cette
personne si peu faite aux combats, aux épreuves... »

Le 28 juin, c'est même sollicitude : « Je me rappelle,
que l'an dernier, dans une de mes courses, après vous
avoir quittée, en arrivant à Lisieux, je me suis laissé
aller à vous montrer toute ma peine, ce qui peut se montrer d'une vraie peine, à vous dire combien les lettres,
les paroles, tout était pour moi insignifiant, misérable,
pour moi, accoutumé à être près de vous deux heures,
trois heures tous les jours, à suivre votre vie minute
par minute. Vous m'avez demandé de n'en rien faire,
de vous fortifier au lieu de vous affaiblir, de vous aider
à trouver quelque chose de bon dans les lettres, dans les
paroles tendres venues de loin, dans tout ce qu'on appelle les remèdes contre l'absence. Dites-moi ce que vous
aimez le mieux. Aujourd'hui, dans ce moment, ma disposition est de penser à vous plus qu'à moi, d'être plus
occupé de votre chagrin que du mien. Je ne vous réponds pas qu'elle dure. Je suis sûr qu'elle ne durera pas.
Profitez-en pour m'apprendre mon devoir. »

Le 18 septembre de l'année suivante, il est encore
hanté du besoin de porter secours à cette âme dont il
devine les découragements et la détresse : « Je veux
que vous m'écriviez, dans quelque état que soient votre
cœur et vos nerfs, et tout ce qu'il y a en vous. Je ne
puis me passer un jour de vous, triste ou gaie, juste ou
injuste, malade ou bien portante ; vous ne m'aimez
pas plus que je ne vous aime. Vous le savez bien, vous
le voyez bien, vous l'avez vu mille fois, vous le verrez

mille fois encore. Et vous ne verrez pas tout, jamais tout.
Je ne vous ai jamais vue, je ne vous ai jamais quittée
sans vous aimer davantage. Votre cœur, votre esprit,
votre caractère, votre grandeur, et vos malheurs, vos
souvenirs beaux ou cruels, votre air, vos regards, votre
voix, vos paroles, vous, vous tout entière, je vous aime ;
j'aime tout, tout m'est cher, et nécessaire, et me plaît
et m'occupe ici comme à la Terrasse. Ne parlez pas, ne
parlez pas de votre folie. Ne parlons pas de notre folie.
Mais gardez-moi la vôtre ! C'est mon bonheur. Adieu,
adieu. » Et un jour où il a renouvelé cette déclaration,
il ajoute : « Que je voudrais vous dire tout cela moi-
même. Nous nous sommes rencontrés tard. L'eau court
vite. Bien peu de place nous reste pour tout ce que j'y
voudrais mettre. Le bonheur possible et point réalisé,
vu et point atteint est un des plus pénibles sentiments
que je connaisse. »

La princesse, objet de cette adoration, n'est pas en
reste pour répondre : cueillons au hasard dans ses lettres
les phrases qui le prouvent.

« Vous ne m'avez jamais donné un mauvais moment.
Tout ce que vous me dites est si bon, si affectueux, si
tendre. Je veux le mériter, je le mérite, car j'ai le cœur
si reconnaissant, si plein d'affection. — Ah ! si je n'avais
pas votre tendresse, je serais perdue. Ne m'en ôtez rien,
jamais, jamais. — Je ne voudrais jamais vous quitter.
Si vous pouviez voir tout ce qu'il y a dans mon cœur si
profond, si fort, si éternel, si tendre, si triste ! — Maintenant, je voudrais la paix du cottage, votre amour, c'est
là le vrai bonheur ! Et nous ne l'atteindrons jamais. —
Je pense à vous sans cesse plus que je n'y ai jamais
pensé ! — Adieu, vous qui n'êtes pas une illusion, vous
qui êtes ma seule vérité, vérité que je chéris, que je
chérirai toute ma vie. — Dites-moi que vous m'aimez

dites-le-moi souvent. Il y aura jeudi quatre semaines que vous m'avez quittée ! — Vous m'avez écrit une excellente lettre. Je vous en remercie tendrement ; elle m'a réchauffée. »

L'amitié seule pourrait-elle inspirer de tels accents et l'amour parla-t-il jamais une langue plus passionnée ? C'est si bien de l'amour qu'expriment ces lettres qu'on y retrouve parfois les susceptibilités de l'amour, ses jalousies, ses exigences, ses reproches, et les querelles sans cause sérieuse qu'engendre souvent la passion surexcitée. Voici ce que la princesse écrit un jour : « J'ai relu votre lettre de ce matin cinq fois déjà. Décidément, je ne l'aime pas. Il y a une phrase surtout que me déplaît parfaitement. Elle est d'une froideur qui me fait mal. C'est vers la fin de la lettre. Et il me semble que j'ai bien envie de pleurer. »

Et, en effet, elle s'interrompt pour pleurer. Puis, elle y revient : « Je vous ai laissé un moment, je vous reprends. Je ne veux plus vous parler de votre lettre. Savez-vous à quoi je pense maintenant ? Ma lettre, cette lettre de mercredi, il y avait de dures paroles, peut-être, mais un grand fond d'amour au-dessous de cela. La vôtre, les paroles sont douces ; mais, il y a de la glace à la fin. Enfin, je n'en veux plus parler, et j'en parle, et je pleure, et je crois que je deviens folle. Ah ! mon Dieu, que j'ai de peines, et de tout genre ! »

Guizot n'accepte pas ces reproches ; ils lui arrachent une protestation : « Cela ne se peut pas. Il ne peut pas y avoir une phrase froide ni à la fin, ni au commencement, ni nulle part. Je vous ai écrit très triste, très jaloux, mais triste, mais jaloux par une tendresse infinie, insatiable, désolée de ne pas tout pouvoir, de ne pas tout avoir. Que mes paroles sentissent l'effort, qu'elles fussent pénibles, roides, cela se peut ; mais, ce que vous dites est

impossible. Je veux savoir quelle est cette phrase. Je
suis sûr que vous vous êtes trompée. Je ne l'en efface
pas moins, puisqu'elle vous a affligée. Il m'arrivera peut-
être encore de vous affliger. Quand il me viendra du
chagrin de vous, je ne vous promets pas de ne pas vous
en rendre. Mais, jamais ce chagrin-là, jamais ! N'est-ce
pas que vous ne l'avez plus, que vous n'y pensez plus,
que vous n'avez plus froid ? Dites-le-moi ; redites-le-moi.
Je ne vous ai jamais plus aimée qu'en vous écrivant
cette lettre... Adieu...

« Quand je dis que je ne vous ai jamais plus aimée
qu'en vous écrivant cette lettre, ce n'est pas de celle-ci,
c'est de l'autre que je parle, de celle où vous dites
qu'il y a une mauvaise phrase. Renvoyez-moi la phrase,
je l'ai sur le cœur ; mais, je n'y crois pas. »

Elle existait cependant, et quand il l'a relue, il reconnaît qu'il eût mieux fait de ne pas l'écrire : « La phrase
me déplaît aussi. Merci de me la pardonner. Un seul
mot pourtant pour excuse. Je ne veux, je ne puis
penser à moi, à mon bonheur, à mon plaisir et y subordonner toutes choses que si je suis pour vous tout ce que
je veux être... Voilà mon sentiment quand j'ai écrit cette
lettre. Pardonnez-la-moi encore ; mais ne dites pas
qu'il y a de la glace dessous. »

Elle a bien vite fait de pardonner. Mais elle ajoute :
« Savez-vous la réflexion que j'ai faite en recevant votre
lettre ce matin ? c'est que, même dans une relation comme
la nôtre, on a tort de dire tout ce que l'on a sur le cœur,
de l'écrire s'entend. Il ne faut jamais tout écrire, cela
veut dire qu'il ne faut jamais être séparés. »

On le voit, c'est à leur séparation qu'elle attribue ces
pénibles malentendus. Elle le confirme le 29 juin de cette
même année 1839 : « Je viens vous dire un mot avant de
me rendre à l'église. J'ai mal dormi ; je n'ai pas rêvé,

mais j'ai pensé. J'ai pensé que cela ne nous vaut rien d'être séparés, que nous écrire est peu de chose, nous parler, charmant ; que le moment où je vous reverrai, où je reverrai vos yeux sera un moment bien doux. Et quand viendra-t-il, ce moment ? Il y a un mois que je ne vous ai vu ! Qu'il a été long ce mois ! Ah ! mon Dieu ! » Comment pourrait-on croire qu'ils n'en sont encore qu'à l'amitié quand ils échangent de tel propos ? C'est bien l'amour qui s'est emparé d'eux, ainsi que l'attestent ces lignes écrites par Mme de Lieven à son retour de Londres où elle est allée voir son ami qui s'y trouve alors en qualité d'ambassadeur de France : « Demain, huit semaines révolues que nous nous sommes donnés bien solennellement l'un à l'autre pour la vie et pour l'éternité. » Et désormais, c'est comme l'amante la plus dévouée, la plus tendre, la plus passionnée qu'elle lui parlera lorsqu'elle sera sûre que personne ne peut surprendre ce qu'elle écrit : « Adieu, adieu, je vous aime ; je vous aime, je vous attends. Je vous le dirai mieux quand vous serez là devant moi, près de moi. Quel plaisir ! Adieu ».

Lorsqu'elle trace ces lignes brûlantes, elle l'attend. Il vient de Londres à Paris pour quelques jours. Elle est littéralement folle de joie et d'angoisse, car elle redoute encore quelque empêchement à ce voyage qu'elle a si vivement souhaité. « Voici une lettre presque aussi sûre que la parole, et malgré cela je n'ose pas me livrer. Il me serait si doux de le faire, cependant ! Mon bien-aimé, j'ai si besoin de te redire et d'entendre des paroles d'amour ! Cela est écrit, je ne veux pas l'effacer. Mais je veux me contenir et raconter. » Et elle l'entretient de politique, de nouvelles. Mais, en finissant, elle se livre de nouveau et laisse parler son cœur : « Adieu, adieu, cher bien-aimé. Que de choses à nous dire ! que de doux et longs regards ! Ah ! si nous en étions là ! Avertissez-moi bien, au moins, des chances politiques possibles. Un chassé-croisé serait trop bête. Adieu, adieu, adieu ! Toujours, toute ma vie, mon bien-aimé. »

Il arrive, la revoit, repart, et elle se replonge dans sa tristesse. Elle n'en est tirée qu'au mois d'octobre, en apprenant que son ami revient, mais que, cette fois, il ne repartira pas. Il quitte l'ambassade de Londres pour devenir ministre. Alors, elle exulte, et, avertie que le fidèle Génie, secrétaire de Guizot, s'en va à sa rencontre à Calais, elle lui remet cette lettre qu'elle n'eût osé confier à la poste et qui est véritablement un chant de passion :

« Mon bien-aimé, Je voudrais t'envoyer des paroles d'amour aussi vives, aussi tendres que l'amour que je ressens. Je suis heureuse, je suis pleine d'angoisses, d'angoisses de plaisir. Je t'attends... Je m'inquiète. On dit que les rues s'animent, qu'il y aura du bruit demain dimanche. Avoir à trembler au moment de tant de joie, c'est abominable !

« Je voudrais partir avec le fidèle. Ah ! quel plaisir ! Mon ami, tu viendras chez moi tout de suite. A moins que tu n'arrives *avant* dix heures du matin ou *après* dix heures et demie du soir, il faut venir chez moi tout droit. Il faut que je te parle avant que tu en voies d'autres. Viendras-tu dimanche? Je t'ai écrit à Calais que je t'attendrais tout le jour. Ton couvert sera là ; ne me laisse pas dîner seule. Mon cher bien-aimé, que nous serons heureux! que je t'aime, que je t'aime ! Quelle pauvre affaire que ces paroles-là écrites ! Comme je te les dirai ! Viens, mon bien-aimé. Je ne saurais te parler de rien dans ce moment-ci ; je ne veux pas sortir de mon style intime. Le fidèle t'entretiendra de tout. Moi, je regarde tes yeux, je touche ta main... Adieu. »

Ces déclarations ardentes portent la date du 23 octobre 1840. Quarante-huit heures plus tard, Guizot arrivait à Paris. On vient de voir en quel état d'âme la princesse de Lieven l'attendait. Il brûlait d'un égal désir de la retrouver, et à dater de ce jour, jusqu'à la mort de son amie, survenue en 1857, il ne se sépara plus d'elle. Ils avaient associé leurs vies.

Victime de haines suscitées par la politique, punie de s'y être trop mêlée, d'abord dans l'intérêt de son mari, par goût ensuite et par patriotisme, la princesse de Lieven a été calomniée plus que de raison. Qu'elle ait eu d'autres amants que Metternich et Guizot, il serait téméraire de le contester. Mais, combien qu'on lui a donnés et qu'elle n'a pas eus, Wellington notamment et lord Grey sans doute. A ceux qui, comme celui-ci, ne cessèrent de la chérir, même lorsqu'ils n'étaient que des amis, elle prodigua la tendresse la plus vive et la plus intelligente, sans leur sacrifier jamais ni sa famille, ni son pays, cette Russie qui lui fut chère jusqu'à la fin ; et pour que des hommes comme ceux qui tour à tour ont été la parure et la consolation de son existence, se soient attachés à elle ; pour que le dernier lui soit resté fidèle jusqu'au tombeau ; pour que les amitiés qu'elle inspira aient revêtu la même force que les inimitiés qu'elle s'était attirées ; pour qu'enfin elle ait tenu tant de place, et si longtemps, parmi ses contemporains, il a bien fallu qu'elle ne fût pas une femme ordinaire et que ses qualités fussent supérieures à ses travers. C'est l'opinion que je garde d'elle après avoir étudié et raconté sa vie, et cette opinion, les lettres que lui écrivait Metternich, quoique bien différentes de celles que plus tard lui écrivit Guizot, n'ont fait que la fortifier.

Après avoir parlé de celles qu'elle recevait de Guizot, si visiblement inspirées par l'amour, j'en veux mentionner d'autres, uniquement inspirées par la confiance et l'amitié. Restées inédites jusqu'au jour où la *Revue des Deux Mondes* les publia, au nombre d'une quarantaine, elles nous donnent une autre physionomie de l'ancien ministre et nous montrent en lui un homme de tradition, convaincu, sagace et prévoyant. La première est datée du 20 mai 1838; la dernière, du 1er août 1874. Guizot mourut six semaines après l'avoir écrite. Elles sont toutes adressées à Léonce de Lavergne que ses savants travaux d'économie politique conduisirent à l'Institut en 1855 et qu'en 1871, les électeurs de la Creuse envoyèrent à l'Assemblée nationale, où il a marqué par sa science, son expérience et son libéralisme.

Les deux correspondants étaient dignes l'un de l'autre, bien faits pour se comprendre et s'entendre, encore qu'ils n'eussent pas toujours en tout et sur tout les mêmes idées. Ce qui les rapprochait, c'était l'ardeur de leur patriotisme, leur foi religieuse, leur goût pour l'étude, leur respect pour le passé, pour ces traditions séculaires qui sont la clef de voûte de la grandeur française, la conviction enfin que le devoir des gouvernants consiste à rendre au pays les services d'un pouvoir fort et à lui assurer les bienfaits de la liberté.

Tel était leur idéal. S'il leur arriva de différer d'opinions, ce fut quant aux moyens de le réaliser; et encore ces dissidences n'apparaissent-elles que rarement dans les lettres de Guizot. C'est à peine si, çà et là, une remarque les trahit. On les devine plus qu'on ne les constate, et ce qui nous séduit au total dans cette correspondance suggestive, c'est l'élévation des deux nobles esprits qu'elle met aux prises.

En ce qui concerne Léonce de Lavergne, nous n'en pouvons juger que par ce que lui écrit Guizot puisqu'on ne nous donne pas les lettres qui provoquaient les réponses de celui-ci. Mais, ces réponses révèlent une si sincère et si vive estime pour le correspondant à qui elles sont adressées que, ne l'eussions-nous pas connu et vu à l'œuvre, nous ne saurions douter de l'étendue de ses mérites. La publication fait donc un égal honneur à tous les deux.

Quant à Guizot, comme dans tout ce que nous connaissons de lui, il s'y montre ainsi qu'un homme sur qui le passé avait laissé une empreinte profonde, ineffaçable, et qui néanmoins sut être un homme de son temps. Il n'avait pas vécu sous l'ancien régime : il était né sous la Révolution. Mais ses parents avaient connu ces jours agités, le théâtre où se sont déroulés les événements dont les conséquences ont pesé si lourdement sur le dernier siècle et menacent de peser d'un poids égal sur celui-ci ; ils avaient pénétré dans les coulisses, approché les acteurs, assisté aux comédies et aux tragédies qui se succédaient avec une rapidité vertigineuse. Ces souvenirs, rappelés par eux à leur fils, avaient été pour lui un précieux élément d'éducation morale.

Il lui fut donné, par surcroît, de rencontrer, dès son entrée dans la vie publique, les plus illustres témoins du passé, de prendre contact avec un Richelieu, un Metternich, un Wellington, un Talleyrand, un de Serre, un Royer-Collard, un Villèle, un Martignac, et tant d'autres qui, par quelque côté, se rattachaient à l'ancien régime ou aux temps révolutionnaires, sans parler de Louis XVIII qu'il suivit à Gand, de Charles X dont il combattit la politique et de Louis-Philippe dont la chute, qui fut en partie son œuvre, mit fin à sa carrière d'homme d'État.

On ne saurait donc s'étonner que partout où il a passé, dans ses actes comme dans ses paroles, ministre ou écrivain, il apparaisse toujours, peu ou prou, comme un homme d'Autrefois. Déjà de son vivant c'était un des traits de sa physionomie. A la distance où nous sommes de sa mort, ce trait revêt un relief plus accusé ; non qu'il ait ressemblé à ces royalistes, derniers survivants du règne de Louis XVI et de l'émigration, dont la révolution de 1830 assombrit et désespéra la vieillesse, mais parce que, en remontant par la pensée vers cet Autrefois, il y retrouvait, porté très haut par une élite sociale, le culte des idées morales qui lui étaient chères et dont il voyait maintenant l'influence s'affaiblir par l'effet d'un scepticisme qu'il considérait comme fatal pour son pays.

Sous cette réserve, qui précise en quoi et comment il fut un homme d'Autrefois, on est en droit de dire de lui qu'il l'a été jusqu'à la fin de sa longue existence. Il l'a été par la ferveur de ses croyances, par l'objet de la plupart de ses travaux d'écrivain, par la constance et la fidélité de ses affections, par sa conception de la famille qui, dans cette retraite du Val-Richer où il termina ses jours, le faisait se comparer, non sans émotion, à un patriarche et transformait pour lui en une joie supérieure à toutes les joies celle d'avoir ses enfants et petits-enfants réunis autour de lui.

Tel on l'a vu dans certaines pages de ses Mémoires, dans ses Méditations religieuses, dans quelques-unes des admirables lettres qu'il écrivait à la princesse de Lieven, tel on le retrouve dans celles qui viennent d'être publiées. C'est avec raison que M. Ernest Cartier, qui nous les restitue, fait remarquer qu'on y rencontre « de ces pensées profondes, de ces aperçus saisissants, de ces coups de lumière qui inondent d'une clarté soudaine une figure ou une situation ».

Le 20 mai 1838, la mort de Talleyrand suggère à Guizot cette réflexion : « Ce caractère politique ne se reproduira plus, le grand seigneur courtisan. Les gouvernements libres tuent cela. » L'année suivante, à propos de Washington, il écrit : « C'est un singulier spectacle qu'un homme devenant grand homme presque malgré lui, sans effort et sans goût, toujours au niveau des grandes choses dès qu'il y touche, jamais d'avance et jamais au-dessus ; poussé en haut par l'occasion, par la nécessité, point par l'élan de son propre esprit et de sa propre volonté, vraiment grand pourtant et né pour gouverner, quoiqu'il n'y ait jamais pris plaisir. Le gouvernement lui déplaisait. Son bon sens était choqué et ennuyé des pauvretés humaines. Il n'avait pas ce qui fait qu'on les brave et qu'on les dédaigne : l'ardeur de la passion et la grandeur de la pensée. »

Guizot aurait pu ajouter que les deux facultés qu'il refusait à Washington ne lui firent jamais défaut à lui-même. Au pouvoir, il le prouva par la hauteur dédaigneuse qu'il opposait aux attaques de ses adversaires, par l'énergie passionnée de sa résistance, et, après sa chute, par son indifférence devant les accusations dont il était l'objet. Son infortune n'altéra pas sa sérénité, et lorsque, pour justifier sa conduite politique, il écrivit ses Mémoires, il se garda de récriminer, ne dissimula pas certaines de ses fautes et s'abstint d'essayer d'établir, ainsi qu'on aurait pu s'y attendre, que parce qu'il n'occupait plus le pouvoir, tout était perdu.

Cette résignation, cette modération, qui résultent de son esprit de justice comme aussi de son patriotique désintéressement, sont la caractéristique des lettres qu'il écrit d'Angleterre au lendemain du renversement de Louis-Philippe. Il parle et raisonne en homme qui ne cherche ni vengeance ni revanche. Avant tout, il songe à l'avenir de son pays. Il proclame que ceux qu'a frappés la révolution ne doivent rien faire qui puisse paralyser les efforts de ceux — fussent-ils des adversaires —

qui cherchent à remettre à flot le navire désemparé.

Ce souci de ne rien tenter d'inutile ou de nuisible nous vaut un saisissant tableau des journées de Février, dont, quelques mois plus tard, Léonce de Lavergne lui conseillait d'écrire le récit. Ce récit n'aurait-il pas autant d'inconvénients que d'avantages, demandait Guizot à son correspondant :

« Pensez aux aveux qu'il faudrait faire et aux accusations qu'il faudrait porter. Pensez aux trois complots qui ont coexisté et concouru dans ces jours-là : le complot pour le renversement du cabinet, le complot pour l'abdication du Roi et l'établissement de la régence, le complot pour la république. Pensez au pêle-mêle prémédité ou accepté de ces trois complots, mettez-y les noms propres, tous les noms propres, grands et petits, de Cour et de Chambre.

« Placez le Roi au milieu de tout cela, au milieu des troubles éperdus de l'intérieur et des troubles furibonds de la Cour des Tuileries ; tantôt dans son fauteuil, assailli d'instances, de rumeurs, de prédictions, de suggestions ; tantôt sur son cheval, entrant dans les rangs des gardes nationaux, essayant de leur parler, assourdi par leurs cris, pressé par leurs baïonnettes croisées et poussées sur sa poitrine et sur les flancs de son cheval. « La réforme, la réforme ! — Vous l'aurez, vous l'avez. — La réforme, la réforme ! » comme s'il n'avait rien dit, toujours aussi aveugles et aussi furibonds. C'est là le tableau bien effacé. Croyez-vous qu'à le montrer vous ne susciteriez pas plus de colères, de rancunes, de complications, d'embarras que vous ne dissiperiez de préventions et d'erreurs ? Et si vous ne le montrez pas tel qu'il a été, à quoi servira-t-il ? »

Quelle vision impressionnante ! Quel artiste et quel philosophe se révèlent dans le ministre tombé qui évoque si magnifiquement ces dramatiques souvenirs sans y mêler ni haines ni colères.

Deux ans plus tard, il a quitté l'Angleterre et s'est réinstallé au Val-Richer ; « Je trouve le pays que j'habite comme je l'avais laissé... On vit tranquillement, dans une insécurité matérielle. On parle des révolutions comme d'un mal toujours imminent et dont on ne peut ni guérir ni mourir. » Ces lignes ne semblent-elles pas écrites pour le temps présent, que caractérisent bien autrement qu'alors le défaut de sécurité et la facilité avec laquelle on s'y résigne ?

Du reste, quiconque veut loyalement s'appliquer à conjurer ces révolutions qui ne cessent de menacer, trouve dans Guizot un approbateur et un partisan. C'est ainsi qu'en décembre 1863, alors qu'à la tribune du Corps législatif, M. Émile Ollivier commence à prêcher la doctrine politique à la défense de laquelle il s'est consacré, l'ancien ministre de Louis-Philippe, n'écoutant que son patriotisme, approuve cordialement, du fond de sa retraite, les nobles efforts du futur ministre de Napoléon III : « M. Émile Ollivier a grande raison d'être et de s'avancer dans les dispositions que vous me dites. S'il a, comme je suis disposé à le croire, une vraie et sérieuse ambition politique, qu'il se dise à tout moment que, de nos jours et dans notre pays, il n'y a qu'un grand rôle à jouer dans la vie publique, le rôle d'homme de gouvernement, libéral et sensé. » On sait que Guizot ne se bornera pas à cette approbation platonique. Sept ans plus tard, en 1870, il apportait spontanément son appui moral au ministère du 2 janvier.

Il n'avait plus alors que peu d'années à vivre. Dès longtemps préparé à la mort, il écoutait sans trouble les avertissements qu'elle lui donnait : « Nous nous en allons beaucoup. Berryer, Lamartine, Sainte-Beuve, le duc de Broglie, Montalembert, Villemain, c'est plus de pertes que l'Académie française n'en peut supporter. Thiers me disait aux obsèques de l'un d'entre eux : — Il ne restera plus personne pour faire notre éloge à vous et à moi ».

Il faut finir sur ce trait qui, en rappelant parmi quels hommes éminents, ses égaux en talents et en services, Guizot a vécu, permet de constater que pas plus que lui ils n'ont été remplacés et qu'aucun d'eux, si grands qu'ils aient été, ne lui fut supérieur par l'élévation du caractère, la noblesse de l'âme et la dignité de la vie.

II

AUTOUR DE TALLEYRAND[1]

Depuis soixante et dix ans qu'est mort le prince de
Talleyrand et surtout en ces derniers temps, on a beaucoup parlé de lui. Il s'en faut cependant qu'on ait épuisé
tout ce qui peut être dit de l'homme et des événements
auxquels il prit part, soit en les subissant, soit en les
dirigeant, ni surtout qu'on ait réuni tous les éléments
de conclusions définitives quant à son caractère et à sa
conscience. Malgré tout, il reste énigmatique. Son âme
est ténébreuse. Fut-il un grand patriote ou ne fut-il
qu'un grand ambitieux, connaissant les hommes autant
qu'il les méprisait et particulièrement expert dans
l'art de deviner, au moment où il tendait sa voile, de
quel côté allait souffler le vent? Ne cherchons pas.
Nos recherches seraient vaines tant abondent le con-
tradictoire et le déconcertant dans sa vie agitée. Ce qui
est moins imprécis, c'est la fréquence de ses déboires,
les dépits qu'ils lui causèrent et les rancunes qu'il en
garda contre ceux qu'il en accusait.

De ces déboires, le plus cruel fut assurément sa sortie

1. *La Vie privée de Talleyrand*, par BERNARD DE LACOMBE,
1 vol. — *Chronique de 1831 à 1862*, par LA DUCHESSE DE DINO,
4 vol.

du ministère en 1816, lorsque, après avoir contribué à l'expulsion de son collègue Fouché pour s'assurer la faveur des ultras, il fut à son tour leur victime et dut céder la place à Richelieu. Sa rage fut inexprimable. Il en répandit de toutes parts les éclats au point d'encourir la disgrâce royale par la violence des propos qu'il tenait contre ses successeurs et de se faire exiler de la cour, à la suite d'une sortie virulente à laquelle il s'était livré contre eux en dînant à l'ambassade d'Angleterre où se trouvaient, ce soir-là, plusieurs diplomates et Pasquier, le président de la Chambre des députés.

Le récit de cette algarade figure dans les mémoires du chancelier. Mais, c'est à une note de police que nous devons celui de la scène de colère qui suivit la réception de la lettre par laquelle le duc de la Châtre, premier gentilhomme de la chambre, signifiait à Talleyrand l'ordre du roi de ne plus reparaître aux Tuileries.

Il était avec Bourrienne quand elle lui parvint. Après l'avoir lue, il ne put se contenir et perdit toute mesure.

« C'est Pasquier qui m'a dénoncé ! s'écria-t-il. Avec lui, il n'y avait que cinq témoins quand j'ai parlé et aucun d'eux ne peut m'être suspect d'indiscrétion. C'est lui. Le voilà, cet homme qui se mettait à mes pieds le 5 juillet 1815, pour que j'en fisse un garde des sceaux ! Quelle indigne conduite ! Et Richelieu s'est fait son complice ! Et Decazes, ce grand vizir ! que va-t-il décider de moi ? Se contentera-t-il de ma disgrâce ? Dois-je attendre le cordon et les muets ? »

Une visite que lui fit Stuart, l'ambassadeur d'Angleterre, pour lui exprimer ses regrets, loin de le calmer, le surexcita. Ce diplomate n'était pas moins irrité que lui, la mesure étant motivée par une scène qui avait eu lieu dans son salon.

« Il faut donc que les espions aient été introduits chez moi, disait-il, car je ne puis croire qu'aucun de mes convives ait été assez vil pour se faire dénonciateur. »

La supposition de sir Charles Stuart exprimait probablement la vérité, plusieurs de ses domestiques étant aux gages de la police. On dut croire aussi que, quoi qu'il en pensât, ses convives n'avaient pas cru se déshonorer en racontant une scène qui, de la part d'un diplomate, était d'autant plus déplacée qu'elle avait pour théâtre une ambassade étrangère et pour témoins des étrangers.

A dater de ce jour, on voit Talleyrand se lancer dans les multiples intrigues ourdies contre le cabinet. Il y apporte toute sa passion, toute sa colère, toute son habileté. Il ne craint pas de s'allier à ce parti des ultras qui l'avait précipité du pouvoir. Animé de l'espoir d'y revenir, il s'efforce de les mettre dans ses intérêts et avec eux le comte d'Artois, la duchesse d'Angoulême, la diplomatie étrangère et l'homme qui y exerce le plus d'influence : Metternich. Lorsque circulent des bruits de crise ministérielle, on peut être sûr que nul ne contribue plus que Talleyrand à les propager. A cet égard, il rivalise avec Chateaubriand. Pour cette besogne, il s'est fait son allié, son ami, bien qu'il le déteste, et Chateaubriand, bien qu'il le méprise, se prête à ce jeu.

Une crise s'ouvre-t-elle, Talleyrand se présente ; il fait répandre qu'il est l'homme indispensable ; on commence à le dire dans la Chambre des députés ; on l'affirme dans la Chambre des pairs, et il s'arrange pour que ces dires soient répétés au roi qui, d'ailleurs, est bien résolu à n'en tenir aucun compte, n'ignorant pas ce qu'ils ont de factice. De là, pour Talleyrand, des déconvenues aussi fréquentes que les crises elles-mêmes.

Elles le mettent en fureur. De nouveau, il déblatère, il intrigue jusqu'au moment où, épuisé par son effort et convaincu que tant que Louis XVIII régnera, il ne remontera pas au pouvoir, il tombe dans une sorte de prostration qui le laisse aigri et l'emplit de méchanceté contre quiconque ne flatte pas sa haine en la partageant.

C'est dans une de ces périodes maladives qu'il conçoit le dessein de se séparer de sa femme et que, pour se délivrer d'elle, il la met littéralement dehors. Un jour qu'elle est sortie, il donne l'ordre de ne pas ouvrir quand elle rentrera, et l'ordre est exécuté. Vainement, par trois fois, le valet de pied demande la porte; vainement, la princesse ordonne, crie, tempête, descend de voiture pour aller parlementer avec le portier; celui-ci allègue en tremblant les ordres qu'il a reçus de monseigneur, et la porte reste close. La princesse est contrainte d'aller coucher chez une amie où, le lendemain, le notaire du prince vient lui déclarer que c'en est fait de la vie commune, ce à quoi elle finit par se résigner après avoir assuré la sauvegarde de ses intérêts.

Tombé du pouvoir, séparé de sa femme, Talleyrand, en dépit du dévouement de sa nièce, la belle duchesse de Dino, qui est venue vivre près de lui, traîne péniblement son existence, torturé par son oisiveté, désespéré de ne plus jouer un rôle, partageant son temps entre Paris et Valençay, promenant sur les routes son incommensurable ennui, traversé parfois par des retours d'espoirs qui s'effondrent bientôt. Il devient capricieux, fantasque, consigne à sa porte ceux de ces anciens amis avec qui il se suppose en désaccord. Telle Mme de Staël, la divinité secourable de ses jours de misère, celle qui se fit sa protectrice auprès de Barras et obtint pour lui du Directoire, avec l'aide de Benjamin Constant, le portefeuille des affaires étrangères. Il refuse de la recevoir et c'est en vain qu'elle se présente jusqu'à trois fois en huit jours.

Comme, dans les salons, elle raconte son aventure et se plaint de ce manque de savoir-vivre, les mauvais plaisants de lui répondre :

« C'est que le portier vous aura prise pour Mme de Talleyrand. »

J'ai sous les yeux, une lettre de la jeune comtesse Boni de Castellane, écrite le 8 mai 1819, du château d'Acosta, près de Meulan, à son mari, le futur maréchal de France, alors en garnison à Pontivy, laquelle vient à l'appui de ce que j'ai dit de l'état d'âme de Talleyrand à cette époque :

« Mme de Dino est partie hier matin, cher ami, car tu sais comme de raison qu'elle est venue ici. Elle est fort fatiguée du trouble et du mouvement et soupire, à ce que je crois, après un calme qu'elle a autant de peine à trouver dans sa position que dans son âme.

» ... Nous avons eu de longues conversations ensemble sur sa position, et je t'assure qu'elle m'a fait pitié. Elle me peignait ce que c'était que le décousu continuel de la vie de M. de Talleyrand et l'obligation où l'on était de l'amuser éternellement, puis son entourage et sa position. Enfin, je ne saurais te dire à quel point on voyait que la pauvre femme n'en pouvait plus. Elle s'est rafraîchie ici comme un cheval au vert et elle en est partie avec un bien meilleur visage, quoiqu'elle n'y ait passé que deux jours. »

A travers les lignes, on voit clairement qu'à la date où cette lettre fut écrite, c'est-à-dire trois ans après la chute de Talleyrand, sa belle nièce n'en pouvait plus de vivre dans sa maison, de s'ingénier en vain à le distraire et qu'il était devenu aussi insupportable aux autres qu'à lui-même. Est-ce en un de ces accès d'humeur noire que, dès 1816, au lendemain de sa chute, il s'était brouillé avec Mme de Staël, en refusant, comme on l'a vu, de la recevoir? Tout porte à le croire, et ce qui est moins douteux encore, c'est que ses procédés envers elle le brouillèrent avec Benjamin Constant. Jusque-là leur amitié avait eu raison de tous les conflits d'opinions, de toutes les querelles qu'engendrait la politique.

Benjamin Constant éprouvait pour Talleyrand ce genre d'attachement qu'inspirent souvent les obligés à ceux qui les ont obligés. Il l'aimait avec orgueil et il l'admirait, tout en reconnaissant ses défauts, sa rouerie, sa froideur de cœur, son insupportable égoïsme. Le 3 avril 1814, alors que Talleyrand venait de faire voter par le Sénat la déchéance de l'empereur et la restauration des Bourbons, il le remerciait d'avoir « brisé la tyrannie et jeté les bases de la liberté ». Il ajoutait : « Il est doux d'exprimer son admiration quand on l'éprouve pour un homme qui est en même temps le sauveur et le plus aimable des Français. J'écris ces mots après avoir lu les bases de la Constitution décrétée. Pardon si je n'ajoute aucun de vos titres. L'Europe et l'Histoire vous les donneront avec bonheur. Mais, le plus beau sera toujours celui du président du Sénat. »

De tels sentiments semblaient indestructibles. Mais ils ne résistèrent pas aux récriminations et aux plaintes dont Benjamin Constant fut le confident de la part de Mme de Staël. Quoique leur longue et orageuse liaison fût rompue, ils avaient conservé des relations affectueuses. Tout naturellement, il prit parti pour elle. Indigné par l'ingratitude de Talleyrand, il songea à faire juge le public de la légitimité des griefs de son amie et des siens. Mais, il fallait d'abord débarrasser le terrain d'une dette de dix-huit mille francs antérieurement contractée par lui envers Talleyrand. Il fit part de ses intentions à Mme de Staël.

« N'y pensez plus, s'écria-t-elle. Elle est liquidée, cette dette. J'avais prêté moi-même cent mille francs à Talleyrand, à l'époque où il émigra. Quand il m'a remboursée, j'ai payé la vôtre. »

Benjamin Constant ne pouvait qu'ajouter foi à cette déclaration; mais, il eut le tort de n'en pas demander les preuves qu'aurait pu seule lui fournir la restitution du reçu qu'au moment du prêt, il avait donné à Talleyrand. Il fut donc très désagréablement surpris lorsque, en 1818, peu de temps après la mort de Mme de Staël, alors qu'elle n'était plus là pour confondre son prétendu créancier, une réclamation des hommes d'affaires de celui-ci vint envenimer la douleur que lui causait la perte de son amie.

« Je ne dois rien, objecta-t-il. Mme de Staël a payé.

— Si elle avait payé, répondit le prince, les titres de la dette ne seraient plus dans mes mains. Or, je les ai en ma possession et j'exige que vous vous acquittiez. »

Vainement, Benjamin Constant protesta, rappela les services rendus par lui à Talleyrand, fit remarquer combien était extraordinaire cette réclamation qui ne se produisait qu'au bout de vingt ans; vainement, il recourut au témoignage de Barras qui, mieux que personne, était au courant des affaires de Talleyrand et qui se vantait « d'avoir donné des culottes à Son Altesse » en un temps où elle crevait de misère, rien n'y fit et tous ses efforts vinrent se briser contre la cupidité connue de l'illustre diplomate. La résistance de Benjamin Constant l'avait irrité. Il le traita avec la dernière rigueur, fit saisir tous ses biens et, finalement, l'auteur d'*Adolphe* dut prendre des engagements et s'engager à payer dans un délai de trois ans.

L'affaire avait fait énormément de bruit. Ameutés par Benjamin Constant, les ennemis de Talleyrand s'en donnèrent à cœur joie contre lui. On lit dans une lettre privée écrite par un Anglais qui résidait à Paris en qualité de correspondant d'un journal de Londres :

« M. Benjamin de Constant a été fort content de l'article que j'ai fait mettre dans le *Courrier* sur le sujet de la dette que lui réclame M. de Talleyrand. Il vint chez moi, hier soir, et me pria d'y ajouter quelques éclaircissements. Selon sa version, M. de Talleyrand n'avait pour tout bien, à son retour de l'Amérique, que trente louis. Il était au dernier désespoir et annonça dans le langage le plus déterminé son projet de se brûler la cervelle à la fin de ses ressources. Mme de Staël, avec cette ardeur dont elle servait toujours ses amis, pria instamment M. de Constant d'écrire à Barras pour recommander M. de Talleyrand à sa bienveillance. Il dressa un mémoire de quatre pages et m'a montré la réponse de Barras. Je dois avouer que, d'après cette pièce, M. de Talleyrand est beaucoup plus redevable à ces deux personnes que le public ne le suppose. »

Cette lettre ne disait rien qui ne fût vrai. Les lecteurs des Mémoires de Barras se rappelleront le piquant récit dans lequel il nous montre Mme de Staël le suppliant, en des poses éplorées et tragiques, de donner à Talleyrand le portefeuille des affaires étrangères. Il raconte aussi qu'en apprenant qu'il était ministre, le futur négociateur du Congrès de Vienne dit à Benjamin Constant :

« Nous voilà au ministère ; il faut y faire une fortune immense. »

Tel est l'homme dont, grâce à de nombreuses publications, nous connaissions la vie publique en tous ses détails, mais dont la vie privée nous était moins connue.

Cette lacune est maintenant comblée. La chronique de la duchesse de Dino, dont je parle plus loin, nous a montré Talleyrand dans la retraite où il vécut durant les années qui précédèrent sa fin, et, sur ce point, du moins, notre curiosité a pu s'assouvir. Elle s'est entièrement assouvie aujourd'hui, grâce au volume que nous a donné M. Bernard de Lacombe. A l'aide de documents légués à son père par l'illustre évêque d'Orléans, Mgr Dupanloup, et qu'il a mis en œuvre avec autant d'érudition que de talent, grâce aussi à ses longues et patientes recherches, nous suivons Talleyrand dans sa vie privée, aussi sûrement et aussi complètement que dans sa vie publique.

Tout porte à croire que le brillant écrivain à qui nous devons cette étude suggestive, suite et fin de celle qu'il avait consacrée antérieurement à l'évêque d'Autun, s'est flatté de l'espoir que celui-ci en sortirait réhabilité ; et il est certain qu'à ne le regarder qu'à travers les incidents qui ont préparé sa conversion et qu'à travers cette conversion elle-même, il nous apparaît plus estimable et plus digne de sympathie que lorsque nous ne pouvions le juger que d'après son passé. Mais, tel est ce passé où nous le voyons résolument violateur des lois morales, dépourvu de tout scrupule, léger, imprévoyant, infidèle au devoir, semblant prendre plaisir à le fouler aux pieds et donnant de scandaleux exemples que, malgré sa conduite finale et malgré les témoignages qui tendent à démontrer la sincérité de son repentir, on peut craindre que tous les lecteurs de M. Bernard de Lacombe ne partagent pas le respect que lui inspire en définitive son troublant modèle.

Il est visible que ce respect lui est suggéré par celui dont il a trouvé les preuves dans les papiers de Mgr Dupanloup. A l'époque de la mort de Talleyrand, le futur évêque d'Orléans était un jeune prêtre pénétré déjà de toutes les ardeurs de l'amour divin, qui s'appliquait avec un zèle infatigable à ramener à Dieu les âmes égarées, et l'archevêque de Paris, Mgr de Quélen, nourrissait l'espoir de reconquérir celle du grand pécheur qu'était Talleyrand. Confesseur de la charmante et angélique Pauline de Périgord, petite-nièce du prince, qui vivait près de lui avec sa mère la duchesse de Dino, l'abbé Dupanloup se trouva là tout à point pour seconder les vues du vénérable archevêque et travailler à la réalisation de ses espérances.

Il nous a laissé une émouvante relation des péripéties à travers lesquelles il parvint à les réaliser. Il eut l'honneur et le bonheur de convertir Talleyrand et d'obtenir de lui une rétractation solennelle de ses erreurs passées. Il avouait plus tard que ce grand et consolant succès sacerdotal avait été l'événement le plus important de sa vie. Fort du rôle qu'il avait rempli en ces circonstances, il a toujours affirmé — et son récit posthume en fait foi — que le repentir de son pénitent avait été sincère. Dans la joie que lui causait ce résultat, il ne pouvait parler qu'avec une admiration enthousiaste et respectueuse de l'attitude de Talleyrand à son lit de mort. Mais, il faut ajouter qu'il rencontra souvent des incrédules. Quelques précautions qu'on eût prises pour prouver que le moribond, lorsqu'il se rétracta, était en pleine possession de son intelligence et de sa volonté, il se trouva force gens pour prétendre que cette rétractation *in extremis* avait été arrachée à la faiblesse en laquelle le plongeait la maladie mortelle dont il était atteint.

Cette conclusion n'est plus guère admissible aujourd'hui ; trop de témoignages la démentent. La maintenir serait faire injure à la mémoire des témoins comme à celle du pénitent. Mais, il n'en est pas moins vrai qu'en se rappelant son passé et aussi les longs retards qu'il mit à se convertir, on ne peut se défendre d'un certain malaise qui dégénérerait promptement en doute si la parole du confesseur ne nous affirmait qu'un doute à cet égard ne serait pas justifié. C'est tout ce que je dirai d'un fait qui souleva en d'autres temps d'ardentes controverses et qui, lorsqu'il fut connu, attira sur la mémoire de Talleyrand les colères de quelques-uns de ses amis de la veille. L'un d'eux, que M. Bernard de Lacombe ne nomme pas, mais, dans lequel il est aisé de reconnaître le jeune Thiers alors à ses débuts dans la vie politique, averti que le mourant avait désavoué la Révolution et rejeté ses erreurs de conduite sur le désordre des idées, s'écriait :

« Je ne lui pardonnerai pas de renier le dix-huitième siècle. »

Ce cri de colère, peut-être un peu plaisant, ne pouvait plus atteindre Talleyrand qui venait d'expirer. Mais il nous révèle l'étonnement et le dépit qu'éprouvèrent, pour la plupart, les hommes qui avaient trouvé des circonstances atténuantes et des excuses aux actes les plus répréhensibles de sa vie et qui ne voulaient pas croire qu'il eût suffi de l'influence de deux femmes, la mère et la fille, pour opérer en lui une transformation aussi radicale.

J'en ai assez dit pour prouver que le livre de M. Bernard de Lacombe tire un intérêt considérable de la fin chrétienne qui s'y trouve racontée. Mais, elle n'en est pas l'unique élément. La vie privée de Talleyrand n'a pas commencé à l'heure de sa retraite. Pour nous la livrer tout entière, il fallait remonter jusqu'au moment où, se déroulant en marge de sa vie publique, elle commença à en reproduire le décousu, les agitations, et pour tout dire les désordres. A cet égard, notre auteur ne nous cache rien. Loin de chercher à grandir son modèle en nous dissimulant ses fautes, il les met en lumière, en tous leurs détails.

J'ai observé en commençant qu'il n'était pas sûr que la mémoire de l'ancien évêque d'Autun sortît réhabilitée de cette attachante étude. Ce qui me fait craindre le contraire, c'est justement ce qu'elle nous révèle d'une existence à ce point fertile en scandales que parfois on est conduit à se demander s'ils ne résultent pas d'une réelle bassesse d'âme et d'un mépris systématique pour tout ce qui est morale et devoir.

Voilà, par exemple, l'histoire du mariage avec Mme Grand. Lorsqu'on en pénètre les dessous à la suite de l'historien qui nous les ouvre, on se demande comment un homme que son éducation, les enseignements de sa jeunesse et son passage dans le sacerdoce, au rang le plus élevé, semblaient devoir mettre à l'abri de certaines déchéances, a pu manquer à ce point d'honneur et de dignité. Lorsque, à l'approche de sa fin, sa nièce, la duchesse de Dino, lui montrait sa surprise d'une faute aussi inexplicable aux yeux des hommes qu'elle était fatale aux yeux de Dieu, il répondait :

« Je ne puis, en vérité, vous en donner aucune explication suffisante ; cela s'est fait dans un temps de désordre général ; on n'attachait alors grande importance à rien, ni à soi, ni aux autres. On était sans société, sans famille ; tout se faisait avec la plus parfaite insouciance, à travers la guerre et la chute des empires. Vous ne savez pas jusqu'où les hommes peuvent s'égarer aux grandes époques de décomposition sociale. »

Cette excuse a sa valeur, non moins que cette autre qu'il alléguait en même temps dans la lettre de repentir adressée au Pape et qu'il formulait en disant qu'il avait été jeté malgré lui dans la carrière du sacerdoce pour laquelle il n'était pas fait. Mais, ces arguments ne le lavent pas, malgré tout, du juste reproche d'avoir oublié, en s'affichant avec une aventurière, en vivant maritalement avec elle et ensuite en l'épousant, quoique le Pape se refusât à son mariage, ce qu'il devait à son ancien état dont il n'était pas aussi dépouillé qu'il prétendait l'être.

Cependant, en ce qui touche son mariage, il convient de dire à sa décharge qu'il y fut contraint par Bonaparte. Il faut lire le récit de l'incident dans le livre de M. Bernard de Lacombe. On y voit Talleyrand, ministre des affaires étrangères, tombé dans les filets de celle qu'on appelait la belle Indienne, se compromettant peu à peu avec elle, la laissant vivre chez lui et poussant si loin le mépris des convenances que les femmes du corps diplomatique s'offusquent à la pensée qu'en allant chez le ministre, elles y trouveront sa maîtresse et seront obligées de lui faire la révérence. Bonaparte ne veut pas laisser porter atteinte au bon renom de son gouvernement. Il mande Talleyrand et lui signifie d'avoir à bannir Mme Grand de sa maison.

Il est vraisemblable que l'amant, déjà lassé du joug, aurait bien voulu profiter de l'occasion pour s'en délivrer. Mais, il avait affaire à forte partie. Mme Grand court à la Malmaison ; elle se confie à Joséphine, et celle-ci, intéressée à son angoisse, la met en présence de Bonaparte.

« Que Talleyrand vous épouse, et tout sera arrangé, s'écrie le premier consul. Mais, il faut que vous portiez son nom ou que vous ne paraissiez plus chez lui. »

Elle avait victoire gagnée, car elle possédait les moyens d'empêcher Talleyrand de se dérober. C'est ainsi que fut décidé ce mariage qui devait aboutir plus tard à une séparation.

Jusque-là, l'épisode n'est que déshonorant et ridicule

pour l'ancien évêque. Mais, là où il devient singulièrement attristant et pénible, c'est lorsque s'ouvre avec Rome la négociation qui a pour objet de rendre Talleyrand à la vie laïque en le déliant de ses vœux de prêtrise. Bonaparte se fait son complice pour ruser avec la Cour pontificale, qui veut bien annuler les vœux, mais qui ne consent pas à ce qu'un prêtre qui a porté la mitre se marie. Talleyrand feint de croire cependant que l'annulation de ses engagements ecclésiastiques, est absolue et sans conditions, et il contracte cette union par laquelle il achève de se dégrader. Ce fut là toujours le grand grief de Rome à son égard. Bien que les services que la Papauté attendait de lui et qu'il eut l'habileté de lui rendre, empêchassent de le lui rappeler, il fut tenu plus tard à en demander pardon et sa soumission put seule le réconcilier avec l'Église.

Que d'autres épisodes de sa vie privée et de sa vie publique pourraient encore être rappelés, qui ne lui font pas plus d'honneur : les contradictions de sa conduite politique, son ingratitude envers Mme de Staël à laquelle il devait d'avoir été rayé en 1798 de la liste des émigrés et d'être devenu ministre, ses trahisons envers Napoléon, ses demandes d'argent au tsar Alexandre, et combien d'autres traits qui témoignent d'un art supérieur dans l'intrigue et d'une incompréhensible insouciance pour sa dignité personnelle.

Il est certain cependant, qu'à son existence agitée succéda une salutaire retraite qui fut embellie, et j'oserai dire sanctifiée, par la présence de sa nièce et de sa petite-nièce. Dès ce moment, elles ne le quittèrent plus. Leur exemple, leurs tendres exhortations éveillèrent en lui des pensées conformes à son âge et à son rang. Ces deux nobles femmes préparèrent sa conversion, et furent véritablement, Pauline de Périgord surtout, ses anges gardiens. Il mourut dans leurs bras, pardonné, réconcilié. Le souvenir des bienfaits moraux qu'elles lui prodiguèrent cautionne devant l'Histoire la sincérité de son repentir auquel n'a manqué qu'un peu plus de spontanéité et qui permet d'invoquer au profit de sa mémoire la parole évangélique : « A tout pécheur miséricorde. »

Quant à l'épisode de sa fin, nous pouvons aujourd'hui le reconstituer grâce à Mgr Dupanloup et à M. Bernard de Lacombe.

Au mois de février 1838, le prince de Talleyrand, dont l'existence politique avait récemment pris fin avec son ambassade de Londres, vivait assez retiré avec sa nièce, la duchesse de Dino, et la fille de celle-ci, Mlle Pauline de Périgord. Il avait alors quatre-vingt-cinq ans. Mais son intelligence restait entière et aucune de ses facultés ne paraissait affaiblie. Autour de lui, cependant, on se préoccupait de la situation anormale en laquelle il se trouvait vis-à-vis de Rome.

Sans doute, le Saint-Siège, pour complaire à Napoléon et pour ne point s'aliéner un homme d'État dont l'influence, déjà considérable au début de l'Empire, s'annonçait plus considérable encore dans l'avenir, avait, dans une certaine mesure, au moment du Concordat et depuis, paru fermer les yeux sur la conduite antérieure de l'ancien évêque d'Autun ; son rôle sous la Révolution, aggravé par son mariage. Mais, cette conduite non désavouée par lui, ses erreurs et ses fautes non rétractées ne l'en laissaient pas moins hors de l'Église et inapte à recevoir les secours religieux tant que son repentir ne se serait pas manifesté par des déclarations solennelles, constituant un désaveu formel du passé.

La duchesse de Dino, dans un journal récemment publié, raconte que, à plusieurs reprises, elle avait tenté d'appeler l'attention de son oncle sur la nécessité de prendre, au regard de Rome, une attitude franche et décidée et de réparer ainsi les scandales d'autrefois. Jamais, le prince n'avait répondu non ; mais, encore qu'il ne parût pas éloigné de dire oui, toujours il se dérobait, comme un homme qui, tenu à une démarche pénible à son orgueil, l'ajourne sans cesse. On était arrivé ainsi à ce mois de février 1838, où commence le récit de l'abbé Dupanloup.

A cette époque, le jeune prêtre, attaché au diocèse de Paris, après avoir fait faire la première communion de Mlle de Périgord, était resté en rapport avec elle et avec sa mère. Souvent, la jeune fille, dans ses entretiens avec son grand-oncle, avait parlé de lui. Intéressé par l'éloge qu'elle faisait de l'abbé Dupanloup, Talleyrand avait, du même coup, deviné dans celui dont elle lui vantait les mérites un esprit supérieur, cultivé, tolérant et, sans le connaître, il s'était pris de sympathie pour lui.

« Il faut l'inviter à dîner », dit-il, un jour, à sa nièce.

Et l'invitation fut faite aussitôt pour le 2 février.

L'abbé Dupanloup avoue qu'il en fut aussi surpris qu'embarrassé. Il ne lui parut pas qu'il pût l'accepter. Il y répondit par un refus motivé par ses fonctions et sa vie retirée, alléguant qu'il s'était fait une loi de n'en accepter aucune, pas même celles de l'archevêque de Paris, qui avait eu, d'ailleurs, la bonté d'agréer cette excuse.

Le refus contraria Talleyrand.

« Je croyais que l'abbé Dupanloup était un homme d'esprit, dit-il. Si c'était vrai, il serait venu ; il aurait compris de quelle importance était son entrée dans cette maison. »

Le mot était significatif ; il inspira des regrets à l'abbé Dupanloup, et, quelques jours plus tard, le prince ayant renouvelé son invitation, il l'accepta : c'était le dimanche, 18 février.

Rien de plus curieux que ce dîner auquel assistaient vingt convives et durant lequel, comme s'il eût voulu éblouir et charmer le jeune prêtre qui s'asseyait pour la première fois à sa table, Talleyrand ne parla guère que des choses religieuses et ainsi qu'aurait pu en parler un homme d'église, resté fidèle à sa foi. L'éloquence de la chaire, des citations de prédicateurs célèbres, l'éloge de l'archevêque de Paris, la critique de la sécheresse du protestantisme anglais, une sortie virulente contre « les insensés » qui attaquent l'idée religieuse et, enfin, les souvenirs du séminaire de Saint-Sulpice, firent les frais de ses discours. L'abbé Dupanloup n'en revenait pas. Il était arrivé pleine de défiance, comme presque chez un ennemi ; il sortit confondu de surprise et d'admiration.

Et ce fut mieux encore lorsque, quinze jours plus tard, à l'Académie des sciences, où il prononçait l'éloge de son confrère Reinhardt, Talleyrand rendit hommage à ce qu'il appelait « la religion du devoir ». « On ne sait pas assez, dit-il, tout ce qu'il y a de puissance dans ce sentiment. » Décidément, en cet homme qui avait trahi tous ses devoirs, et si, cette fois, il était sincère, il y avait quelque chose de changé. Le changement remontait, d'ailleurs, à une date déjà ancienne, puisque, ainsi qu'on le sut après sa mort, dans son testament antérieurement rédigé et déposé chez son notaire, il avait déclaré « qu'il voulait mourir dans le sein de l'Église catholique, apostolique et romaine ».

Peu de temps après, l'abbé Dupanloup envoya à Talleyrand un livre qu'il venait de publier sur Fénelon et il accompagna son envoi d'une lettre qui fut présentée au prince par Mlle Pauline de Périgord. Cette lettre ne touchait que très indirectement à la question dont se préoccupaient la famille et les amis de Talleyrand. Néanmoins, après l'avoir lue, il dit à sa nièce :

« Si je tombais sérieusement malade, je demanderais un prêtre. Pensez-vous que l'abbé Dupanloup viendrait avec plaisir?

— Je n'en doute pas, répondit la duchesse de Dino ; mais, pour qu'il pût vous être utile, il faudrait que vous fussiez rentré dans l'ordre commun, dont vous êtes malheureusement sorti.

— Oui, oui, reprit-il, j'ai quelque chose à faire vis-à-vis de Rome, je le sais. Mais, que veut-on de moi? Pourquoi ne me le dit-on pas?

— Je vous le dirai, si vous voulez. »

Et, sans détour, en toute franchise, la duchesse expliqua à son oncle ce que l'Église attendait de lui, la réparation qu'il lui devait pour le serment à la constitution civile du clergé, pour le sacre de l'évêque assermenté Gobel, auquel il avait procédé, et, enfin, pour le scandale de son mariage.

Grave, recueilli, il écoutait sa nièce.

« Je suis depuis longtemps dans ces pensées-là, dit-il, quand elle eut fini. Mais, puisque j'ai quelque chose à faire de plus, je ne dois pas tarder : je ne veux pas que jamais on attribue ce que je ferai à la faiblesse de l'âge ; je le dois faire dans le mois même de mon discours à l'Académie. »

C'était décisif et le fruit était mûr. L'honneur de le cueillir était réservé à l'abbé Dupanloup. C'est entre ses mains que, bientôt après, tombé gravement malade, Talleyrand signa sa rétractation en présence de plusieurs témoins, parmi lesquels on voit rayonner les angéliques figures de ses petites-nièces Pauline de Périgord et Marie de Talleyrand, et au milieu de circonstances qui, sous la plume du futur évêque d'Orléans, revêtent le caractère le plus émouvant.

La signature est nette, ferme, révélatrice de volonté. C'est celle qu'il avait mise si souvent au bas des grands traités diplomatiques : *Charles-Maurice, prince de Talleyrand*. Il avait voulu que cet acte solennel fût daté du 10 mars, afin que ce fût de la semaine où, pour la dernière fois, il s'était fait entendre à l'Académie. Il mourut le 17 mai suivant, trois mois après la première visite de l'abbé Dupanloup.

III

LA COMTESSE DE BOIGNE[1]

La comtesse de Boigne, née Charlotte-Louise-Éléonore-Adélaïde d'Osmond, mourut en 1866, à l'âge de quatre-vingt-cinq ans. Jusque dans les derniers jours de sa vie, elle eut un salon dont le chancelier Pasquier, mort quatre années avant elle, avait été le Chateaubriand. Lorsqu'il rapprocha sa vie de celle de Mme de Boigne, il n'était plus jeune, tant s'en faut ; elle non plus. Cette circonstance est la seule qui laisse planer des doutes sur le caractère de leur liaison. S'en tinrent-ils à l'amitié? Allèrent-ils jusqu'à l'amour? On ne sait. Tout au plus, peut-on rappeler, en parlant d'eux, qu'en fait de passion et de sentimentalité, l'âge ne fait rien à l'affaire. A défaut d'une documentation révélatrice, c'est tout ce qu'on peut dire des relations de la comtesse de Boigne avec son vieil ami et nous n'en dirons pas davantage, puisque, même dans ses Mémoires, parus quarante ans après sa mort, elle s'abstient d'en parler.

Ces Mémoires où elle affirme n'avoir dit « que ce qu'elle croit la vérité », elle les qualifie elle-même « des barbouillages » où elle s'amuse à faire repasser devant elle, comme « des ombres chinoises » sans suite et sans ordre, les souvenirs que sa mémoire lui retrace. Elle avoue s'arrêter plus volontiers aux petites circonstances

1. *Mémoires de la Comtesse de Boigne*, 4 vol.

qui lui ont paru assez piquantes pour être restées dans
sa pensée et ne sont pas assez importantes pour être
rappelées ailleurs. « Les personnages historiques ne sont
dans mon domaine que par leurs rapports personnels
avec moi, ou lorsque j'ai recueilli sur eux des détails
circonstanciés de la vérité desquels je me tiens assurée. »
Partout, d'ailleurs, dans ses récits, on la sent hantée par
le besoin de démontrer qu'elle est véridique en toutes ses
affirmations. « Je ne demande confiance, ajoute-t-elle,
que pour ce que je sais positivement. » Nous verrons
tout à l'heure ce qu'il faut penser de cette prétention de
savoir positivement quelques-unes des choses qu'elle
raconte.

C'est en 1837 qu'elle commença ses Mémoires. Elle
paraît y avoir ajouté sans cesse jusqu'en 1862. A cette
époque, ils étaient achevés. Le 5 mai de cette année,
elle rédige son testament par lequel elle lègue sa fortune
au jeune marquis d'Osmond, son petit-neveu, et institue
son exécuteur testamentaire Gaston d'Audiffret, neveu
du chancelier Pasquier dont il allait, à quelques mois
de là, recueillir l'héritage et le titre ducal. C'est à lui
qu'elle laisse le soin de décider si les Mémoires qu'elle
a écrits, et dont une copie lui est destinée, doivent ou
non être publiés. En prévision de leur publication, elle
défend formellement qu'il y soit rien changé. Elle
entend qu'ils soient lus tels qu'elle les a rédigés.

En 1866, au lendemain de sa mort, le manuscrit est
remis au duc d'Audiffret-Pasquier, son exécuteur testamentaire. Après en avoir pris connaissance, il estime
que les Mémoires ne pourront voir le jour qu'à une date
lointaine. Elle ne lui semble pas encore venue lorsqu'il
meurt en 1905. Au cours de la longue période durant
laquelle ils sont restés entre ses mains, ses amis l'ont
entendu souvent en parler. Parfois même, il entr'ouvrait

pour quelques-uns d'entre eux le précieux manuscrit.
Je me souviens de l'avoir vu dans ses mains et d'avoir
admiré sur la première page la reproduction en litho-
graphie du portrait peint par Isabey qui nous a conservé la délicieuse figure de la comtesse de Boigne
lorsqu'elle était jeune et encore jolie.

Le manuscrit que possédait le duc d'Audiffret-Pasquier n'était qu'une copie. L'original, légué au jeune
d'Osmond, décédé prématurément, avait été remis par
lui à l'un de ses amis, M. Charles Nicoullaud, avec mission de le publier si le duc d'Audiffret-Pasquier ne le
publiait pas. La mort du duc a libéré M. Charles Nicoullaud des scrupules qui lui avaient fait ajourner la publication et il s'y est décidé après s'être assuré que la
famille d'Audiffret-Pasquier n'en voulait pas prendre
la responsabilité. Une note du volume nous apprend
qu'elle s'en est désintéressée et qu'elle y est complètement étrangère.

Telle est l'histoire de ces Mémoires, dont le retentis-
sement a été considérable. Ce n'est pas qu'ils ajoutent
beaucoup à ce que nous savons des temps dont Mme de
Boigne évoque les souvenirs, ni qu'ils contiennent sur
les événements des révélations sensationnelles ; mais
ils abondent en portraits pris sur le vif, en anecdotes
curieuses et piquantes, j'entends celles qui relèvent de la
chronique plus encore que de l'histoire. Si la vérité en
est parfois contestable, elles témoignent du moins de
beaucoup de malice dans les intentions du mémorialiste,
et c'est là une qualité, ou un défaut, qui flatte trop la
curiosité du lecteur pour qu'il n'y prenne pas plaisir
et n'y attache pas le plus grand prix. Prosper Mérimée a
défini ce goût du public pour ce qui frise la méchanceté et
le scandale, en écrivant que, pour sa part, il préférerait à
la plus belle page de Thucydide les Mémoires d'Aspasie.

Née dans le plus grand monde, Adélaïde d'Osmond avait passé à la cour de Louis XVI sa première enfance. Sa mère était dame d'honneur de Madame Adélaïde, fille de Louis XV ; son père appartenait à l'armée, d'où il alla ensuite dans la diplomatie. Elle suivit ses parents en Angleterre, revint ensuite en France. Elle connut donc les journées de Versailles, tour à tour enchanteresses et sinistres ; les misères de l'émigration, auxquelles coupa court pour elle un mariage inespéré qui l'enrichit et mit sa famille à l'abri du besoin ; les splendeurs de la cour impériale ; les heures réparatrices de la Restauration et les calmes années du règne de Louis-Philippe. Ayant beaucoup vu et vu de près, elle pouvait beaucoup raconter et on ne saurait lui contester, à défaut d'un grand souci d'exactitude, une rare faculté d'observation et je ne sais quelle verve endiablée, qui imprime à ses récits la couleur, le mouvement, la vie.

Il est seulement dommage qu'à ces qualités qu'elle possède au plus haut degré, elle n'ait pas joint cette vertu divine qui s'appelle la bonté. La bonté, l'indulgence lui sont inconnues ; elle n'ignore pas moins la reconnaissance. Elle ne le prouve que trop en nous parlant de son mari, à qui elle a dû de vivre dans l'opulence et de la faire partager à ses parents que la Révolution avait ruinés. Il était riche d'une fortune acquise aux Indes, à travers des aventures qui lui font le plus grand honneur. Arrivé en Angleterre en 1800, visé par la prupart des familles nobles émigrées qui avaient des filles à marier et ne pouvaient les doter, c'est sur Mlle d'Osmond qu'était tombé son choix. Elle semble ne lui avoir jamais pardonné de ne s'être laissé guider elle-même, en l'épousant, que par des considérations d'intérêt et lui avoir toujours tenu rigueur de la générosité avec laquelle il prodigua ses bienfaits à elle et aux siens. En lisant ce qu'elle dit de lui, on ne se douterait pas de ce qu'il fut pour elle. Mon ami Henry Bordeaux nous l'a révélé et sa curieuse étude venge magistralement le comte de Boigne des accusations imméritées dont il est l'objet de la part de sa femme à qui la mémoire et le cœur font également défaut lorsqu'elle prononce son nom.

C'est ici, d'ailleurs, l'occasion d'insister sur ce point que ce qui manque à cette trop spirituelle narratrice, c'est la bienveillance. Dans les personnages qu'elle nous présente, elle voit surtout et s'applique à mettre en lumière non leurs qualités, mais leurs travers. Entre les anecdotes où ils sont en scène, elle choisit de préférence celle qui leur fait le moins d'honneur. Si au sujet d'un fait les concernant il existe deux versions contradictoires, elle se prononce toujours pour celle qui les condamne. Elle a beau nous dire qu'elle le sait « positivement », ce n'est pas suffisant pour nous convaincre de la vérité de ses dires.

Comment, par exemple, sait-elle positivement que Marie-Antoinette a « cédé à la passion de Fersen », alors qu'encore aujourd'hui on n'a pu en faire la preuve. Lorsqu'elle nous dit que « ce n'était guère douteux dans les entours », n'est-il pas visible qu'elle est informée par sa mère et que celle-ci s'inspirait des propos qui se tenaient dans la coterie de Mesdames, filles de Louis XV, où la malheureuse reine était détestée et systématiquement dénigrée?

Du reste, comment ne pas croire que Mme de Boigne se trompe sur les grandes choses, quand on la voit se tromper à tout instant sur les petites. Rien que pour ce qui concerne les temps de l'émigration, les détails qu'elle nous donne sont nombreux, dont mes travaux m'ont permis de constater l'inexactitude. Elle croit, par exemple, à l'authenticité de la fameuse lettre de

Charette à Louis XVIII : « Sire, la lâcheté de votre lettre a tout perdu », alors qu'il est archidémontré que cette lettre est apocryphe. Elle nous déclare sérieusement que « le duc de Berry ne partageait pas les folies des émigrés », alors que les propos et les actes de ce prince nous le présentent poussant aux plus extravagantes entreprises. Elle nous dit encore qu'il avait dû épouser la princesse Marie-Amélie de Naples, plus tard duchesse d'Orléans, et semble ignorer que c'est de la sœur aînée, Marie-Christine, qu'il avait demandé la main. Elle raconte que lorsque le duc d'Orléans alla à Hartwell pour la première fois, afin d'y voir Louis XVIII arrivé depuis peu en Angleterre, il y fut fort mal reçu, assertion inexacte que démentent les lettres échangées à cette époque entre le roi et son jeune cousin et que j'ai publiées dans mes travaux sur l'Émigration.

Elle n'est pas plus exacte ni plus juste en ce qui touche la duchesse de Dino. C'est, lorsqu'elle en parle, des coups de griffe à emporter le morceau. Qu'on en juge par cette ébauche de portrait, tracée au moment où, sous Louis-Philippe, Talleyrand étant ambassadeur à Londres, sa nièce fixée auprès de lui l'aidait à faire les honneurs de l'ambassade :

« Avec prodigieusement d'esprit, Mme de Dino s'accommode merveilleusement de la vie de représentation. Lorsque, après avoir mis beaucoup de diamants, elle s'est assise une ou deux heures, sur une première banquette, dans un lieu brillant de bougies, avec quelques Altesses au même rang, elle trouve sa soirée très bien employée. A la vérité, je crois qu'elle pousse le goût des affaires jusqu'à l'intrigue dans le reste de la journée. Mais ce qu'on appelle la conversation, l'échange des idées dans un but intéressé et direct, ne l'amuse pas. »

Dans les quelques pages que je consacre à la duchesse

de Dino, à la suite de celles-ci, on verra ce que vaut ce jugement. En comparant l'état d'âme de la duchesse à l'époque où Mme de Boigne la traitait si durement avec ce que, presque au même moment, écrivait celle-ci, on est contraint de reconnaître que le peintre n'a pas su voir son modèle, lequel a été pour lui comme un livre fermé.

Ailleurs, Mme de Boigne enveloppe dans ses malices Mgr de Quélen, l'archevêque de Paris, afin d'incriminer plus sûrement Mme de Dino : « Dans un moment de vacance de cœur, poussée par l'ennui, le désœuvrement et, peut-être, par un peu de rouerie, Mme de Dino s'était amusée à tourner la tête de l'archevêque ; il en était devenu passionnément amoureux. On dit qu'une perfide amie de la duchesse l'éclaira sur l'espièglerie dont il était dupe... Il porta ses remords au pied des autels, car, au fond, il est bon prêtre, mais conserva un ressentiment très mondain à Mme de Dino. »

La correction et la pureté de la vie sacerdotale de Mgr de Quélen infligent un éclatant démenti à ces propos calomnieux, auxquels la duchesses de Dino aurait pu donner la réplique en nous parlant de la liaison de la comtesse avec le chancelier Pasquier.

Les petites méchancetés dont fourmillent les Mémoires de Mme de Boigne sont d'autant plus blâmables qu'elles étaient inutiles pour en accroître l'intérêt. L'inexactitude en étant souvent manifeste, elles offrent cet inconvénient de tenir le lecteur en défiance et de le contraindre à douter de la sûreté des affirmations de la trop spirituelle narratrice. Lorsqu'elle raconte ce qu'elle a vu, elle est parfaite ; lorsqu'elle répète ce qu'elle a entendu dire, on est enclin à penser qu'elle se l'est imaginé et qu'elle a pris ses suppositions pour des réalités.

Ceci constaté, il faut reconnaître que de ses Mémoires

le quatrième volume est de beaucoup le plus captivant.
L'équipée de la duchesse de Berry en 1832, les difficultés
qu'elle crée au gouvernement de Juillet, ses dissentiments avec le vieux Charles X, ses intrigues amoureuses,
l'histoire de son mariage avec M. de Lucchesi-Palli, sa
vaillance dans l'aventure, le rôle de Thiers, tout cela est
décrit, j'oserai même dire révélé avec une rare faculté
de vision et une verve de style qui le rend en quelque
sorte tangible. Mme de Boigne avait été aux premières
loges et rien ne lui avait échappé de ce spectacle d'une
princesse venant, les armes à la main, tenter de ressaisir
la couronne de son fils et révélant en ces ciconstances
tragiques toute l'énergie d'une héroïne de la Fronde
et toutes les faiblesses de la femme.

Sous les réserves que j'ai formulées, le récit de la mort
de Talleyrand mérite les mêmes éloges. Mais, malgré
tout, il n'affaiblit pas le doute qu'on peut garder,
malgré la relation de Mgr Dupanloup, sur la sincérité
du repentir *in extremis* de l'ancien évêque d'Autun.
Son retard à signer l'abjuration des scandales de sa vie ;
cette signature donnée en présence de Molé, du comte
de Sainte-Aulaire et du baron de Barante mais seulement quand il se sent perdu ; le sang-froid avec lequel
il reçoit la visite de Louis-Philippe, le cri qu'elle lui
arrache : « C'est un beau jour que celui où le roi est
entré dans cette maison », sa dernière parole à Madame
Adélaïde : « Je vous aime bien », prononcée en lui ser-
rant la main, tout enfin révèle moins encore un chrétien
repentant et réconcilié qu'un gentilhomme jaloux de
prouver au monde qu'il a vu sans effroi s'approcher
la mort. « Lorsque l'abbé Dupanloup lui administra les
derniers sacrements, il ne parlait plus » , affirme
Mme de Boigne.

Un seul trait raconté par elle pourrait faire croire

qu'au moment d'expirer, il avait recouvré la foi de ses jeunes années :

« La petite Marie de Talleyrand, fille du baron, devait faire sa première communion le jour même de cette signature. Le malade y pensa et demanda qu'elle lui fût amenée. Elle se mit à genoux devant lui en sanglotant.

» — Je vous bénis, ma petite, lui dit-il, en posant ses mains sur sa tête, et vous souhaite toute sorte de prospérités... J'y participerai, si cela m'est donné. »

Ces derniers mots révélaient-ils un retour au devoir?

Si grand que soit l'intérêt de cette partie des Mémoires il est encore dépassé par celui des pages où Mme de Boigne rappelle ses relations avec la famille d'Orléans, pendant le règne de Louis-Philippe, et surtout le tragique trépas du prince royal sur la route de Neuilly. Elle vivait alors dans l'intimité du roi, de la reine et des princes. Elle a tout vu ; elle a été mêlée à ce drame affreux. Le désespoir farouche de la mère, la douleur accablante du père, celle des enfants, le retour éploré de la veuve, la tristesse des Parisiens, rien ne lui a échappé, et quand elle évoque le souvenir de ce qui a frappé ses yeux, elle est incomparable à l'égal d'un Saint-Simon. C'est le tableau le plus poignant qui puisse être évoqué, d'autant plus poignant qu'encore qu'elle n'aille pas jusqu'à le dire, on devine qu'elle a cru sentir passer dans l'âme de la reine, chrétienne fervente, une vraie sainte, la crainte inavouée que le malheur qui vient de tomber d'une manière foudroyante sur la branche cadette des Bourbons ne soit une expiation de ses torts envers la branche aînée.

En résumé, les Mémoires de Mme de Boigne, plus féminins que ceux du chancelier Pasquier, plus vrais que ceux de la duchesse d'Abrantès et du général Marbot

et moins apprêtés en vue de certaines convenances que
ceux de Mme de Rémusat, apportent à notre littérature historique une contribution du plus grand prix.
On a cru pendant longtemps qu'ils ne seraient jamais
publiés ; c'eût été dommage. Tels qu'ils sont, en dépit
de leurs inexactitude, de leurs malices, voire de leurs
petites perfidies, ils répandent sur les événements et sur
les acteurs du dix-neuvième siècle une lumière qui
éclaire les dessous des uns et nous ouvre l'âme des autres.
Sous cette clarté inattendue, certains personnages
paraissent plus vivants et nous avons l'impression que
nous les connaissons mieux aujourd'hui qu'hier. La
femme qui a écrit ces quinze cents pages si vivantes,
si colorées et si révélatrices à tant de points de vue ne
fut pas, décidément, une femme ordinaire. Ne serait-ce
que par le talent et la puissance d'évocation, elle mérite
d'être mise hors de pair.

Ses Mémoires présentent d'ailleurs un autre avantage.
Si, dans les derniers volumes, ils nous rappellent des
événements et des acteurs dont le souvenir n'est pas
encore éteint, dans les premiers, ils font revivre les
élégances de la cour de Louis XVI, les drames de la
Terreur, les péripéties de l'émigration, les guerres de
la chouannerie et surtout cette société de l'ancien
régime dont celle d'aujourd'hui n'a rien conservé.

Ceux qui la composent, hommes et femmes, ont
figuré pour la plupart dans les événements tragiques
du siècle précédent. Ils ont connu la proscription, l'exil,
la ruine, et porté le fardeau des deuils les plus cruels.
D'avoir vécu parmi tant de grandeurs et d'infortunes,
ils restent en quelque sorte avec une auréole ; on dirait
que le malheur les a sacrés.

On eût dit aussi qu'il les avait pétrifiés, tant, sauf de
rares exceptions, ils restèrent sourds à ses leçons ;

immuables dans leurs idées d'antan, leurs opinions et leurs goûts, fanatiquement attachés à leurs antiques préjugés et à faire revivre leurs privilèges détruits. Les hommes, dans leur tenue, leur conduite, leur langage ; les femmes, dans leurs mœurs, jusque dans leurs amours, se retrouvèrent tels qu'ils étaient autrefois, avant qu'un fleuve de sang, dont ils avaient fourni la source la plus abondante, eût fertilisé le sol national pour en faire surgir une France nouvelle, et voulant rester tels, sans rien apprendre ni rien oublier, littéralement figés dans les attitudes ancestrales. S'ils nous attirent toujours, si leur souvenir exerce sur nous une influence prestigieuse, c'est qu'au moment où nous les pouvons voir en scène — une scène que l'ombre commençait à envahir — ils étaient la dernière expression d'un monde qui allait disparaître.

Un Richelieu, un Mouchy, un Caraman, un Polignac, un de Guiche, un Montmorency, une duchesse de Duras, une Félicie de La Rochejaquelein, ex-princesse de Talmont, une marquise de Prie, une duchesse de Rauzan, une Cordélia de Castellane, une princesse de Poix, une marquise de Montcalm, une marquise de Jumilhac, et tant d'autres que j'oublie, nous apparaissent alors comme la dernière création d'un moule déjà brisé et qui désormais ne pourra plus servir. Placés sur la crête qui sépare l'ancienne société en train de mourir de la société nouvelle à son aurore, ils sont les derniers grands seigneurs et les dernières grandes dames, car désormais il n'y aura plus ni grandes dames ni grands seigneurs à leur image, que par hasard et à titre exceptionnel. Si des ombres, survivantes d'un passé glorieux, peuvent vous attacher, vous intéresser et vous retenir un moment regardez celles-là ; regardez-les bien, car vous ne les verrez plus.

Ce monde aujourd'hui fini et surtout le groupe de femmes qui le remplit du frou-frou de ses falbalas, ont eu, alors que la mort depuis longtemps fauchait ferme dans leurs rangs, un peintre fidèle et inimitable ; j'ai nommé Balzac. On sait que, dans plusieurs de ses romans de caractère historique, l'illustre romancier s'est inspiré d'événements très antérieurs à lui, mais dont il avait connu des témoins de qui il en tenait le récit. A peine est-il besoin de rappeler que, dans *Une Ténébreuse Affaire*, il s'est servi de l'enlèvement sensationnel du sénateur Clément de Ris, qui mit sur les dents, en 1800, la police de Fouché, et dans l'*Envers de l'histoire contemporaine*, de ce terrible drame de Tournebut, dont j'ai été le premier historien dans mon livre *la Police et les Chouans*, et que mon ami Lenôtre a raconté à son tour.

Ce procédé de reconstitution romanesque d'événements réels, Balzac ne l'a pas appliqué seulement à l'histoire. Il en a usé aussi pour rendre plus exactes ses peintures des milieux sociaux de la Restauration et du règne de Louis-Philippe, où il a puisé tant de sujets de romans. Je n'en citerai que deux exemples, encore qu'il me serait facile d'en citer plusieurs autres.

En 1837, Guizot rencontra chez le duc de Broglie, et quelques jours plus tard chez Mme de Boigne, la princesse de Lieven. Il résulte de cette rencontre une liaison qui bientôt ne sera plus un secret pour personne. Deux ans après, Balzac publie *les Secrets de la princesse de Cadignan*. Relisez ce délicieux récit. Sous les traits de l'amoureux d'Arthez, vous reconnaîtrez Guizot, et de même son amie sous les traits de l'héroïne.

Rappelez-vous aussi, dans *le Père Goriot*, la scène émouvante où Rastignac, encore à ses débuts dans la vie parisienne, se présentant chez la belle Mme de

Beauséant, la trouve accablée sous la douleur d'avoir été abandonnée par son amant. Balzac ne cachait pas — je le tiens d'Alexandre Dumas fils — que cet épisode lui avait été suggéré par un événement d'ordre privé qui s'était passé sous la Restauration. Or, il y avait eu en 1820, entre des amants que la crainte d'offenser deux nobles familles ne me permet pas de désigner plus clairement, une rupture qui fit grand bruit dans le monde en raison des circonstances qui l'accompagnèrent.

Mme Hamelin, l'ex-merveilleuse des temps du Directoire, dont je possède un grand nombre de lettres inédites, faisait à un ami le récit de l'aventure en ces quelques lignes où je ne supprime que les noms : « Mme d'A... a enlevé C. de F... à Mme de R... *avec tout l'éclat, toute la durée imaginables.* Cette pauvre petite adorait véritablement M. de F... Et qui n'aurait pas de l'indulgence pour une jeune et agréable personne qui a pour mari Christian de R...? Comment avec deux millions épouse-t-on un nom sous la figure de Christian? Enfin la femme se meurt de douleur et on la fait partir pour les eaux. » Ce commérage d'une écrivailleuse qui possédait autant d'esprit que de perversité, ne nous donne-t-il pas la clef de l'épisode de Mme de Bauséant, introduit par Balzac dans *le Père Goriot?*

Pour plusieurs autres de ses romans, il serait aisé de découvrir de même la source où il en a puisé le sujet et d'établir ainsi que personne n'a mieux connu que lui cette société d'autrefois, les femmes surtout, et ne les a peintes avec plus de vérité. Aucun de ceux qui les ont étudiées tour à tour dans la réalité, à travers tout ce qu'on a écrit sur elles et dans l'œuvre du romancier, ne contestera cette affirmation. Pour moi, je confesse avoir parfois, en lisant les pages qu'il a consacrées à ces grandes charmeuses, subi l'illusion du vrai au point de ne plus distinguer entre celles qui ont effectivement vécu et celles qu'enfanta son génie.

Il faut cependant remarquer que si ses peintures sont exactes, elles sont incomplètes en ce sens qu'il s'est plu à chercher ses modèles presque uniquement parmi celles de ces grandes dames dont, au vu et au su de tous, l'existence fut troublée par des aventures de cœur. Il a négligé les autres, et quand il lui a plu de les tirer de leur ombre, il les a placées de préférence en province et non sur le grand théâtre de Paris, où cependant il en eût trouvé, et en grand nombre, qui le traversèrent, impeccables et défiant la calomnie.

Ce fut chez les unes par vertu, par orgueil, par respect d'elles-mêmes, chez les autres parce qu'elles étaient sans beauté, ce qui ne veut pas dire qu'elles étaient sans charme, car l'esprit, aisément, tient lieu de beauté et quelques-unes d'entre elles en eurent beaucoup. La duchesse de Broglie, la duchesse de Duras, la marquise de Montcalm, la marquise de Prie, pour ne citer que ces émules de Mme de Staël et de Mme Récamier, se plaisent, comme elles, à s'entourer d'hommes éminents par le savoir et le talent, et c'est ce qui donne tant d'attrait à leur salon. Aucune joie d'amour ne vaudrait, leur semble-t-il, la jouissance que leur procure un entretien avec Chateaubriand, avec Benjamin Constant, avec le peintre Gérard, avec d'autres hommes illustres qui furent comme elles, la parure des temps qui suivirent la Révolution et l'Empire. Mme de Boigne avait vécu dans cette société, et c'est pour cela que ses Mémoires sont si puissamment évocateurs. On ne saurait nier que, par l'intérêt qu'ils présentent, ils méritent de prendre place à côté de ceux du chancelier. Si quelque regret survit à cette lecture, ce sera celui du silence gardé par Mme de Boigne comme par son vieil ami, sur l'histoire de leur liaison.

IV

LA DUCHESSE DE DINO[1]

Elle était née Dorothée de Courlande ; son mariage avec un neveu de Talleyrand la fit Française.

Sa naissance, son alliance avec la famille du plus illustre de nos hommes d'État, l'affection qu'il avait conçue pour elle, le dévouement qu'elle ne cessa de lui prodiguer, la salutaire influence qu'elle exerça sur lui, la métamorphose morale qu'elle subit elle-même en s'attachant à le ramener à des devoirs trop longtemps oubliés, la grâce de sa personne, ses dons intellectuels, la violence même des orages de cœur qui avaient troublé sa vie, tout a contribué à la porter au premier rang parmi ces patriciennes dont l'esprit, le charme et parfois les aventures embellissent l'histoire des temps où elles ont vécu.

Sous la Restauration et dans les premières années du gouvernement de Juillet, elle fut une puissance. Depuis, son souvenir s'était un peu effacé, si ce n'est dans le cœur de ceux qui l'avaient connue. Quand elle mourut, en 1862, elle paraissait oubliée. Après les hommages rendus à sa mémoire, le silence se fit sur son nom. Il est

1. *Souvenirs de la Duchesse de Dino*, publiés par la Comtesse Jean de Castellane, 1 vol. — *Chronique de la Duchesse de Dino*, publiée par la Princesse Antoine Radziwill, 4 vol. — *Mémoires et correspondances du* Baron de Barante, 8 vol.

remarquable qu'à ce moment, en dehors de ses intimes,
on ne soupçonnait pas tout ce qu'en vieillissant, elle
avait acquis de sérénité d'âme, de grandeur morale et de
rares mérites.

Ce qui les révéla tout d'abord, ce furent les lettres
d'elle, adressées à son ami le baron de Barante, que le
petit-fils de celui-ci, en publiant la correspondance de
son grand-père, y fit figurer. Quelques-unes de ces
lettres sont tout simplement admirables. Si l'on publiait
un recueil de chefs-d'œuvre épistolaires, elles en relève-
raient la valeur et l'attrait, tant elles laissent deviner
une observatrice au regard pénétrant, à l'esprit délié,
pour qui rien de ce qu'elle voit n'est perdu, même quand
elle semble y rester indifférente et, ce qui est mieux
encore, une âme d'élite que tourmentent les mystères
de l'au-delà et qui devient chaque jour plus attentive
et plus docile à des voix mystérieuses qu'antérieurement
elle avait négligé d'écouter.

Mais, le rayonnement dont ces lettres, révélatrices de
ses transformations intérieures, auréolaient la mémoire
de la duchesse de Dino, ne franchit pas les limites du
monde un peu fermé où s'était exercé son prestige.
D'ailleurs, ses aveux, ses regrets, ses réflexions, ses jugements sur autrui se trouvaient perdus dans un recueil
volumineux où étaient évoquées beaucoup de figures
à côté de la sienne. Le voile d'oubli qui pesait sur elle ne
fut soulevé qu'à demi. Il l'a été davantage lorsque
parurent ses *Souvenirs*. Ce livre charmant, dont
M. Étienne Lamy avait écrit la préface, nous ouvrait
l'âme de la jeune fille.

Malheureusement, il finit au moment où elle va épouser Edmond de Périgord. Publié par les soins de la comtesse Jean de Castellane, petite-fille de la duchesse de
Dino, il nous décrit avec autant d'esprit que de grâce

le tableau de la société russe et allemande d'il y a cent
ans. Il y a là des portraits, des épisodes d'intimité, des
impressions de jeune fille, des aveux de petite amoureuse à qui l'on défend de s'unir à celui qu'elle aime,
le prince Adam Czartoryski et à laquelle sa mère ne
craint pas de tendre un piège pour lui faire épouser le
neveu de Talleyrand, toutes choses qui nous charment,
tant est habile le pinceau qui les évoque et tant il y a de
fraîcheur et d'ingénuité dans le cœur et l'esprit d'où
sortent ces confidences. Mais, quel que soit le mérite de
ces récits, ils laissent à peine deviner la femme que
fut plus tard la duchesse de Dino.

Ce qui nous l'a appris, ou pour mieux dire révélé,
c'est la publication faite par la princesse Radziwill,
petite-fille, elle aussi, de la duchesse. En mourant,
celle-ci lui confia un volumineux manuscrit composé des
notes qu'elle avait recueillies en Angleterre durant
l'ambassade du prince de Talleyrand. En le lui confiant,
elle la prévint que son exécuteur testamentaire,
M. Adolphe de Bacourt, lui remettrait toutes les lettres
que, durant trente ans, il avait reçues d'elle. De l'assem-
blage de nombreux fragments de ces lettres et des notes
recueillies en Angleterre, la princesse Radziwill a formé
une *Chronique* dans laquelle la duchesse de Dino raconte
elle-même tout ce qu'elle a vu et entendu de 1831 à 1862.
Grâce à la comtesse Jean de Castellane, nous connaissions Dorothée de Courlande, ses premières années, les
péripéties de la première période de son existence, tous
les dessous de sa vie enfin, jusqu'à son mariage. Grâce à
la princesse Radziwill, nous connaissons la duchesse de
Dino, ou plutôt nous achevons de la connaître, et ce que
nous apprenons confirme et développe tout ce que nous
en savions.

Il n'est pas nécessaire d'insister pour faire com-

prendre la valeur et l'intérêt d'un tel document. Dans
sa première partie, c'est-à-dire pendant l'ambassade de
Talleyrand à Londres, il éclaire vivement l'histoire
diplomatique des premières années du règne de Louis-
Philippe. Tout ce qui a marqué en ce temps revit ici
sous une plume aussi habile qu'est perspicace et péné-
trante la femme qui la tient. C'est un défilé pitto-
resque de personnages et d'événements, vus et observés
d'une place spéciale et privilégiée d'où l'œil ne peut rien
perdre et embrasse les réalités aussi bien que les appa-
rences. Au spectacle qu'elle décrit, la narratrice mêle à
tout instant, des souvenirs personnels, d'ingénieux commentaires et des anecdotes parfois singulièrement
piquantes, qui mettent en scène les plus illustres acteurs
de ce passé.

Mais, dans cette première partie, la duchesse de Dino
s'efface volontairement et si sa faculté d'observation s'y
exerce avec une maestria incomparable, elle nous révèle
encore bien peu d'elle-même. Pour la découvrir, pour la
bien connaître, il faut arriver à la seconde partie com-
posée à l'aide des lettres qu'elle écrivait à M. de Bacourt.
Devant lui, elle est sans contrainte ; elle laisse parler
son âme; elle confie à ce fidèle ami ses secrets les plus
intimes, ses impressions les plus personnelles et jusqu'aux inquiétudes morales dont elle est agitée, autant
pour elle que pour le vieillard auprès de qui elle vit et
qu'elle voudrait, avant qu'il meure, réconcilier avec
l'Église dont il a enfreint les lois.

Ce qu'il y a de plus saisissant, c'est qu'en s'attachant
à le remettre dans le droit chemin, elle y est à son insu
entrée elle-même. Je l'avais déjà constaté en lisant ses
lettres à Barante. Elle commence à vieillir, elle aspire
au repos, à la paix intérieure ; l'influence de l'abbé Dupanloup s'exerce sur elle, la tire des routes tumultueuses

pour la ramener dans les chemins ombreux et solitaires où elle trouvera l'apaisement. Elle y est entrée déjà lorsque, après la mort d'un ami, elle écrit à Barante :

« Il faut bien se soumettre et baisser la tête ; mais l'épreuve est rude et on a besoin, pour la supporter, de recourir aux seules pensées devant lesquelles tout s'explique et tout s'abaisse. Jamais il n'a été plus besoin de penser à un autre monde. » Mais, même à cette étape de sa vie, elle garde une vivacité d'esprit, une avidité de rester au courant de tout, de savoir, d'apprendre qui éclatent dans ces quelques lignes : « Mon oncle disait quelquefois qu'il y avait une veine bel esprit en moi qui pourrait aisément me rendre pédante ; qu'il me fallait y prendre garde ; que cela tenait au sol primitif allemand. Je crois bien qu'il y avait du vrai dans ce qu'il disait ; mais, aujourd'hui je n'ai plus ni bel esprit, ni esprit français, ni esprit allemand ; je n'ai plus rien que quelques souvenirs et un peu, fort peu de curiosité. » C'était médire d'elle-même. Jusqu'à la fin — ses lettres en font foi — sa curiosité resta aussi vive, ses souvenirs conservèrent toute leur fraîcheur.

Ses lettres à Bacourt nous la montrent mieux encore, franchissant les étapes de sa transformation et rien n'est plus émouvant que ce tableau d'outre-tombe, qui nous ouvre une âme en train de chercher sa voie sans être sûre de la trouver, avec cependant la volonté d'y parvenir. On la devine agitée, tourmentée, partagée entre le désir de mieux faire et la crainte de mal faire, attendant et appelant une lumière qui tarde à venir et même, quand elle commence à en être éclairée, se demandant si c'est la vraie ; puis, quand elle en a senti la chaleur, n'osant encore se flatter qu'elle ne s'éteindra plus.

« Depuis que je vois tous les appuis manquer autour

de moi, écrit-elle le 21 juin 1836, j'ai senti ma propre faiblesse et le besoin d'un soutien et d'un guide : j'ai cherché et j'ai trouvé ; j'ai frappé et il m'a été ouvert : j'ai demandé et il m'a été accordé ; tout cela cependant encore fort incomplétement, parce qu'en marchant ainsi seule, et quand on y est si peu préparée, il n'est pas possible de ne pas prendre souvent de faux sentiers, de ne pas glisser dans les ornières et de ne pas trébucher à chaque pas. Il n'aurait pas été sage, même, de m'exciter à trop de zèle et de ferveur ; c'eût été me préparer des rechutes et celles-ci peuvent être mortelles ; j'avance donc à tout petits pas et quand je me demande compte de mes progrès, je m'humilie en voyant à combien peu ils s'élèvent. Un peu plus de douceur, de patience, d'équilibre et d'empire sur soi-même, voilà tout ce que j'ai acquis. J'ai encore même ardeur pour les choses qui me plaisent, même répugnance pour celles qui m'importunent ; mes malveillances ne sont point éteintes ; mes rancunes restent assez vivaces, mes inquiétudes d'esprit aussi fatigantes, mon activité aussi peu réglée, ma parole souvent trop prompte et mes expressions pas assez mesurées ; j'ai encore mille complaisances pour moi-même, je me blesse du blâme, je me sens trop flattée de l'approbation, je la recherche quelquefois ; au besoin même je la provoquerais ; enfin, il n'y a rien d'aussi difficile, d'aussi long, qui demande plus d'exercice et de persévérance que de mettre ordre à sa conscience. »

La duchesse de Dino est sincère quand elle écrit cette confession. Mais, elle n'a pas encore atteint le but qu'elle s'est proposé. Néanmoins, elle ne désespère pas d'y arriver.

« Il y a un jour, écrit-elle encore, où j'ai été tout à coup frappée des grâces innombrables qui m'avaient été accordées, à moi qui avais fait un si mauvais usage de mes facultés et de mes avantages. J'ai admiré la patience de Dieu, la longanimité de la Providence à mon égard ; avoir trouvé ce que j'ai trouvé alors m'a semblé un bien si réel, si peu mérité, qu'il m'a rempli le cœur de gratitude. Ce sentiment de reconnaissance a toujours été en augmentant. C'est lui qui me soutient en partie dans l'accomplissement des sacrifices que j'ai à faire. »

Ce qui m'émeut surtout dans cette confidence, c'est la première ligne. En avouant qu'elle a été frappée un jour des grâces qu'elle a reçues, la duchesse de Dino nous livre le secret de sa transformation morale et de sa conversion. Elle nous apprend pourquoi et comment elle est revenue à Dieu.

Elle est encore soutenue par les enseignements que lui donne la vieillesse de son oncle, et les coups que la mort frappe autour d'elle. Elle lit de bons livres ; elle se plaît aux conversations élevées de Royer-Collard « qui voudrait bien se dépouiller du doute philosophique et qui y arrive petit à petit ». En terminant ces aveux, elle reconnaît que ses allures ne sont pas celles d'une dévote : « Je puis dire que je suis bien plus avancée dans le fond que dans la forme : je doute même que je change jamais grand'chose à celle-ci. »

C'en est assez de ces citations pour rendre à la duchesse de Dino sa véritable physionomie, celle d'un grande dame qui, d'abord victime du décousu de son éducation, de l'influence des mauvais exemples, de l'incrédulité qui était à la mode dans certains des milieux où elle a vécu, a fini par se ressaisir et par trouver, en accomplissant de grands devoirs, la route de la vérité. C'en est assez aussi pour prouver que la comtesse de Boigne a parlé de cette noble femme, comme de tant d'autres personnes et de tant d'autres choses, sans la connaître, et que tout un côté de cette riche et fière nature lui a échappé.

Quant à la duchesse de Dino, désormais, elle ne changera plus, ou plutôt elle ne changera que pour s'améliorer et se perfectionner. Non seulement, elle se fera une existence chrétienne, mais, par ses soins, son oncle se réconciliera avec l'Église avant de mourir. Ayant recouvré le calme de sa conscience, elle conservera ce calme jusqu'à la fin de sa vie, qu'embellira la tendresse de sa fille, Marie de Périgord, devenue un peu plus tard marquise de Castellane. L'abbé Dupanloup, ultérieurement évêque d'Orléans, n'aura pas été étranger à ces grands résultats, et la duchesse de Dino nous apparaîtra, entre ses brillantes contemporaines, comme celle qui s'est le plus spontanément, le plus sincèrement rapprochée de la vérité et a le mieux compris les bienfaits de la vie intérieure.

V

LA PRINCESSE DE SAYN-WITTGENSTEIN

Être issue d'une famille illustre dont les membres, pour la plupart, furent mêlés aux grands événements de l'histoire de leur pays et y firent, pour eux et leurs descendants, une moisson de gloire ; avoir trouvé dans son berceau tous les privilèges de la naissance et reçu du ciel les dons les plus enviables, les plus rares facultés de l'esprit et du cœur et, par surcroît, la beauté; avoir vécu quatre-vingt-dix ans environnée d'hommages qu'a légitimés l'incessant effort qu'on faisait pour s'en rendre digne ; avoir traversé cette longue existence sans manquer un jour à ce que l'on considérait comme le devoir, et, parvenue aux limites de la vie, pouvoir constater pour soi, en le prouvant aux autres, qu'on n'a rien perdu de la lucidité de sa conscience, de la chaleur de son âme et que l'on conserve en outre, sous les cheveux blancs, une étonnante vigueur corporelle qui permet de défier la vieillesse, — tel est le cas de la princesse de Sayn-Wittgenstein, née Bariatinski, à Moscou en 1816, dont les *Souvenirs*, tirés à petit nombre, ont été distribués à quelques amis.

Le nom de sa famille apparaît à tout instant dans les annales moscovites. Elle fait remonter ses origines à ce

(1) *Souvenirs de la princesse* DE SAYN-WITTGENSTEIN, 1 vol.

Vladimir que la Russie révère comme le plus national de ses saints et que l'Église romaine a admis parmi les siens. Le grand-père de notre princesse fut ambassadeur en France sous Louis XVI : son frère, le maréchal Bariatinski, eut le double honneur de vaincre l'intrépide Schamyl et de pacifier le Caucase. Toute jeune, elle épousa, l'héritier des Sayn-Wittgenstein, princes médiatisés d'Allemagne.

Un de ses compatriotes qui était alors gentilhomme de la chambre de l'empereur Nicolas et qui entra plus tard dans la Compagnie de Jésus, le P. Balabine, était présent lorsque, après son mariage, elle fut présentée à la cour. Il s'est plu souvent à rappeler que la beauté de la jeune femme y fit à ce point sensation qu'elle passa depuis pour la plus belle créature de l'Europe.

Il est vrai qu'elle ne paraissait pas s'en douter, déjà préoccupée du grand acte qu'elle se préparait à accomplir. Le catholicisme l'avait de tout temps attirée. Venue en France, et sous l'influence de Mme Swetchine chez qui elle avait connu l'abbé Dupanloup, Lacordaire, Falloux, Montalembert, le P. Gratry, elle se convertit, avec le consentement de son mari qui, lui-même, vers la fin de sa vie, devait lui donner une immense joie en suivant son exemple.

Après la guerre, on la vit plus souvent à Paris qu'en Allemagne, et vint un jour où elle s'y fixa. Elle a vécu pendant près de vingt ans dans un petit hôtel de la rue de l'Université et ne l'a quitté que pour aller finir ses jours en Suisse, à Ouchy. Il n'est pas un touriste ayant passé par là qui ne connaisse le chalet qu'elle habite et qu'elle a baptisé *Monabri*.

Planté sur la hauteur, au centre d'un parc verdoyant dont les ombrages lui font un rideau, il domine le lac Léman et de sa terrasse le regard se repose sur l'imposant panorama des montagnes de la Savoie. C'est là qu'elle veut mourir et être enterrée. Elle y a marqué elle-même la place de sa sépulture. De là aussi, on peut la voir sortir tous les jours, car son activité tient du prodige, et admirer ce qu'elle a gardé de sa beauté, un port superbe, un profil de patricienne, des yeux noirs dont la vivacité témoigne de la jeunesse de son esprit.

Au premier abord, elle paraît plus imposante qu'accueillante; mais, qu'elle parle et on est aussitôt gagné par son charme et sa bonté. Elle aime les humbles, les reçoit comme les plus grands et les comble de ses bienfaits. Pour eux, elle a créé chez elle un ouvroir qu'elle dirige et où elle préside une fois par semaine. Afin de leur épargner d'aller remplir leurs devoirs religieux à Lausanne, elle leur a ouvert une chapelle qu'elle avait fait construire pour son usage. Entretenue à ses frais, cette chapelle est devenue la paroisse d'Ouchy.

Les nombreux amis de la princesse ont été successivement reçus à Monabri. Beaucoup sont morts, mais leur souvenir ne quitte pas sa mémoire ; elle parle d'eux à ceux qui survivent. Parmi les morts figurent au premier rang l'impératrice Augusta qui lui avait voué la plus tendre affection et qui, durant plusieurs années, alla, chaque été, passer quelques jours auprès d'elle, la reine Olga de Wurtemberg, la reine Elisabeth, veuve de Frédéric-Guillaume IV, le grand-duc et la grande-duchesse de Bade ; Mme Craven, l'auteur du *Récit d'une sœur*, tante de notre éminent collaborateur le comte Albert de Mun ; Mgr Dupanloup, le P. Balabine, le P. Gagarine, et combien d'autres qu'attiraient sa grâce, sa haute raison et la douceur de son amitié : presque tous étaient des êtres d'élite, Gagarine, notamment, qui se fit jésuite comme Balabine, après avoir été diplomate, et mourut à quatre-vingt-cinq ans, dans la plénitude de son intelligence.

Il avait été étroitement lié avec le grand poète russe Pouchkine, tué en duel en 1837. Il fut alors soupçonné d'être l'auteur de lettres qui avaient rendu inévitable ce combat tragique. Il s'en défendit énergiquement. Quand on le pressait de se justifier, il répondait :

« Ce n'est pas à moi de prouver que je n'ai pas écrit, mais à mes accusateurs de prouver que j'ai écrit. »

C'est à propos des deux jésuites que la princesse, dans ses *Souvenirs*, nous parle d'un troisième, le P. Pierling, son compatriote aussi et qui, comme elle, leur a survécu, auteur d'un magistral ouvrage historique, *la Russie et le Saint-Siège*. « Il reste seul de ce groupe si précieux », dit-elle. Et elle le qualifie « le révélateur le plus autorisé de l'histoire de la Russie ».

J'en ai assez dit pour faire comprendre ce qu'a été l'existence de la princesse de Wittgenstein et combien grand en est l'intérêt. Elle a assisté à quelques-uns des plus émouvants événements de son siècle, elle en a connu les acteurs et a vécu dans les milieux d'où l'on en pouvait le mieux saisir les causes et les effets. C'eût été grand dommage qu'elle gardât pour elle seule les souvenirs qu'elle en conserve et les sensations qu'elle leur doit. Elle a été de cet avis et un jour elle a entrepris d'écrire ses Mémoires. Ils sont achevés aujourd'hui, achevés et même imprimés ; elle a voulu en surveiller elle-même l'impression. Mais, en même temps, elle a décidé qu'ils ne seraient publiés en totalité qu'après sa mort ; décision regrettable, qui nous défend de souhaiter que leur publication soit prochaine.

Les *Souvenirs* n'en représentent que quelques fragments, propres d'ailleurs à nous prouver par avance que ces Mémoires, au jour de leur apparition, seront sensationnels. Il y a dans les *Souvenirs* des pages singulièrement attachantes : l'avènement de l'empereur Nicolas, les émeutes de Paris en 1848, la révolution de Berlin, le séjour de la princesse à Düsseldorf pendant la guerre, sa sollicitude pour les prisonniers français, sa liaison avec l'impératrice Augusta, ses rapports avec Mgr Dupanloup, avec Mme Craven, — autant de révélations qui, sous leur forme familière et intime, éclairent l'histoire contemporaine de la plus vive lumière.

La princesse y parle comme elle pense, avec une entière liberté, donnant ainsi la mesure de l'indépendance de son esprit et de la générosité de son cœur. Elle écrit et décrit d'une plume alerte, naturellement habile à rendre, sans effort, la vie aux choses du passé et à évoquer, dans un cadre de vérité, des physionomies oubliées.

Parfois, mais rarement, une pointe de malice perce sous ces graves et si vivants récits, comme, par exemple, dans ce passage où, à propos d'une visite que fit à Berlin le duc d'Orléans, fils aîné de Louis-Philippe, elle mentionne le trait suivant.

A un bal de la cour prussienne, le prince, ébloui par la magnificence des bijoux que portait Mme de Metternich, la troisième femme du célèbre diplomate, et surtout par le diadème de brillants qui ceignait son front, s'approche d'elle :

« Ah ! madame, quelle splendide couronne ! »

Et elle de répondre avec plus d'impertinence que de bon goût :

« Celle-là n'a pas été volée. »

Que d'autres traits, mais d'un intérêt plus vif et plus captivant, nous pourrions citer ! Il y faut renoncer par crainte de déflorer ce charmant et suggestif volume. Je ne pense pas que personne le puisse lire sans ressentir la plus vive admiration pour la noble princesse que ses quatre-vingt-dix ans n'ont pas empêchée de courir, comme elle le dit, « cette chevauchée dans la nuit des temps », de tirer de sa mémoire tant de souvenirs qui en attestent la fraîcheur et la fidélité et révèlent une des plus belles âmes de nos jours.

VI

SILHOUETTE DE MOINE[1]

Il est des faits et des hommes qui laissent en nous, quand il nous fut donné de voir les uns et de connaître les autres, une empreinte ineffaçable. Il suffit d'une circonstance accidentelle pour raviver leur souvenir dans notre mémoire et dans notre cœur. Cette circonstance est pour moi, en ce qui touche le P. Didon, dans la publication de ses *Lettres à un Ami*. Elles évoquent devant mes yeux la noble et séduisante image de l'homme exquis et du saint religieux que fut le P. Didon, à l'exemple de son maître, l'illustre Lacordaire.

Je ne l'ai connu que durant les dernières années de sa vie. Nos relations dataient de ses séjours à Contrexéville. Sa santé l'obligeait, comme moi, à y aller tous les ans. Nous nous y rencontrâmes. Attirées l'une vers l'autre, nos âmes se comprirent. Une belle amitié commença à fleurir entre nous, dont sa mort a empêché le complet épanouissement. C'est un de mes plus vifs regrets de l'avoir vu disparaître avant que cette amitié eût donné toute sa mesure, produit tous ses effets, et je porte envie à l'ami fidèle que trente années de relations affectueuses et confiantes — où tout est à l'honneur de l'un et de l'autre — ont mis en possession de ces lettres

---

1. *Lettres à un ami*, par le Père Didon, 1 vol.

admirables, héritage sans prix, reliques sacrées qui conservent le parfum d'une conscience pure et resplendissent dans la lumière d'une intelligence hardie, vaste, ouverte à tous les beaux sentiments.

Lorsque, dans le parc de Contrexéville, un matin d'été, le hasard me mit sur le chemin du P. Didon, il était arrivé de la veille et venait dans les Vosges pour la première fois. Je ne savais guère de lui que ce qu'on en avait raconté en 1880, au moment de ses conférences sur le divorce, à Saint-Philippe-du-Roule. Je le tenais pour un homme audacieux, un soldat d'avant-garde. Je l'admirais tout autant pour le courage avec lequel il s'était jeté dans la mêlée, en portant deux drapeaux attachés à la même hampe — celui de la France et celui du Christ — que pour la sublime résignation dont il avait fait preuve, lorsque, accusé d'avoir donné à son apostolat des formes trop éclatantes, on l'avait condamné à l'exil.

Je connaissais aussi, comme tout le monde, la patience chrétienne déployée par lui durant cet exil, l'artistique beauté du livre qu'il a consacré au divin Maître dont il se glorifiait d'être l'apôtre, et l'esprit qu'il apportait dans la direction de son collège d'Arcueil à l'effet de prouver, en lançant à travers le monde des jeunes hommes élevés dans cet esprit, qu'il n'existe aucune incompatibilité entre l'Église et la société moderne. Avide de savoir si rien, dans ce qu'on disait de lui, n'était faux ou exagéré, je cherchais, en me trouvant en sa présence, quelle question je pourrais lui poser, propre à satisfaire ma curiosité. Il alla au-devant de mes désirs par le récit d'un incident qui lui était survenu la veille.

Descendu dans un hôtel où se logent, pour la plupart, les ecclésiastiques qui viennent à Contrexéville, il avait été invité par l'un d'eux à prendre ses repas dans la salle qui leur est réservée.

« Pourquoi une salle réservée? s'était-il écrié. Prêtres et moines, nous pâtissons surtout de ce qu'on ne nous connaît pas, de ce que les occasions nous manquent où nous pourrions nous faire connaître. Lorsqu'il s'en présente une, pourquoi la fuir? Je vous remercie, mais ne comptez pas sur moi. »

Et bravement, simplement, il était allé s'asseoir à la table d'hôte. Tout l'homme est dans ce trait qui, dès notre première rencontre, me le révéla.

Tel il m'était alors apparu, tel je l'ai toujours vu, suivant avec passion le mouvement contemporain, incapable de s'en désintéresser, aimant sa patrie autant que l'Église, prodiguant à toutes deux un amour filial, brûlant du désir d'y jouer un rôle, non par ambition, puisqu'il s'était jeté dans une voie où, par avance, toute ambition est immolée ; mais, parce qu'il était convaincu que les disciples du Christ sont les uniques dépositaires du flambeau qui peut le mieux éclairer le monde et que, cette lumière, il était de son devoir de la répandre. A toute heure de sa vie, on le voit obéir à l'impétueux besoin de la faire briller chez les autres comme elle brillait en lui.

Pour la rendre plus éclatante et plus fécondante en ses mains, il l'alimente sans cesse à la source divine par la prière, à la source humaine par l'étude. Dans le même but, il va s'asseoir sur les bancs du Collège de France lorsque Claude Bernard y professe ses géniales doctrines scientifiques ; il écoute, exalté par l'admiration, les savants propos de Pasteur ; il parcourt l'Allemagne, se mêle aux étudiants des universités, cherche sous leurs juvéniles agitations l'âme allemande, tente de la découvrir jusque dans la fameuse cave de Leipzig où Goethe

« a composé plusieurs scènes immortelles de son *Faust* »,
et entreprend son voyage de Palestine non pas seulement pour s'agenouiller au berceau de l'Évangile, mais
aussi pour puiser au contact de la terre sacrée qu'immor-
talisèrent l'existence et la mort du Fils de Dieu, une confiance plus grande dans la vérité des convictions qu'il
proclame par la parole et par le livre.

Et si, à le voir lancé dans cette carrière agitée et
bruyante, on était tenté de croire qu'il est amoureux
de bruit et d'agitation, on serait bien vite détrompé
en constatant, par la lecture de ses « lettres à un ami »
— qui sont à proprement parler des chapitres émouvants de l'histoire de sa vie — que ce grand remueur
d'hommes et d'idées aime par-dessus tout la solitude et
rêve de finir quelque part, paisible et ignoré, dans une
retraite profonde.

Se trouvant en villégiature dans une commune de Normandie, il a évangélisé de petits enfants qui faisaient
leur première communion. « Cela, confesse-t-il, m'a donné
l'idée qu'un jour — un jour prochain peut-être — je me
ferais l'apôtre des paysans. Je m'en irais sans bruit de
village en village et j'annoncerais aux braves gens
l'Évangile, la parole qui révèle, qui console, qui sauve. »

Une autre fois, il rêve de devenir curé de campagne :
« La houlette est moins pesante que l'épée de l'apôtre.
Je rêve de finir ma vie appuyé sur le bâton du pasteur,
dans quelque coin perdu de mes montagnes. Vous vien-
driez me voir là-haut avec tous les vôtres ; nous passe-
rions ensemble des jours divins comme à Corbara ; nous
plaindrions la pauvre humanité qui s'agite et se tue et
nous regarderions le ciel plein d'étoiles où nous prépare-
rions dévotement notre place éternelle. »

Il aima la nature ; il en admirait les beautés : « la neige
qui couvre la campagne et ajoute au calme infini de ma

retraite », les vallées ombragées de grands arbres, les rudes paysages de la Corse, ceux plus riants de Flavigny, les chênes de la forêt de Fontainebleau, — il voudrait se faire une écorce pareille à la leur.

N'est-ce point le langage d'une âme simple et charmante, assoiffée de sacrifice et qui ne comprend pas la vie sans dévouement. Ceux-là se sont lourdement trompés qui ont prétendu que la vie religieuse tarit dans les cœurs qui l'embrassent les instincts de tendresse et de fraternité. Dans les lettres où je cueille au hasard ces belles fleurs d'âme, se révèle en leur auteur, en même temps qu'un homme en possession de tout ce qui grandit, sanctifie et immortalise, un apôtre éloquent et fougueux, dévoré d'amour pour l'humanité.

Les unes sont datées de ce monastère de Corbara, en Corse, où l'avait exilé en 1880 un ordre de ses supérieurs, après le trop retentissant éclat de ses conférences sur le divorce ; les autres furent écrites au cours d'un voyage qu'il fit en Allemagne en 1882, lorsque, son exil ayant pris fin, il préparait sa *Vie de Jésus* et, avant d'aller suivre en Palestine les traces de son divin héros, voulait se mettre en état d'étudier dans leur texte les ouvrages allemands qui ont traité le même sujet. Les premières de ces lettres, celles de Corbara, sont admirables. L'âme de qui émanent ces accents est d'une trempe exceptionnelle. Elle est pénétrée au plus rare degré du sentiment du devoir. Le souci de n'y pas manquer inspire seul ses paroles et ses actes. Lorsque, abaissée jusqu'à l'humiliation la plus entière, elle se verra désavouée et blâmée par ceux à qui elle a solennellement juré obéissance jusqu'à la mort, elle se courbera silencieuse et résignée : « Je ferai mon devoir avec sérénité, l'œil fixé sur ce Christ qui reste mon idéal. » Ou encore : « Il est bon de souffrir pour la justice et pour ses plus ardentes convictions. L'homme qui se brise au premier choc et qui ne sait rien endurer est comme un ressort de mauvais acier. »

Un jour, à l'ami auquel il se livre sans réticence, il écrit de son couvent de Flavigny où il travaille à sa *Vie de Jésus :* « J'occupe une grande cellule, un peu moins austère que celle de Corbara. Elle a deux fenêtres ; elle est pleine de silence et de lumière. Je suis entouré de mes papiers et de mes livres comme un simple ouvrier de ses outils. Vous la connaîtrez un jour. Vous viendrez vous asseoir à ma grande table de travail, et vous verrez comme il est doux de vivre solitaire avec une pensée divine et une conscience tranquille. »

Mais, ces velléités de solitude ne vont pas, dans cette âme d'apôtre, inaccessible à l'égoïsme qu'encourage le repos infécond, sans un incessant besoin de se dévouer à ceux qui ont connu les grandes épreuves. « Moi qui ai bu à la coupe amère, je me sens pris d'une véritable sympathie pour ceux qui ont souffert. »

Il avait, en effet, beaucoup souffert, lui aussi ; mais il avait subi les coups du sort avec un stoïcisme dont sa foi nous livre le secret, même quand était morte loin de lui lui la mère qu'il adorait et qui lui a inspiré des accents impérissables qu'il faut lire dans le livre révélateur qui est comme son testament. « Hélas ! mon pauvre ami, j'ai vu mourir tous les miens, les uns après les autres, et j'ai le cœur tout meurtri des blessures que la mort m'a faites sans merci. J'ai trouvé dans ma foi l'espérance de revoir en Dieu ceux qui m'ont quitté, et en songeant à toutes les douleurs qui sommeillent en moi sans jamais disparaître, je puis dire à mes amis ce qui console et ce qui sauve. »

Parmi les propos qui laissent mesurer ce que conserve de sensibilité le cœur qui bat sous la robe blanche de ce moine, il en est d'autres où se trahit le penseur, le philosophe, l'observateur clairvoyant, je dirais le politique si l'épithète n'était presque calomnieuse pour ce grand esprit toujours hanté de sublimité. Absent de Paris le jour des funérailles de Victor Hugo, il avoue qu'il n'a pas regretté son absence : « Ce que j'en ai lu m'a attristé. Le grand poëte méritait mieux que cette apothéose païenne. Le sanglot d'un peuple eût mieux valu que tous ces discours enflés et creux. Là où le divin ne se montre pas, ne rayonne pas, tout est mesquin et grandement petit. Il y avait du divin dans Hugo. Pourquoi ses funérailles en ont-elles manqué ? »

A propos d'une autre mort sensationnelle, celle du comte de Chambord, il porte ce jugement : « Je ne m'explique guère les éloges dont sa tombe est couverte ; ce prétendant, rêveur illuminé — je ne parle que de l'homme public, — qui s'est dit et cru l'homme nécessaire, a passé un demi-siècle à jouer au roi et à écrire des lettres. Comme c'est creux, et comme c'est stérile ! Ce n'est pas avec des phrases qu'on reconquiert un trône. Les royaumes de ce monde veulent des bras vigoureux et non des phrases. »

Que si, maintenant, on veut rechercher l'origine des influences ataviques qui ont formé l'être viril et sensible, tolérant et fermement croyant qui transparaît à travers sa correspondance, on lira une dernière lettre.

« Je vous envoie ces quelques lignes du tombeau de ma mère où je viens de prier. Vous qui avez eu comme moi une mère héroïque et qui avez reçu d'elle comme moi le meilleur de votre âme, vous partagerez mes émotions et vous aimerez ce simple souvenir que je vous adresse de mes montagnes. Je me sens toujours meilleur ici, en vivant plus ardemment de mes souvenirs. Je repasse par les mêmes chemins que suivait ma mère, je vois la place où elle s'agenouillait à l'église. Je regarde ces rochers qu'elle aimait et je retrouve sa grande âme partout. »

Ce filial hommage éclaire la vie du P. Didon et l'explique en faisant remonter à sa mère tout l'honneur des vertus dont sa mémoire demeure auréolée.

Tout est de ce ton dans ces lettres superbes. Aucun ferment de révolte contre les duretés d'une règle qui prononce sans permettre qu'on se justifie, ne s'y trahit. Elles sont la manifestation de la joie douloureuse que celui qui les écrit a mise à obéir et à tromper l'attente malicieuse de ceux qui espéraient que le moine désavoué, blâmé, humilié, condamné, se transformerait en apostat. Je ne sais rien de plus beau que le spectacle de cet empire sur soi-même, exercé avec tant de résolution et de simplicité. Assurément, l'ardeur d'une indomptable foi peut expliquer ce prodige. L'homme qui l'a accompli n'en mérite pas moins qu'on l'admire. C'est un caractère qui semble dépaysé dans nos temps d'égoïsme, d'incrédulité et de sot orgueil.

Les lettres qui me suggèrent ces réflexions ne disent pas tout. Elles nous révèlent l'état d'âme du P. Didon pendant la durée de son exil. Mais, elles ne mentionnent pas les circonstances dans lesquelles cet exil lui fut imposé. Il m'est permis de suppléer à cette lacune et de montrer ainsi plus grand encore l'homme dont je parle.

Ceux qui entendirent sa prédication sur le divorce, au début de cette année 1880 qui devait voir son triomphe et son abaissement, se souviennent encore de la physionomie des églises où il se faisait entendre. De ces temples de prière, l'annonce d'un de ses sermons faisait des salles de spectacle. Ce n'étaient pas seulement des catholiques pratiquants qui se pressaient autour de la chaire. Les apôtres de la libre pensée s'y donnaient rendez-vous en plus grand nombre. En attendant que l'orateur parût, on causait librement, à haute voix ; on lisait les journaux ; on mangeait des oranges. Au grand scandale du clergé paroissial, on venait là comme au théâtre. Je vois encore la nef de Saint-Philippe du Roule remplie de cette foule sceptique et bruyante et, dans la sacristie devenue telle qu'un foyer d'acteurs, les amis du P. Didon se presser, le sermon fini, pour le féliciter, sous les yeux inquiets du curé et de ses vicaires.

C'est de cette extériorité du spectacle plus encore que de l'audace de sa prédication, qui n'enfreignait pas d'ailleurs les saines règles doctrinales, que le prédicateur parut devoir être châtié. Un jour, à l'improviste, il est mandé à l'archevêché. Il y est reçu par le chef suprême du diocèse, le cardinal Guibert, un saint prêtre à qui manquait peut-être l'art de tenir aux gens le langage qui leur convient. Il traite le P. Didon comme il eût traité un pauvre curé de campagne.

« Vous faites bien du bruit, Père Didon, lui dit-il, un bruit regrettable, un bruit fâcheux. La faute en est aux sujets que vous choisissez. Ils sont inopportuns. Les fidèles ne vous demandent pas tant d'étalage de science. Parlez-leur de « la bonne mère ». Cela vaudrait mieux.

— Éminence, répond le P. Didon, personne n'a le droit de m'imposer mes sujets. »

Le cardinal s'irrite de cette réponse et s'écrie :

« Mais, c'est de l'outrecuidance ! »

Avec un homme moins pénétré que le P. Didon du sentiment du devoir, cette parole d'humeur aurait pu devenir un signal de révolte. Elle glisse cependant sur lui sans l'offenser, ou sans qu'il en paraisse offensé, et, comme s'il avait entrevu l'abîme où un mot de protestation pourrait le précipiter, il reste silencieux. Puis, soudain, il tombe à genoux, devant le cardinal, en disant :

« — Éminence, daignez me bénir. »

La main toute ridée touche son front. Il se relève et sort sans rien ajouter. Il rentre à son couvent et y trouve l'ordre de partir pour Rome sur-le-champ.

Dans le commentaire qui éclaire les lettres, il est dit qu'il dut partir directement, sans voir sa mère. Mes notes sont en contradiction avec ce dire. J'y trouve, au contraire, qu'il fut autorisé à s'arrêter dans l'Isère pour voir cette mère qu'il chérissait et à laquelle il eût pu dire, comme le poète Victor de Laprade :

> Car, en moi, rien n'est bon qui ne vous appartienne.

L'entrevue fut émouvante. Mme Didon, en proie à de poignantes angoisses, se désespérait de la disgrâce de son fils.

« — Que vont-ils faire de toi? » répétait-elle.

Et c'est lui qui la rassurait.

Quelques heures plus tard, il l'embrassait pour la dernière fois et, comme quarante ans plus tôt Lamennais, il prenait la route de la Ville Éternelle. Comment en reviendrait-il? Moine soumis ou moine défroqué?

À Rome, en y arrivant, il s'entend reprocher « d'avoir pris une mauvaise voie, de n'être pas un apôtre, mais un tribun, de n'avoir pas l'esprit de l'Évangile, d'avoir compromis son ordre par sa prédication ». Il laisse passer ce flot de reproches sans protester et, quand lui est signifié l'arrêt qui l'exile à Corbara, il ne parle que pour déclarer qu'il va obéir. Bientôt après, du fond de son exil, il écrira : « Le coup inattendu qui m'a frappé ne m'a point abattu. Les convictions supérieures qui gouvernent ma vie m'ont donné le courage dont j'avais besoin en cette heure difficile. Grâce à Dieu, je n'ai pas

failli un instant devant mon devoir, et j'ai marché droit
là où ma conscience me disait d'aller. »

Corbara, où il devait vivre plus d'une année, parmi
des moines qui ne parlaient pas sa langue, est une
maison de novices « dans une solitude délicieuse, entourée de petites montagnes à la crête rocheuse et âpre.
Elles forment un cercle échancré du côté de l'Ouest :
par là, on voit la mer et, aux beaux jours, l'œil du
patriote découvre les cimes blanches des Alpes Mari-
times. Je regarde de ce côté. On mange à la façon italienne, beaucoup de pâtes, et on boit du petit vin corse.
Avec tout cela, on n'est pas un prisonnier bien à
plaindre ».

Cette belle sérénité ne se démentira guère. Elle est le
lot des consciences pures. L'exilé attend en paix sa délivrance. Pourtant, un jour, cette paix est troublée et,
dans son âme héroïque, l'orage gronde, sans cependant
la détourner du droit chemin. C'est quand il apprend que
sa mère est mourante, et qu'ayant demandé l'autorisation de se rendre auprès d'elle, il est longtemps sans
l'obtenir. Lorsqu'elle lui est accordée, c'est trop tard !
Sa mère était morte depuis trois jours quand il arriva
dans son village.

On a raconté qu'il la fit exhumer pour se donner la
triste joie de l'embrasser. La correspondance semble
démentir cette assertion : « J'ai couru au cimetière,
sur sa tombe. J'ai pleuré, j'ai crié, j'ai appelé. Que
voulez-vous, mon pauvre ami, on a beau être un homme,
on reste toujours l'enfant de sa mère ! » Ce fut la plus
cruelle douleur de son exil qui a continué plusieurs mois
encore. Il revoyait toujours cette mère adorée, qui
l'avait appelé à grands cris, murmurant aux approches
de la mort : « Mon Dieu ! je ne verrai donc pas mon fils?
Toutes les douleurs m'ont été réservées. Eh bien ! que

votre volonté se fasse ! » Cette sublime devise, c'est celle du P. Didon. Elle est dans toutes ses paroles, dans tous ses actes jusqu'aux derniers jours de sa vie.

Près de vingt années avaient passé sur ces événements lorsque je le rencontrai à Contrexéville. Nous avons alors vécu de longues journées en tête à tête, marchant sous les bois, arpentant les solitudes vosgiennes. J'ai apprécié là toute la beauté de son âme de feu, transfigurée par sa foi. Il gardait du lointain passé un souvenir attendri et jamais irrité. Il en parlait comme un général d'une campagne victorieuse. Cette victoire, il l'avait remportée sur lui-même. J'ai retrouvé dans les lettres dont je viens de parler comme un écho de tout ce que je lui ai entendu raconter.

TABLE DES MATIÈRES

PREMIÈRE PARTIE

DE LOUIS XIII A LOUIS XVI

DEUXIÈME PARTIE

LA RÉVOLUTION ET L'ÉPOQUE NAPOLÉONIENNE

TROISIÈME PARTIE

FIGURES DU DERNIER SIÈCLE

14998-11. — CORBEIL. IMPRIMERIE CRÉTÉ.